Búsqueda de rocas y gemas

Todos los secretos de las rocas, gemas, minerales, ágatas y fósiles para aficionados y principiantes

© Copyright 2025

Todos los derechos reservados. Ninguna parte de este libro puede ser reproducida de ninguna forma sin el permiso escrito del autor. Los revisores pueden citar breves pasajes en las reseñas.

Descargo de responsabilidad: Ninguna parte de esta publicación puede ser reproducida o transmitida de ninguna forma o por ningún medio, mecánico o electrónico, incluyendo fotocopias o grabaciones, o por ningún sistema de almacenamiento y recuperación de información, o transmitida por correo electrónico sin permiso escrito del editor.

Si bien se ha hecho todo lo posible por verificar la información proporcionada en esta publicación, ni el autor ni el editor asumen responsabilidad alguna por los errores, omisiones o interpretaciones contrarias al tema aquí tratado.

Este libro es solo para fines de entretenimiento. Las opiniones expresadas son únicamente las del autor y no deben tomarse como instrucciones u órdenes de expertos. El lector es responsable de sus propias acciones.

La adhesión a todas las leyes y regulaciones aplicables, incluyendo las leyes internacionales, federales, estatales y locales que rigen la concesión de licencias profesionales, las prácticas comerciales, la publicidad y todos los demás aspectos de la realización de negocios en los EE. UU., Canadá, Reino Unido o cualquier otra jurisdicción es responsabilidad exclusiva del comprador o del lector.

Ni el autor ni el editor asumen responsabilidad alguna en nombre del comprador o lector de estos materiales. Cualquier desaire percibido de cualquier individuo u organización es puramente involuntario.

Su regalo gratuito

¡Gracias por descargar este libro! Si desea aprender más acerca de varios temas de espiritualidad, entonces únase a la comunidad de Mari Silva y obtenga el MP3 de meditación guiada para despertar su tercer ojo. Este MP3 de meditación guiada está diseñado para abrir y fortalecer el tercer ojo para que pueda experimentar un estado superior de conciencia.

https://livetolearn.lpages.co/mari-silva-third-eye-meditation-mp3-spanish/

¡O escanee el código QR!

Índice

PRIMERA PARTE: ROCKHOUNDING 1
  INTRODUCCIÓN 3
  CAPÍTULO 1: BREVE HISTORIA DE LA TIERRA 5
  CAPÍTULO 2: PRIMEROS PASOS EN LA BÚSQUEDA DE
  ROCAS 16
  CAPÍTULO 3: EQUIPAMIENTO Y CONSEJOS DE SEGURIDAD 26
  CAPÍTULO 4: PIEDRAS PRECIOSAS 42
  CAPÍTULO 5: MINERALES Y CRISTALES 55
  CAPÍTULO 6: ROCAS 67
  CAPÍTULO 7: FÓSILES 84
  CAPÍTULO 8: LIMPIEZA Y CUIDADO DE LOS ESPECÍMENES 96
  CAPÍTULO 9: SU PRIMER VIAJE DE BÚSQUEDA DE ROCAS 109
  CAPÍTULO 10: CONSIDERACIONES JURÍDICAS 118
  BONIFICACIÓN: HAGA CRECER SUS PROPIOS CRISTALES 124
  CONCLUSIÓN 137
SEGUNDA PARTE: ROCAS, GEMAS Y MINERALES 139
  INTRODUCCIÓN 141
  CAPÍTULO 1: CONCEPTOS BÁSICOS SOBRE ROCAS, GEMAS,
  CRISTALES Y MINERALES 143
  CAPÍTULO 2: ROCAS ÍGNEAS 154
  CAPÍTULO 3: ROCAS SEDIMENTARIAS 166
  CAPÍTULO 4: ROCAS METAMÓRFICAS 181
  CAPÍTULO 5: MINERALES Y SISTEMAS DE CRISTALES 195

CAPÍTULO 6: EL CUARZO 205
CAPÍTULO 7: CALCEDONIAS Y ÁGATAS 220
CAPÍTULO 8: PIEDRAS PRECIOSAS 229
CAPÍTULO 9: GEMAS SEMIPRECIOSAS 238
CAPÍTULO 10: METEORITOS Y TECTITAS 246
APÉNDICE: A-Z DE ROCAS, CRISTALES, GEMAS Y MINERALES 253
CONCLUSIÓN 255
VEA MÁS LIBROS ESCRITOS POR MARI SILVA 257
SU REGALO GRATUITO 258
BIBLIOGRAFÍA 259
FUENTES DE IMÁGENES 264

Primera Parte: Rockhounding

La guía definitiva para principiantes sobre la búsqueda y el estudio de rocas, gemas, minerales, ágatas y fósiles

Introducción

Si alguna vez ha admirado una hermosa roca o gema y ha reflexionado sobre su origen o formación, entonces el *rockhounding* o búsqueda de rocas puede ser el pasatiempo perfecto para usted. Implica la exploración y el estudio de rocas, gemas, minerales, ágatas y fósiles, ofreciendo una actividad fascinante que cualquiera puede disfrutar.

Aunque puede que la búsqueda de rocas no sea tan popular como lo fue en su día, sigue atrayendo a entusiastas debido a la oportunidad de visitar diversos paisajes naturales mientras se buscan especímenes únicos.

A la gente le atrae por varias razones. Los joyeros pueden buscar piedras para incorporarlas a sus diseños, mientras que los aficionados a la historia y la geología pueden buscar una experiencia práctica con las piedras preciosas de la región. A algunas personas les encanta el reto adicional que supone practicar senderismo o excursionismo.

Para muchos, coleccionar, identificar, refinar y adquirir gemas va más allá de un pasatiempo: también puede ser un empeño lucrativo. El valor de las piedras preciosas y los minerales es significativo, y los aficionados a las rocas no sólo pueden amasar especímenes para su disfrute personal, sino también sacar provecho de su pasión vendiendo rocas a otros entusiastas.

Independientemente de la motivación, la búsqueda de rocas es una actividad cautivadora y gratificante para muchos.

Este libro sirve de guía útil para los interesados en aprender más sobre esta agradable actividad. Se ha diseñado teniendo en cuenta que es posible que no esté familiarizado con las rocas, por lo que evita la terminología compleja y la jerga científica. En su lugar, utiliza un lenguaje fácil de entender y útiles ilustraciones para aclarar los conceptos.

Ideal para los novatos en la búsqueda de rocas, el libro cubre los aspectos básicos, como los distintos tipos de rocas, minerales y gemas y dónde encontrarlos. También ofrece orientación sobre el equipo esencial, los suministros y consejos de seguridad para la búsqueda de rocas.

Se incluyen métodos para identificar las rocas y minerales que ha encontrado, mantener y limpiar su colección y crear su propio tesoro personal de piedras preciosas.

Uno de los aspectos más emocionantes de la búsqueda de rocas es hacer nuevos descubrimientos, y este libro le enseñará a determinar si ha encontrado algo realmente excepcional. También le instruye sobre prácticas responsables y seguras de búsqueda de rocas y cómo utilizar diversos recursos para aprender más sobre sus especímenes.

Este libro es un valioso recurso que le enseñará mucho y le inspirará un amor de por vida por la búsqueda de rocas.

Capítulo 1: Breve historia de la Tierra

La Tierra tiene miles de millones de años. Durante este tiempo, ha sufrido muchos cambios, como la formación de rocas y la evolución de las especies. Esto convierte la historia de la Tierra en una interesante historia de cambio y adaptación. Este capítulo examinará la historia de la Tierra y cómo los científicos descubrieron lo que ocurrió.

La geología estudia la estructura física, la historia y la formación de la Tierra. Los geólogos se esfuerzan por comprender cómo funcionó la Tierra en el pasado y cómo funcionará en el futuro. Lo hacen observando las rocas, los minerales y otras cosas que componen el planeta y estudiando cosas como los terremotos, las erupciones volcánicas y el movimiento de las placas terrestres.

La escala del tiempo geológico es importante para estudiar la historia de la Tierra porque, sin ella, a la gente le resultaría difícil comprender cuánto tiempo ha existido la Tierra. Los geólogos utilizan diferentes métodos, como la datación radiométrica, para averiguar la antigüedad de las rocas y los minerales, y lo hacen para saber más sobre cómo encaja la historia de la Tierra.

El principio del uniformismo es otra gran idea de la geología. Significa que las cosas que cambiaron la Tierra en el pasado siguen ocurriendo. El uniformismo permite a los científicos estudiar lo que ocurre ahora y averiguar lo que ocurrió en el pasado.

Al final de este capítulo, habrá comprendido la geología, la escala temporal geológica, el principio del uniformismo y la tectónica de placas.

Historia de la geología básica

Algunos conceptos importantes pueden ayudarle a comprender cómo funciona la Tierra. Estos conceptos se exponen a continuación.

Geología

La Tierra es muy antigua (más de 4.500 millones de años) y la geología arroja luz sobre su evolución a lo largo del tiempo. Es un campo de la ciencia que observa la tierra y todo lo que hay en ella (rocas, montañas y volcanes) utilizando la lógica y los métodos científicos.

La geología también es útil para prepararse ante acontecimientos catastróficos como terremotos y corrimientos de tierra. Los geólogos pueden ayudar a la humanidad a prepararse para estas catástrofes investigando cómo se mueve la tierra y su estructura.

Sin embargo, la geología no sólo trata de catástrofes. También descubre importantes recursos como el petróleo, el carbón y los metales.

Escala de tiempo geológico

La noción de tiempo es fundamental para el estudio de la geología. Los procesos y cambios geológicos pueden tardar millones de años en producirse. Incluso los pequeños cambios geográficos, como una reacción química en una roca, pueden tardar millones de años.

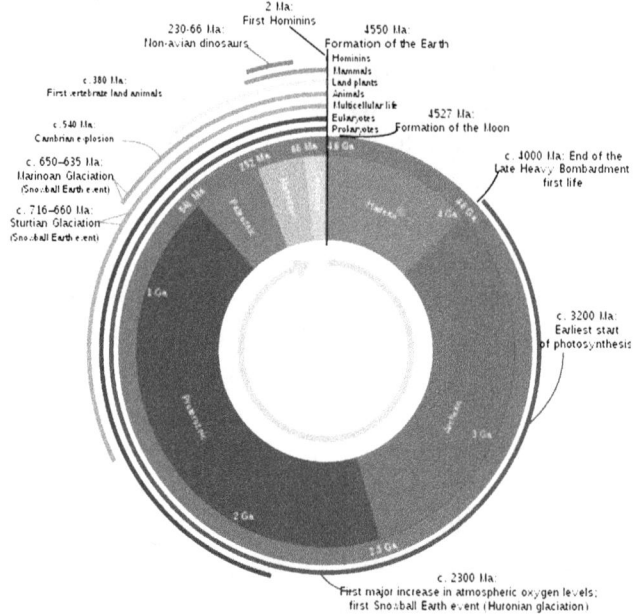

Reloj geológico con eventos [1]

Los geólogos utilizan la escala del tiempo geológico para estudiar la evolución de la Tierra. Este método divide el tiempo en distintos periodos basados en acontecimientos significativos de la historia de la Tierra. No utilizan números para hablar de las distintas épocas. En su lugar, utilizan "era" y "época" para delimitar los distintos periodos.

Viendo que siempre hay nuevos descubrimientos, la escala del tiempo geológico siempre está evolucionando. Por ejemplo, ahora se sabe que grandes criaturas vivieron en la Tierra mucho antes de lo que se imaginaba.

Aunque nadie conoce la edad exacta de las rocas o los fósiles, la escala del tiempo geológico arroja algo de luz sobre su edad relativa.

Uniformismo

Según el uniformismo, los mismos procesos geológicos que ocurren hoy se han producido en el pasado. Aunque hoy pueda no parecer tan significativo, cuando los humanos lo conocieron por primera vez, creían que la Tierra sólo tenía unos pocos miles de años. Para otros, era difícil comprender que era considerablemente más antigua que eso, sobre todo porque eso ponía en entredicho sus creencias religiosas.

James Hutton, geólogo escocés, es el fundador del uniformismo. Escribió sobre él en un libro que publicó en 1788. Hutton afirmaba que la observación de los acontecimientos actuales permite conocer los acontecimientos anteriores y hacer predicciones sobre el futuro.

Un colega geólogo escocés, Charles Lyell, se basó en los conceptos de Hutton en su obra "Principios de geología". Según Lyell, las convicciones religiosas de algunas personas les hacían oponerse a la noción de uniformismo. Creía que Hutton y otros científicos deberían haber utilizado más imágenes que palabras en sus escritos.

El principio del uniformismo de Lyell es "los sucesos actuales son la clave para desentrañar el pasado". Esencialmente, si se comprende cómo van las cosas ahora, se puede entender cómo sucedieron en el pasado.

Dado que no todos los procesos geológicos que ocurren hoy se produjeron en el pasado, algunas personas creen que el dicho "los sucesos actuales son la clave para desentrañar el pasado" es una simplificación excesiva.

Muchos procesos químicos actuales, especialmente los que requieren oxígeno, no podían producirse en el pasado porque no había suficiente oxígeno en el aire. Además, en el pasado se produjeron ciertos acontecimientos, como colisiones significativas con objetos espaciales, que no ocurrieron en la actualidad.

Sin embargo, todavía existen ciertas zonas en la tierra donde puede aprender sobre las cosas que ocurrieron hace mucho tiempo, aunque las circunstancias fueran diferentes en el pasado. Sólo debe tener cuidado con los cambios que se han producido entre el pasado y el presente.

Tectónica de placas

La capa exterior de la Tierra está formada por numerosas secciones masivas conocidas como placas tectónicas que se desplazan por la superficie. Piense en estas placas como en las piezas de un rompecabezas que encajan para formar la corteza terrestre.

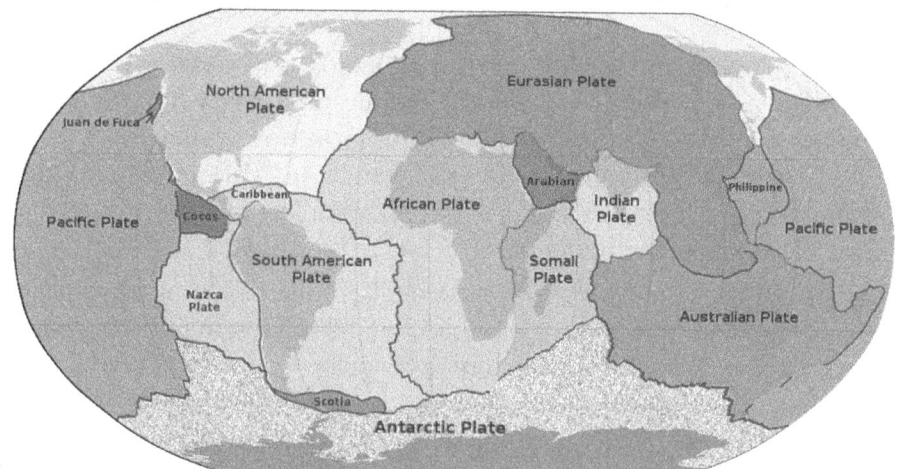

Las placas tectónicas encajan como un rompecabezas [a]

El movimiento de estas placas está causado por el flujo de roca fundida bajo la corteza terrestre, llamada magma. Este movimiento es responsable de la creación de muchas de las características de la Tierra, como montañas, volcanes y terremotos.

Existen tres tipos de límites de placas tectónicas: divergentes, convergentes y de transformación.

La tectónica de placas es una forma que tienen los científicos de conocer el pasado, el presente y el futuro de la Tierra. Los científicos pueden predecir y prepararse para catástrofes naturales como terremotos y erupciones volcánicas observando cómo se mueven las placas tectónicas. También pueden aprender más sobre cómo ha cambiado la Tierra a lo largo del tiempo.

Los acontecimientos más importantes de la historia geológica de la Tierra

Varios acontecimientos importantes de la historia geológica de la Tierra explican la formación del planeta, los organismos vivos y cómo han evolucionado estos organismos. A continuación, se describen siete de estos acontecimientos:

1. Formación de la Tierra y la Luna

Los científicos quieren saber cómo surgieron la Tierra y la Luna porque eso les dice cómo se formó el sistema solar y qué hace que un planeta sea adecuado para la vida. Según ellos, la Tierra y otros planetas eran diminutos trozos de polvo y gas que giraban alrededor del sol. Estas partículas se juntaron hace mucho tiempo y formaron rocas, que crecieron hasta convertirse en rocas más grandes llamadas "planetesimales".

Los planetesimales chocaron entre sí y se convirtieron en rocas del tamaño de Marte llamadas "protoplanetas". Finalmente, una enorme colisión denominada "impacto formador de la Luna" creó la Luna. El impacto fue muy contundente, lo que provocó la vaporización de ciertas sustancias tanto de la Tierra como del objeto. Con el tiempo, este vapor se enfrió y se transformó en la Luna.

La teoría más extendida sobre los orígenes de la Luna postula que fue el resultado de un impacto catastrófico entre la Tierra y un protoplaneta llamado "Tea". Los meteoritos lunares y las rocas traídas por los astronautas permiten a los científicos conocer mejor la historia de la Luna.

Los científicos examinan estas rocas para saber más sobre la composición y la formación de la Luna.

2. El surgimiento de la vida en la Tierra

El tema de la aparición de la vida en la Tierra sigue desconcertando a la comunidad científica. A pesar de que existen varias teorías, ninguna ha sido verificada y los científicos siguen intrigados por las circunstancias que condujeron a la génesis de la vida. Los componentes que pueden haber iniciado el desarrollo de la vida, como el agua, las reacciones químicas y los ciclos de temperatura, son difíciles de comprender, ya que ocurrieron durante la vida primitiva de la Tierra, de la que no sabemos nada.

En la Universidad de Chicago, la investigación Miller-Urey se llevó a cabo para demostrar el origen de los componentes básicos de la vida en una "sopa primordial".

Según este experimento, se cree que la vida comenzó hace al menos 4.500 millones de años porque los primeros fósiles conocidos de organismos vivos datan de hace 3.700 millones de años. Pero la vida podría haber surgido muchas veces durante el periodo de 600 millones de años. Colisiones cataclísmicas podrían haberla eliminado con asteroides y cometas.

Los zircones más antiguos contienen indicios de carbono retenido que se remontan a 4.100 millones de años, lo cual es necesario para los seres vivos. Sin embargo, esto no es prueba suficiente de la presencia de vida en esa época tan temprana. Dos posibles lugares donde comenzó la vida en la Tierra son los entornos hidrotermales terrestres y marinos, como las fuentes termales y los respiraderos hidrotermales de aguas profundas.

Es posible que en el interior de algunos tipos de barro se crearan pequeñas piezas hechas de sustancias naturales, que podrían haber constituido un buen hogar para mantener las cosas a salvo. Las cosas necesarias para que la vida prospere en la Tierra son una fuente continua de energía, compuestos orgánicos y agua. La energía del sol alimenta la fotosíntesis, que es esencial para la vida. Mientras tanto, los nutrientes del fondo oceánico los proporciona la energía geotérmica. Elementos como el carbono, el hidrógeno, el oxígeno, el nitrógeno y el fósforo también son cruciales, pero sigue siendo un misterio cómo pudieron reunirse en la Tierra. Esto se debe a que el carbono y el nitrógeno no deberían estar presentes en un planeta que está tan cerca del sol. El carbono no suele encontrarse en la superficie terrestre, ya que suele unirse al hierro en lugar de a la roca. El origen del agua en la superficie terrestre sigue siendo desconocido, pero una teoría sugiere que pudo proceder de las condritas carbonáceas, una clase de meteoritos que se formaron fuera de la proximidad del sol y fueron capaces de traer agua a nuestro planeta.

3. Formación de oxígeno en la atmósfera

El oxígeno es vital para la vida en la Tierra. Constituye una parte importante del aire que respiran los organismos vivos, alrededor del 21%, para ser exactos. Entonces, ¿cómo acabó en la atmósfera? Es una historia bastante compleja en la que intervienen la evolución de la vida y muchos procesos geológicos.

La fotosíntesis es la forma en que las plantas y otros organismos convierten la luz solar en energía. Es un proceso químico complicado, pero la idea básica es que la energía de la luz solar se utiliza para fabricar oxígeno y glucosa a partir de dióxido de carbono y agua.

Las cianobacterias, diminutas criaturas que vivían en el océano hace unos 2.500 millones de años, fueron probablemente los primeros organismos en realizar la fotosíntesis. Fabricaron oxígeno como subproducto, pero tardó mucho tiempo en acumularse en la atmósfera.

El oxígeno creado por estas cianobacterias reaccionó con el hierro de los océanos para formar óxido de hierro. Éste se depositó en el fondo del océano y creó las formaciones de bandas de hierro que se ven hoy en día. Es la prueba de que el oxígeno se fue acumulando lentamente en la atmósfera a lo largo de miles de millones de años.

Hace unos 2.400 millones de años, se produjo un "Gran Evento de Oxidación". Este acontecimiento provocó un aumento significativo de los niveles de oxígeno en la atmósfera. Esto allanó el camino para que evolucionaran formas de vida más complejas. Los científicos aún debaten qué causó este acontecimiento, pero creen que estuvo relacionado con los cambios en la corteza terrestre y la evolución de los organismos fotosintéticos.

Finalmente, las plantas terrestres evolucionaron hace unos 500 millones de años. Eran capaces de utilizar la luz solar para crear energía, lo que aumentó aún más los niveles de oxígeno. Hoy en día, todavía se produce oxígeno en la atmósfera, y se ve afectado por los cambios en el medio ambiente y la evolución de la vida en la Tierra.

4. Explosión cámbrica

Uno de los mayores misterios en la discusión sobre la vida en la Tierra es la "Explosión Cámbrica". Ésta tuvo lugar hace unos 542 millones de años y fue una época en la que aparecieron nuevos tipos de criaturas en el planeta. Esto fue sorprendente porque antes sólo existían un puñado de especies.

Hay dos teorías principales sobre por qué ocurrió esto. Una es que la Tierra cambió mucho, lo que creó nuevos lugares para que vivieran las criaturas y les facilitó la evolución. La otra es que existían más tipos de criaturas antes de la explosión cámbrica.

Algunos fósiles que los científicos encontraron antes de la explosión cámbrica son extraños y difíciles de clasificar. Son la llamada fauna de ediacarana. Estas criaturas no se fosilizaron bien, lo que hace aún más difícil saber cómo eran exactamente.

La explosión cámbrica es importante porque es cuando aparecieron por primera vez muchos de los principales grupos de animales conocidos hoy en día, como los moluscos, los artrópodos y los cordados. También es cuando las criaturas empezaron a desarrollar cosas como caparazones duros y exoesqueletos, que les ayudaban a sobrevivir mejor.

Algunos científicos piensan que la explosión cámbrica fue como una carrera armamentística, en la que las criaturas tuvieron que evolucionar rápidamente para mantenerse a la par. Esto dio lugar a muchas adaptaciones nuevas e interesantes, como los ojos y los oídos.

5. Extinciones masivas

Las extinciones masivas han tenido un impacto significativo en la historia de la vida en la Tierra. Un acontecimiento de este tipo se produce cuando un gran número de especies diferentes mueren al mismo tiempo por la misma razón. Las fluctuaciones de temperatura, las erupciones volcánicas y los cambios en la calidad del agua y del aire son algunas de las posibles causas de las extinciones.

Hace aproximadamente 440 millones de años se produjo la primera extinción significativa. Fue causada por una fuerte helada, que modificó el nivel de los océanos y eliminó un porcentaje importante del suministro de alimentos. Nadie sabe por qué ocurrió; sin embargo, algunos especulan que pudo estar relacionado con el desarrollo de una enorme cadena montañosa.

En el Devónico se produjo la segunda gran catástrofe de extinción. Esto se debió a que brotaron muchas plantas, lo que provocó que empezara a crecer una cantidad importante de algas en el agua. Varias especies murieron debido a que las algas consumieron todo el oxígeno del agua.

El tercer gran acontecimiento de extinción se produjo al final del periodo Pérmico y fue excepcionalmente devastador. Se cree que alrededor del 90% de los seres vivos del mundo murieron como consecuencia. Esto pudo deberse a que numerosos volcanes entraron en erupción en el mismo momento, liberando dióxido de carbono a la atmósfera. Esto provocó un aumento de la temperatura global, así como la acidificación de las precipitaciones, ambas cosas muy perjudiciales para las aguas del planeta.

El periodo Triásico fue testigo de la cuarta gran catástrofe de extinción de la historia de la Tierra. Nadie sabe qué la provocó, pero lo más probable es que se debiera a la erupción de muchos volcanes que emitieron una gran cantidad de dióxido de carbono. Como resultado, el clima se transformó, haciendo mucho más difícil la respiración para cualquier ser vivo.

Estas extinciones masivas fueron desastrosas para la vida previamente existente en la Tierra. Fueron responsables de la extinción de numerosas especies distintas de seres vivos y de grupos enteros de organismos vivos en determinadas situaciones.

6. Evolución de los mamíferos

Hace entre 252 y 201 millones de años, surgieron los mamíferos durante el periodo Triásico. Los sinápsidos fueron uno de los primeros grupos de reptiles conocidos. Estaban emparentados con los terápsidos, aunque en aquella época los terápsidos no eran tan impresionantes como otros reptiles.

No fue hasta el periodo Pérmico, que tuvo lugar hace entre 299 y 252 millones de años, cuando los terápsidos se convirtieron en los reptiles dominantes. Curiosamente, algunos de ellos eran herbívoros, mientras que otros eran carnívoros.

Con el paso del tiempo, los terápsidos desarrollaron dientes especializados y mejoraron la forma de mover sus extremidades. También desarrollaron un paladar duro, que separaba los conductos para la comida y el aire, lo que les facilitaba la respiración mientras comían.

Los mamíferos modernos tienen muchas características que los diferencian de los reptiles modernos. Estas características evolucionaron a ritmos diferentes, muchas relacionadas con el hecho de que los mamíferos son muy activos. Por ejemplo, tienen un corazón de cuatro cámaras, que les ayuda a hacer circular la sangre con mayor eficacia.

También tienen un tipo especial de célula sanguínea que carece de núcleo y tiene forma de disco, lo que permite un movimiento más eficaz del oxígeno. También tienen pelo, que les ayuda a mantener su temperatura corporal.

Durante la época en que los mamíferos evolucionaban a partir de los reptiles, algunos animales tenían rasgos de ambos grupos. Esto se denomina patrón de evolución en mosaico y es habitual cuando evolucionan nuevos tipos de animales. Algunos científicos sugieren que la principal característica que separa a los mamíferos de los reptiles es cómo se articulan los huesos de su mandíbula. Algunos de los huesos de su mandíbula se mueven de una forma exclusiva de los mamíferos.

Esta característica permite a los científicos clasificar a los distintos animales como mamíferos o reptiles.

7. Evolución humana

La evolución humana tardó millones de años en producirse. Comenzó con primates que ya no existen, para desembocar finalmente en los humanos. Los humanos son los únicos que quedan de este grupo, llamado los homininis. Antes hubo otros grupos como los Ardipithecus y los Australopithecus, y los humanos convivieron con los Neandertales. Los humanos siempre han compartido la tierra con otros primates parecidos a los simios, como el gorila.

Hubo un antepasado común hace millones de años que dio lugar a diferentes grupos. Es como un gran árbol genealógico, pero hay muchas ramas en lugar de una línea recta. Es difícil averiguar exactamente cómo ocurrió todo porque hay muchas ideas diferentes.

La mejor forma de saber cómo evolucionó el ser humano es observando los fósiles. Pueden mostrarle qué tipo de especies había y cuándo vivieron. No siempre se puede averiguar por qué evolucionaron o qué les ocurrió. Los científicos tienen que hacer conjeturas basándose en lo que saben sobre los fósiles y el lugar donde se encontraron.

La mayoría de los expertos coinciden en que los primeros homínidos aparecieron durante la época del Plioceno, hace unos 5,3-2,6 millones de años. Antes de eso, algunos otros primates podrían haber estado relacionados con ellos, pero los científicos no están exactamente seguros. Algunos de los que han mencionado son el Kenyapithecus, el Griphopithecus y el Dryopithecus.

La geología estudia la historia y los procesos de la Tierra. Este campo de estudio ha creado tres grandes ideas: la escala temporal geológica, el uniformismo y la tectónica de placas.

La escala del tiempo geológico se refiere a los diferentes periodos de tiempo de la Tierra, cada uno con acontecimientos geológicos y biológicos distintos. El uniformismo afirma que los procesos geológicos de la Tierra siempre han sido los mismos. La teoría de la tectónica de placas explica cómo el movimiento y la interacción de estas placas provocan terremotos y rasgos geológicos como montañas y fosas oceánicas. El capítulo ha proporcionado numerosos ejemplos que le ayudarán a comprender mejor los distintos procesos y acontecimientos.

Siete grandes acontecimientos geológicos han modelado la tierra e influido en la evolución de la vida. Estos siete acontecimientos abarcan la formación de la Tierra, el desarrollo de la vida, la explosión cámbrica, los cinco grandes episodios de extinción, la producción de oxígeno en la atmósfera y la evolución de los animales y los seres humanos.

Comprender la historia geológica de la Tierra permite a la humanidad apreciar sus procesos naturales y la diversidad de su vida. El estudio de la geología sigue siendo vital para nuestro conocimiento de la Tierra y de las consecuencias futuras de las acciones de la humanidad.

Capítulo 2: Primeros pasos en la búsqueda de rocas

¿Le intriga la perspectiva de convertirse en coleccionista de rocas y minerales, pero no sabe por dónde empezar? ¿Ha desarrollado un interés por la búsqueda de rocas, pero se siente abrumado por la información disponible? Está de suerte. Este capítulo está diseñado específicamente para guiarle.

Comenzará familiarizándole con el fascinante mundo de la búsqueda de rocas y su desarrollo histórico, que ha culminado en la popular afición que representa hoy en día. También descubrirá las numerosas ventajas y recompensas de la búsqueda de rocas para sus aficionados.

Al final de este capítulo, estará equipado con consejos y estrategias esenciales para iniciar su viaje de búsqueda de rocas con confianza y éxito.

¿Qué es el Rockhounding?

Buscar y recoger rocas, gemas, fósiles, minerales o cristales se denomina comúnmente *rockhounding* o búsqueda de rocas y en ocasiones se conoce como *geología para principiantes* o *coleccionismo de rocas y minerales*. Un *rockhound* o buscador de rocas es alguien que no puede resistirse a recoger especímenes de rocas y minerales interesantes cada vez que sale de excursión. Su inclinación natural es detenerse, recoger especímenes y examinarlos de cerca.

El rockhounding es el proceso de buscar y recoger rocas⁹

La búsqueda de rocas es una afición popular y divertida, sobre todo entre aquellos a los que les gusta estar al aire libre, salir de caza y las personas interesadas en la geología. Personas de todas las edades siguen sintiéndose atraídas por ella porque les permite recorrer terrenos muy diversos en busca de rocas y minerales de interés.

Cualquiera de las siguientes describe las acciones de un *rockhound* o buscador de rocas en un viaje de búsqueda de rocas:

- Buscar piedras naturales y acumularlas
- Recolectar ciertas rocas y minerales
- Recolectar fósiles, minerales o piedras preciosas

Antecedentes históricos y desarrollo de la práctica del rockhounding

Antes del desarrollo de la tecnología, la búsqueda de rocas era un pasatiempo común. Fue ampliamente reconocido por primera vez en la década de 1930. La gente vagaba por el desierto o las montañas. A menudo recogían piedras como jaspe, madera petrificada y ágata. Esto era común entre los nativos americanos y los geólogos aficionados.

Sin embargo, una nueva era comenzó durante la Gran Depresión, cuando el coleccionismo de rocas se convirtió en un negocio aún mayor. Debido a la elevada tasa de desempleo, mucha gente rastreaba campos, cañones y canteras en busca de piedras valiosas que pudieran vender por un poco de dinero extra. Esto dio lugar al establecimiento de tiendas de rocas al borde de las carreteras en un intento de atraer la atención de los turistas hacia sus descubrimientos.

Existen numerosas razones por las que la gente se interesa por la búsqueda de rocas en la actualidad. A algunos les encanta la dificultad añadida de un viaje de senderismo en busca de rocas, mientras que otros quieren una experiencia práctica por su interés en la geología y la historia local. También hay fabricantes de joyas que buscan esa piedra que completará su colección. No importa lo que le motive a ir a buscar rocas; aprenderá rápidamente que la experiencia es satisfactoria a muchos niveles.

Beneficios de la búsqueda de rocas

Dado que las rocas y los minerales pueden encontrarse en todas partes, la búsqueda de rocas puede realizarse prácticamente en cualquier lugar. Teniendo en cuenta la naturaleza exploratoria de la búsqueda de rocas, he aquí algunas de sus ventajas:

- Le permite investigar la formación de cristales y minerales, lo que puede llevarle a aprender más sobre el tema.
- Los buscadores de rocas pueden obtener diversas rocas y minerales que asombrarán a la comunidad de buscadores de rocas.
- Comprenderá mejor los distintos componentes que conforman el planeta. Aprender sobre geología y el mundo natural también aumentará sus conocimientos y su aprecio por la Tierra y su funcionamiento.
- El senderismo y la exploración de diferentes partes de la naturaleza son dos de las mejores formas de hacer algo de ejercicio, y la búsqueda de rocas proporciona ambas cosas. =
- Uno de los mejores aspectos de la recolección de rocas es que puede ayudarle a sentirse menos estresado y más relajado. Cuando encuentra un gran espécimen, siente una gran sensación de logro.

- Da lugar a interacciones sociales positivas. Es una forma estupenda de conocer gente nueva y conectar con ella. Muchos aficionados a la búsqueda de rocas pertenecen a los mismos clubes o círculos sociales, compartiendo intereses y conocimientos comunes.
- El beneficio económico es otra ventaja de esta actividad porque las piedras preciosas tienen un valor monetario. Por ello, muchos buscadores de rocas profesionales se ganan la vida vendiendo las rocas que encuentran a turistas y tiendas.
- La búsqueda de rocas y minerales estimula la mente porque requiere un cierto nivel de pericia y conocimientos. Cuando se propone aprender sobre diferentes rocas, minerales y su formación geológica, mantiene su cerebro activo y ocupado. Esta estimulación ayuda a prevenir el deterioro cognitivo relacionado con la edad.
- Le da un sentido de la responsabilidad. El objetivo del rockhounding no consiste sólo en recoger rocas brillantes y colocarlas en un tarro. Implica limpiar la roca que ha pasado tiempo buscando, guardarla en un lugar seguro y asegurarse de que permanece intacta. Como resultado, desarrolla un sentido de responsabilidad y propiedad sobre sus posesiones.

Ventajas de la búsqueda de rocas

Las siguientes son algunas ventajas añadidas de la búsqueda de rocas:

- **No se requiere experiencia previa:** No necesita ningún título ni experiencia para recoger rocas del suelo, ni tampoco formación para convertirse en un buscador de rocas. Sólo necesita conocimientos básicos, coger sus herramientas, salir al exterior y empezar a cavar.
- **Se encuentran a su alrededor:** No tiene que viajar muy lejos para convertirse en un buscador de rocas. Muchas especies de rocas que desconocía existen justo fuera de su casa o en la carretera que conduce a ella.
- **Tiempo de calidad en la naturaleza:** Esta es una oferta de dos por uno. Podrá pasar tiempo en la naturaleza mientras busca una roca o un espécimen mineral.

- **Afición de bajo presupuesto:** La búsqueda de rocas es una afición de bajo presupuesto. Como cualquier otra afición, la búsqueda de rocas puede ser tan barata o cara como usted quiera. A algunas personas les ha llevado a buscar rocas por todo el mundo, mientras que otras se quedan cerca de casa.
- **Salir al exterior:** Uno de los aspectos más agradables de la búsqueda de rocas es que le lleva a usted y a su familia al exterior. Le permite tomar aire fresco y pasar tiempo de calidad al aire libre.

Primeros pasos en la búsqueda de rocas

He aquí algunos consejos útiles que debe tener en cuenta al planificar su viaje de búsqueda de rocas.

¿Qué busca?

¿Qué tipo de minerales, fósiles o piedras está buscando? Antes de salir de búsqueda, investigue un poco sobre los minerales que desea, su información gemológica, historia, propiedades y dónde puede encontrarlos.

¿Están disponibles en su zona?

Primero debe conocer su zona para determinar si los tipos de minerales o rocas que busca están disponibles. Aquí es donde entra en juego el Internet.

Si siente curiosidad por las rocas, los minerales y las piedras preciosas, puede consultar los sitios web o las páginas de las redes sociales de los organismos de su estado o de zonas cercanas. Estas fuentes pueden proporcionarle más información y consejos sobre la búsqueda de rocas.

Mientras navega por los resultados de la búsqueda, recuerde lo siguiente.

- Sólo se puede acceder a las tierras privadas si se cuenta con el permiso de los propietarios.
- Los principiantes pueden disfrutar visitando excavaciones y minas pagadas, ya que es probable que estos lugares tengan rocas y minerales más predecibles y familiares.

¿Es la zona apta para principiantes?

También es útil investigar qué zonas son aptas para principiantes, siendo los lugares de pago y las minas buenas opciones. De este modo, podrá explorar nuevos territorios con la orientación de quienes conocen el terreno.

Clubes de rocas y minerales

Conectarse con los clubes locales de rocas y minerales es la mejor manera de acceder a la información valiosa y de calidad sobre la búsqueda de rocas de su zona. También podrá conocer a personas afines que comparten la misma afición y son tan apasionadas como usted.

Como principiante que se conecta con el club local más cercano, es probable que conozca a un miembro experimentado que le tomará bajo su ala y le enseñará todo lo que sabe. Además, es más probable que se entere de viajes de búsqueda de rocas en grupo en los que puede participar.

Cuando se afilia a un club, obtiene acceso a una gran cantidad de información que de otro modo no habría tenido, como reimpresiones de obras clásicas o ejemplares de libros raros que desgraciadamente ya no se imprimen, pero que siguen en manos de algún socio. Incluso puede tropezar con materiales interesantes que le revelen la geología de su localidad.

Pertenecer a un club de roca local le ofrece la oportunidad de adquirir experiencia en el uso del equipo de búsqueda de rocas de otras personas que le aventajan en su uso. Incluso puede conseguir una buena oferta en la compra de dicho equipo de un miembro del club y que le permitan tomar prestado el equipo del club.

Puede buscar en Google los clubes locales de rocas y minerales de su localidad. Revise el tiempo asignado para la reunión y el lugar. Póngase también en contacto con los representantes principales de los clubes para confirmar la estructura y el horario de sus reuniones.

Consejos útiles para la búsqueda de rocas

Gestión del tiempo

Como principiante, comprender cómo gestionar su tiempo es tan importante como la propia actividad de la búsqueda de rocas. Algunos buscadores de rocas se ponen alarmas para controlarse con regularidad.

Cuando han pasado mucho tiempo en un punto, la alarma les sirve de recordatorio para pasar al siguiente, sobre todo si el primer punto no ha dado resultados. El objetivo de programar la alarma es ayudarle a controlar el tiempo para que no emplee más tiempo del previsto inicialmente.

Conocimiento de la ruta e investigación de campo

Lo primero que debe hacer al iniciar una actividad de búsqueda de rocas es investigar. Observe su entorno y considere las rocas y minerales allí presentes y la mejor ruta posible para llegar a ellos. Reducirá las posibilidades de equivocarse de camino cuando comprenda lo que le rodea, dónde conseguir lo que busca y cómo utilizar las herramientas de que dispone.

Utilizando Internet, podrá investigar adecuadamente y desentrañar el camino que debe seguir para descubrir las rocas o minerales que busca.

Libros y revistas

Su biblioteca local contiene valiosos conocimientos sobre la geología de su zona, lo que le permitirá ser astuto en su recién descubierta pasión por las rocas. Su carné de la biblioteca también puede concederle acceso a recursos adicionales en línea como artículos académicos que pueden guiarle en su camino.

Si no encuentra el material que busca, no dude en pedir ayuda a los bibliotecarios. Estarán encantados de ayudarle indicándole la dirección correcta.

Las librerías locales son los mejores lugares para buscar cualquier cosa en su zona porque es más probable que dispongan de títulos locales que las grandes librerías corporativas. Las librerías locales pueden asistirle localizando o ayudándole a comprar el libro de su elección si no está actualmente en stock.

Las librerías especializadas pueden ser un gran recurso para adquirir libros difíciles de encontrar que contengan información valiosa.

Agencias estatales de recursos naturales

En la mayoría de los estados existe un departamento de minería y geología. Puede estar seguro de encontrar la información que necesita sobre los minerales, rocas, fósiles o diamantes que busca.

Puede que algunas de estas agencias no tengan una sede física, pero seguro que tienen sitios web a los que puede acceder.

Museos

Numerosos países cuentan con museos dedicados a la historia natural y a la geología, que ofrecen programas educativos paralelamente a sus exposiciones.

Universidades locales

Las universidades cercanas también pueden ofrecerle la oportunidad de explorar departamentos como los de geología, ingeniería mineral y paleontología. Sin duda encontrará la información necesaria para apoyar su afición a la búsqueda de rocas.

Tiendas de rocas

Visite tiendas con joyas, minerales o rocas de alta calidad para conocer mejor sus intereses.

Los empleados de las tiendas de rocas están bien informados y pueden proporcionarle información sobre los clubes de rocas locales y los lugares donde buscar rocas. Las tiendas para turistas suelen contar con personal versado en la geología local que puede ayudarle a encontrar la roca perfecta para su colección.

Exposiciones de rocas, gemas y minerales

Aunque el precio de la entrada a estas exposiciones de rocas es bastante bajo, podrá experimentar una amplia gama de rocas, gemas y especímenes minerales.

Mochila para rockhounding

La mochila adecuada es importante si quiere disfrutar de las actividades de búsqueda de rocas. Debe tener en cuenta la durabilidad, la comodidad y el tamaño adecuado cuando busque una. Otros factores a tener en cuenta son la posibilidad de ajustar las correas, que tenga suficientes bolsillos y compartimentos para guardar sus objetos, y que garantice un espacio suficiente para guardar todo su equipo.

Utilice únicamente la mochila con las siguientes cualidades para la búsqueda de rocas.

Confort

Dado que va a cargar con sus herramientas y especímenes durante horas, asegúrese de que su mochila se ajusta correctamente y está diseñada para ser cómoda. Asegúrese también de que tiene correas ajustables. Una mochila con correas para los hombros y el pecho puede ofrecerle mayor comodidad al distribuir uniformemente su peso.

Duradera e impermeable

Teniendo en cuenta que es posible que empaquete herramientas puntiagudas o rocas afiladas, asegúrese de que su mochila sea duradera y resistente a los desgarros. Además, debe ser impermeable por si llueve cuando esté fuera.

Espacio y compartimentos para su equipo

La cantidad de tiempo que pretenda pasar en el campo debe determinar el tamaño de la mochila que elija. Una mochila de treinta litros debería ser suficiente para un día. Si va a permanecer más tiempo, opte por una mochila de 40 a 50 litros. Necesitará que su ropa, tienda de campaña y saco de dormir quepan dentro; cualquier cosa inferior a eso podría no ser suficiente.

Por lo tanto, tenga en cuenta la frecuencia con la que estará en el campo y opte por una mochila en la que quepan su comida, muestras, equipo de seguridad y agua potable.

Considere la posibilidad de utilizar mochilas con bolsillos externos de fácil acceso. Así no tendrá que detenerse para coger su equipo, ya que podrá hacerlo sobre la marcha.

Lo que debe caber en su mochila para rockhounding

Para tener espacio suficiente para sus especímenes, limite su equipo a un peso aproximado de 5 kg. Su estilo de búsqueda de rocas determina el equipo que llevará consigo. Si sólo se queda un día, necesitará lo esencial:

- Artículos esenciales como un imán, un martillo para piedras, cuñas, un cepillo de dientes, un cincel, una pala plegable, una escoba pequeña o un pincel y una pala de mano.
- Teléfono móvil. Esta será su alarma, brújula y cámara
- Espray repelente de osos
- Repelente de insectos
- Linterna
- Una botella de agua para lavar las piedras.
- Toallas de papel y papel de periódico para envolver sus especímenes
- Sombrero y protector solar
- Gafas de seguridad

- Agua potable
- Guantes de trabajo
- Silbato
- Botiquines de primeros auxilios
- Bolsas ziplock para las rocas pequeñas; utilice envases de película o frascos de pastillas.
- Poncho impermeable
- Palanca
- Tamiz o colador

Qué evitar llevar

Cuando se pasan varias horas investigando rocas y minerales en el campo, es importante invertir en una mochila de alta calidad. No se recomienda utilizar una mochila o un morral de la vieja escuela, ya que no están diseñados para estas actividades y pueden causar más daños que beneficios. En su lugar, opte por una mochila cómoda y resistente diseñada específicamente para actividades al aire libre.

La búsqueda de rocas es una actividad divertida que cualquiera puede disfrutar. Si no está convencido, considere la posibilidad de asistir a la Exposición de Gemas y Minerales de Tucson, que atrae cada año a visitantes de todo el mundo. Para iniciarse en la búsqueda de rocas, sólo tiene que salir de casa y explorar el aire libre. Con la mochila adecuada y amor por la aventura, cualquiera puede disfrutar de la emoción de descubrir nuevas rocas y minerales.

Capítulo 3: Equipamiento y consejos de seguridad

Embarcarse en el viaje de descubrir y recolectar rocas y minerales es a la vez emocionante y fascinante. Esta búsqueda ha captado el interés de muchos entusiastas, y abrazar esta pasión es algo que nadie le reprochará. Aunque la búsqueda de rocas comparte la emoción de los deportes al aire libre, también conlleva su conjunto único de riesgos y peligros. Por eso es vital equiparse con el equipo y los conocimientos adecuados.

La intención aquí no es disuadirle ni abrumarle, sino proporcionarle la información necesaria para que esté bien informado y pueda sumergirse plenamente en esta encantadora afición. El objetivo de este capítulo es proporcionarle una orientación exhaustiva para que disfrute de una experiencia segura y agradable en la búsqueda de rocas, junto con las medidas de seguridad esenciales.

Descubrirá el equipo de búsqueda de rocas imprescindible para una fructífera aventura en la naturaleza, así como estrategias de seguridad y autodefensa que le ayudarán a sortear posibles peligros. Además, adquirirá una gran cantidad de conocimientos para disfrutar de una experiencia excepcional en la búsqueda de rocas, desde herramientas fundamentales para la identificación de rocas y piedras preciosas hasta recomendaciones para montar su botiquín de primeros auxilios.

Equipo y herramientas básicas para la búsqueda de rocas

Antes de cazar rocas, debe asegurarse de estar lo mejor preparado posible. Tanto si es un novato como un experimentado cazador de rocas, estos artículos son esenciales para recolectar especímenes y garantizar su seguridad. Se lo pasará en grande si dispone de las herramientas adecuadas y conoce las precauciones de seguridad apropiadas.

Empezando por lo fundamental: ¿qué equipo necesita para la búsqueda de rocas?

1. Martillo de roca

Un martillo de roca es una herramienta esencial para la búsqueda de rocas[4]

El primer artículo de su lista debe ser un buen martillo para rocas, que rompa las rocas en trozos más manejables. Es una herramienta esencial para la búsqueda de rocas porque le permite romperlas fácilmente para revelar tesoros ocultos sin dañar los especímenes. Si está empezando, necesita adquirir una que se adapte a usted y a sus planes para la búsqueda de rocas. Estas son algunas de las consideraciones que debe tener en cuenta:

- **Tamaño y peso:** El peso de un buen martillo para roca es una de sus características más importantes. Un martillo más pesado puede asestar un golpe más potente y romper rocas más duras, pero también es más cansado de usar durante periodos prolongados. Un martillo más ligero, por otro lado, puede ser más fácil de usar, pero puede no ser tan eficaz en rocas más duras. Por ello, es importante elegir un martillo con un peso que le resulte adecuado.

- **El tipo de cabeza del martillo:** La punta del martillo también es importante. Debe ser afilada y lo bastante fuerte para perforar las rocas sin doblarse ni romperse. Un martillo de punta plana es útil para cincelar o abrir rocas más grandes. En cambio, una punta puntiaguda es mejor para trabajos de precisión, como abrir rocas más pequeñas.

- **El mango:** Este es otro componente crucial de un martillo para roca de calidad. El mango debe ser fácil de sujetar y proporcionar un buen control. El material también puede influir en cómo se siente en la mano. Por ejemplo, un mango de goma o plástico puede ser más cómodo que uno de madera, sobre todo si lo utiliza durante periodos prolongados.

Seleccionar el martillo para roca adecuado

A la hora de elegir un martillo para roca, hay que tener en cuenta algunos factores.

- Debe plantearse qué tipo de búsqueda de rocas desea realizar. Esto influirá en su elección. Un martillo sólido, no tan pesado como los que necesitaría para recolectar especímenes como rocas duras o minerales, es necesario si quiere centrarse principalmente en la recolección de fósiles. Esto se debe a que sólo necesita algo ligero y resistente para recoger fósiles.

- ¿Debe elegir la asequibilidad frente a la eficacia? Aunque elegir un modelo de martillo con un precio más bajo puede ser tentador, debería elegir uno de alta calidad porque es más eficaz, dura más y no se desgasta a largo plazo.

- ¿Qué hay de la reputación de la marca? Debería considerar lo que otros han dicho sobre las marcas en las que está pensando. Un martillo de una marca conocida y respetada podría costar más, pero lo más probable es que sea de mayor calidad y venga con garantía.

Un buen martillo para roca puede significar la diferencia entre un día de búsqueda de rocas exitoso y otro frustrante. Como aspirante a buscador de rocas o como alguien con cierta experiencia, debe comprender la importancia de contar con el martillo para roca adecuado. El martillo para roca adecuado le permitirá acceder a zonas de difícil acceso como grietas y afloramientos. Un buen martillo para roca también es duradero y cómodo; si le empiezan a doler las manos y las muñecas después de unos cuantos usos, ¡éste no es el martillo para usted!

Utilizar un martillo para roca de forma segura y eficaz es esencial para su salud y productividad. Sujételo con ambas manos y balancéelo hacia abajo con un movimiento controlado, utilizando los brazos y los hombros para la fuerza. Balancearlo con las muñecas puede provocar tensiones y lesiones.

2. Ropa

Las botas de montaña pueden ayudarle a sortear terrenos difíciles [5]

También necesitará un buen par de botas de montaña. Dado que caminará por terrenos irregulares, deben ser resistentes, cómodas y proporcionar un buen apoyo al tobillo. También necesitará una mochila de alta calidad para transportar su equipo, refrigerios y agua. Lleve sombrero, gafas de sol y protector solar para protegerse de los dañinos rayos del sol.

3. Equipo para transportar herramientas, identificar especímenes y navegar

Cuando practique la búsqueda de rocas, debe llevar siempre el equipo adecuado, que incluye algo más que su martillo. Estos son los elementos básicos:

- **Mochila:** Una mochila resistente es esencial para transportar todo su equipo y herramientas para la búsqueda de rocas. Debe ser cómoda de llevar y tener espacio suficiente para su equipo, refrigerios y agua cuando tenga hambre o esté cansado.

Una mochila resistente le ayudará a transportar sus herramientas [6]

- **Guantes:** Un par de guantes le resultarán muy útiles cuando busque rocas. Cuando trabaje con rocas y minerales, los guantes le protegerán las manos de los bordes afilados de las rocas, los escombros y otros peligros.

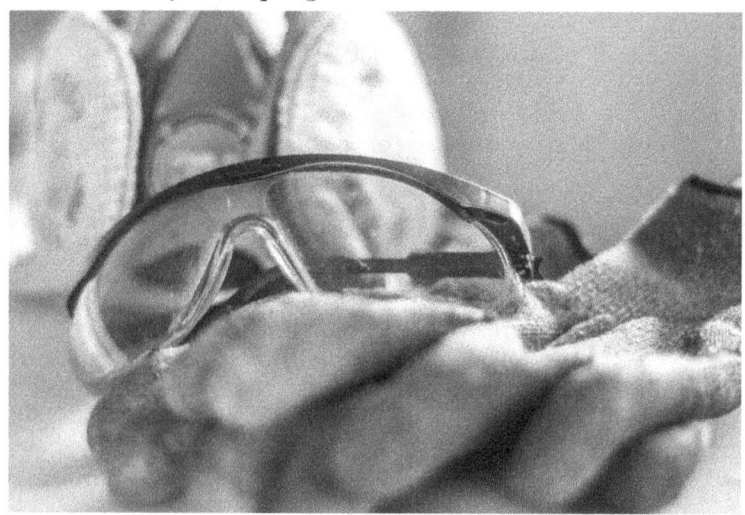

Para la búsqueda de rocas son necesarios guantes y protección ocular [7]

- **Protección ocular:** Las gafas de seguridad o las gafas protectoras son importantes para proteger sus ojos de los fragmentos de roca que vuelan o de otros desechos.
- **Cincel:** Un cincel es útil para arrancar rocas de su entorno, sobre todo se utiliza para extraer rocas encajadas. También se utiliza para picar delicadamente la superficie de las rocas y revelar especímenes minerales o fósiles ocultos.

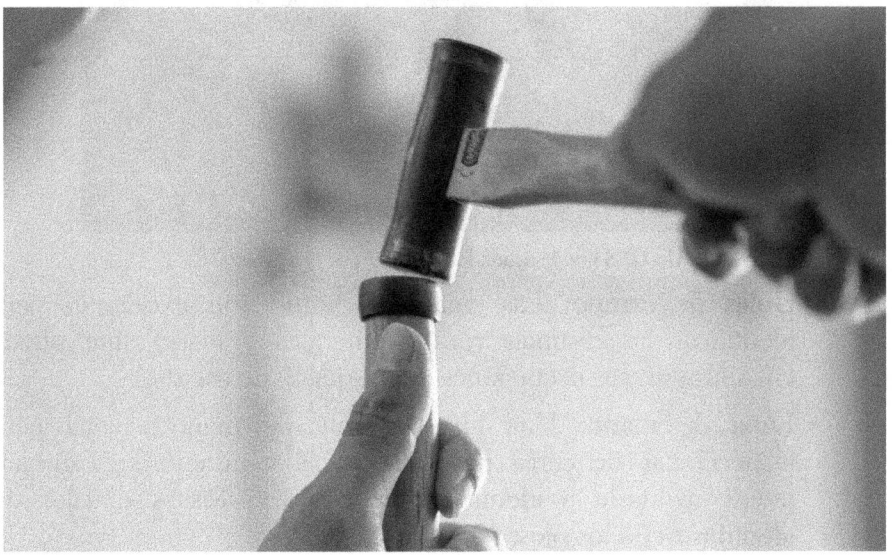

Los cinceles y los mazos pueden ayudarle a romper las rocas grandes [8]

- **Mazo:** Los mazos son martillos más grandes y pesados que rompen grandes rocas o bloques de piedra. Se suele utilizar en lugares más difíciles con rocas más grandes.
- **Palanca:** Una palanca también se utiliza para extraer rocas que se han quedado encajadas. Es una barra metálica larga y delgada que arranca del suelo rocas y bloques de piedra sueltos. Es especialmente útil para mover rocas demasiado grandes como para moverlas a mano o con un cincel.
- **Botella de agua:** Como aficionado a las rocas, no querrá pasar esto por alto. Es vital mantenerse hidratado durante cualquier actividad al aire libre, especialmente cuando hace calor. Todo buscador de rocas debería tener una botella de agua rellenable.
- **GPS:** En la búsqueda de rocas, es vital saber a dónde se dirige en todo momento, especialmente en zonas remotas.

Un GPS puede ayudarle a navegar por el sendero.[9]

- **Guías de campo:** Las guías de campo son excelentes para identificar las distintas rocas, minerales y fósiles que pueda encontrar en sus excursiones de búsqueda de rocas.
- **Lupa de mano:** Una lupa o lente de mano es útil para inspeccionar de cerca pequeñas rocas y minerales. También puede ayudarle a identificar minerales o fósiles difíciles de identificar con los ojos.

Una lupa de mano puede ayudarle a inspeccionar pequeñas rocas y minerales.[10]

- **Un cepillo de mano y una pala resistente:** El cepillo eliminará la suciedad de los especímenes antes de colocarlos en su bolsa, lo que le permitirá verlos mejor. La pala de alta resistencia sirve para excavar y cribar.

- *Placa* **de rayas:** Se trata de una pequeña pieza de porcelana o cerámica sin esmaltar llamada placa de rayas que se utiliza para examinar el color de la raya de un mineral. Cuando se frota un mineral sobre la superficie de la placa, deja tras de sí un polvo. Este polvo es un aspecto esencial para inspeccionar el color de la traza del mineral.

Una placa de rayas puede ayudarle a inspeccionar el color de un mineral[11]

- **Durómetro:** Una *escala de dureza Mohs* puede determinar la dureza de un mineral en comparación con otros. También puede hacerse rayando el mineral con otras series de minerales.

- **Lámpara UV:** Muchos minerales pueden emitir un brillo visible cuando se exponen a la luz ultravioleta. Esto le permitirá identificarlos.

- **Imán:** Los imanes pueden utilizarse para encontrar minerales magnéticos como la magnetita que podrían estar ocultos en muestras geológicas. Si una roca o el suelo se adhieren a un imán, probablemente tengan minerales magnéticos.

Los imanes pueden ayudarle a encontrar minerales como la magnetita [12]

- **Mapas:** Los mapas se encuentran entre las herramientas más importantes para la búsqueda de rocas porque muestran dónde se pueden encontrar diferentes tipos de rocas, minerales y piedras preciosas. Algunos de los mapas que necesita son los topográficos, los geológicos y los de las concesiones mineras. Cada uno tiene su nivel de complejidad y detalle, por eso son tan importantes para el éxito de un viaje de búsqueda de rocas.

Los mapas pueden mostrar dónde se encuentran las diferentes rocas y minerales [13]

- **Brújula:** Una brújula es una herramienta sencilla pero muy útil para la búsqueda de rocas. Con una, puede averiguar hacia dónde se dirige y dónde se encuentra en el paisaje que le rodea. Esto facilita la búsqueda de formaciones rocosas y yacimientos minerales concretos.

Una brújula le ayudará a reconocer en qué dirección debe ir [14]

- **Altímetro:** Mide su altura sobre el nivel del mar, lo que puede ser útil al explorar zonas montañosas. Eso le permite orientarse hacia alturas específicas en las que podría encontrar determinadas rocas o minerales.
- **Prismáticos:** Los prismáticos son otra herramienta útil para la búsqueda de rocas porque le permiten ver más de cerca formaciones rocosas interesantes, acantilados y otras cosas. Pueden ayudarle a encontrar lugares interesantes y a aprender más sobre ellos, ya sea intentando atravesar un terreno accidentado o encontrando tesoros ocultos.

Los prismáticos le ayudarán a ver más de cerca las formaciones rocosas [15]

- **Linterna frontal:** Una linterna frontal también es una herramienta importante para desplazarse cuando está oscuro. Le permite ver lo que hay a su alrededor y evitar obstáculos por la noche o cuando no hay suficiente luz.

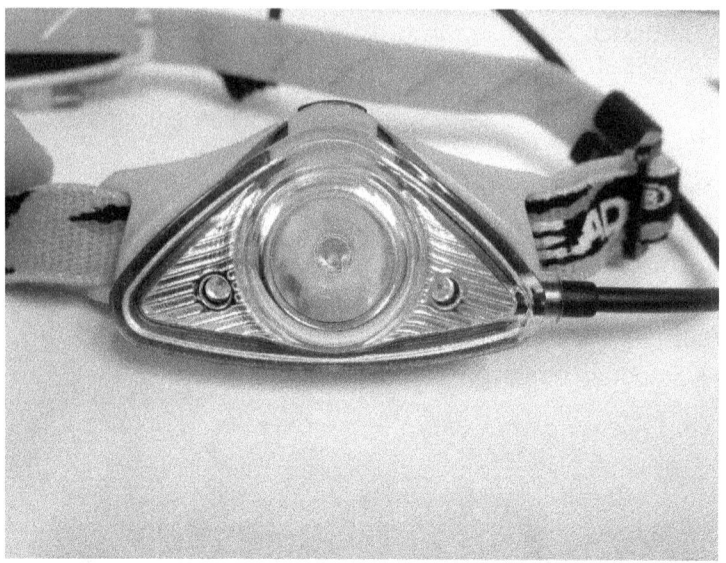

Las linternas frontales le ayudarán a desplazarse cuando esté oscuro [16]

Consejos de seguridad para los buscadores de rocas

Aunque la búsqueda de rocas puede ser un pasatiempo fascinante y gratificante, siempre debe anteponer su salud y seguridad a su entusiasmo. He aquí algunas cosas que debe tener en cuenta antes de empezar:

1. Investigue la zona

Investigar la zona le dará una mejor idea de lo que puede encontrar [17]

Antes de salir a buscar rocas, investigue sobre la zona. Antes de salir, piense qué tipo de especímenes va a recoger. Investigue el lugar que pretende explorar; así se asegurará de contar con el equipo necesario cuando llegue el momento. Familiarizarse con la zona, los peligros potenciales y la normativa especial será una buena forma de prepararse para un viaje seguro y exitoso.

2. El equipo adecuado

Debe llevar calzado resistente y cerrado y un sombrero por si hace mucho frío o calor. También se recomienda llevar protector solar, calentadores de manos, linternas, refrigerios y agua en abundancia. No olvide llevar guantes para manipular rocas afiladas o herramientas.

3. Hágaselo saber a alguien

Asegúrese de que alguien conozca a dónde se dirige y cuándo deben esperar su regreso. Si algo va mal mientras está fuera buscando rocas, sabrán dónde buscarle.

4. Lleve a alguien con usted

Tanto si tiene experiencia como si no, es preferible realizar este tipo de viajes acompañado. Estar en un grupo de al menos dos personas es siempre preferible. Si debe viajar solo, deje un mensaje a alguien y hágale saber dónde estará para que pueda dar la voz de alarma si no tiene noticias suyas en un tiempo. Hacer que otra persona le acompañe en el viaje puede garantizar su seguridad y proporcionarle un par de manos extra para que el proceso vaya más fluido. Además, la compañía extra puede hacer las cosas aún más agradables.

5. Esté preparado

Prepárese para condiciones meteorológicas impredecibles y posibles encuentros con la fauna salvaje. Aprenda a evaluar el comportamiento de los distintos animales salvajes para saber cómo responder con seguridad si se encuentra con algo peligroso. Tenga siempre a mano un botiquín de primeros auxilios.

6. Investigue cualquier peligro en la zona

La preparación es la piedra angular de un viaje de búsqueda de rocas seguro y exitoso. Si planifica con antelación y recaba información, podrá evitar posibles peligros y disfrutar de una experiencia más gratificante. He aquí algunos aspectos clave que debe tener en cuenta al prepararse para una aventura de búsqueda de rocas:

- **Advertencias meteorológicas y peligros naturales:** Antes de partir, es crucial comprobar las previsiones meteorológicas locales y estar al tanto de cualquier advertencia meteorológica o peligro natural en la zona. Esto puede incluir tormentas, inundaciones, corrimientos de tierra o temperaturas extremas. Si se mantiene informado, podrá tomar decisiones con conocimiento de causa sobre si es seguro seguir adelante o si debe posponer su viaje.
- **Terreno y accesibilidad:** Investigue el terreno y la accesibilidad del lugar donde piensa practicar la búsqueda de rocas. Algunos lugares pueden requerir senderismo o escalada, mientras que otros pueden ser más fácilmente accesibles en vehículo. Saber lo que le espera puede ayudarle a planificar en consecuencia y a asegurarse de que dispone del equipo adecuado, como calzado resistente, bastones o equipo de escalada.
- **Agua e hidratación:** En la búsqueda de rocas, sobre todo en entornos áridos como el desierto, es esencial mantenerse hidratado. Sea consciente de los signos y síntomas de la deshidratación, que pueden incluir sed, mareos, confusión y orina de color oscuro. Para prevenir la deshidratación, beba mucha agua antes y durante su viaje, y evite el alcohol y la cafeína.
- **Agotamiento por calor:** En ambientes calurosos, el agotamiento por calor es una preocupación importante. Los síntomas pueden incluir sudoración abundante, pulso acelerado, mareos, náuseas y dolor de cabeza. Lleve ropa ligera y transpirable para evitar el agotamiento por calor, aplíquese protector solar y haga descansos en zonas de sombra siempre que sea posible. Si sospecha que ha sufrido un agotamiento por calor, descanse en un lugar fresco y beba agua o bebidas deportivas para reponer electrolitos.

Equipos especiales de seguridad y botiquines de primeros auxilios

Mientras practica la búsqueda de rocas, la seguridad es de suma importancia, y ciertas piezas de equipo pueden ayudarle a mantenerse a salvo. En primer lugar, investigue la zona que va a visitar en busca de posibles peligros, como animales salvajes o antecedentes de terreno inestable. Si se topa con algún peligro inesperado, dé media vuelta.

Estas cosas le mantendrán seguro mientras practica la búsqueda de rocas:

- **Un botiquín de primeros auxilios:** Los accidentes pueden ocurrir cuando se está en el campo, así que tenga siempre a mano un botiquín básico de primeros auxilios. Debe incluir vendas, antisépticos y analgésicos. Es mejor estar preparado para pequeños percances o lesiones mientras se trabaja en el lugar de recolección.

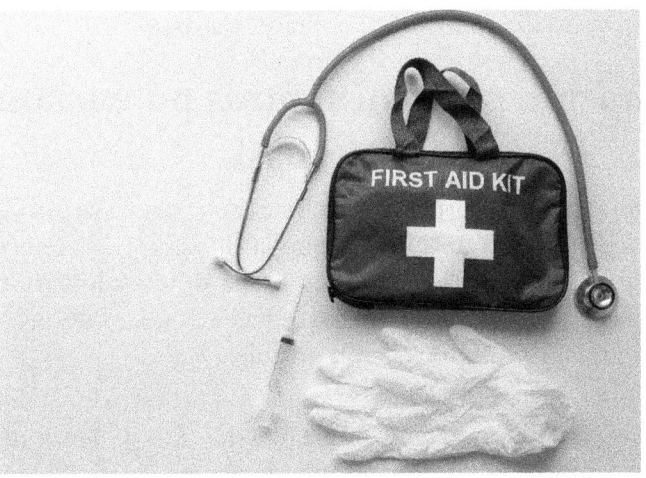

Un botiquín de primeros auxilios es necesario cuando se practica la búsqueda de rocas [18]

- **Un silbato:** Si se mete en problemas, un silbato puede alertar a otras personas cercanas, que entonces podrán acudir en su ayuda; asegúrese de que es lo suficientemente fuerte como para que los rescatadores puedan oírlo desde una gran distancia.

Un silbato puede alertar a otros de su ubicación si necesita ayuda [19]

- **Un pequeño juego de herramientas:** Intente tener a mano algunas herramientas básicas, como un cuchillo o una pequeña sierra para cortar ramas de árboles u otras plantas que obstruyan el acceso a las zonas donde se pueden encontrar rocas.
- **Ropa y calzado adecuados:** Asegúrese de que su equipo es apropiado para el entorno. Por ejemplo, si va a un lugar con mucha arena o barro, puede que unas sandalias cerradas no sean la mejor elección; en su lugar, opte por unas botas de trabajo que le proporcionen mejor protección y agarre.

Preparación para encuentros potencialmente peligrosos

La seguridad debe ser siempre la máxima prioridad a la hora de embarcarse en una aventura de búsqueda de rocas. Reconocer que está compartiendo la naturaleza salvaje con fauna potencialmente peligrosa es esencial. Para prepararse mejor, investigue a fondo la zona que piensa explorar y reúna toda la información posible.

Equiparse con el equipo de protección adecuado y herramientas especializadas, como un espray repelente de osos si fuera necesario, es crucial para garantizar la seguridad. Esté preparado para cualquier encuentro con fauna potencialmente peligrosa. Manténgase alerta, preste atención a las señales colocadas sobre especies protegidas o peligros en la zona, y tenga preparada una estrategia de salida de emergencia en caso necesario.

Mientras explora, puede encontrarse con serpientes, osos u otros animales. Es fundamental ser consciente de lo que le rodea y saber cómo reaccionar cuando se encuentre con animales salvajes. Evite asustar a los animales haciendo ruido mientras camina, alertándoles de su presencia. Si se encuentra con un oso u otro animal peligroso, mantenga la calma y retroceda lentamente, pero nunca le dé la espalda.

Si un animal muestra agresividad o amenaza su seguridad, prepárese para huir; nunca se acerque a un animal salvaje, por muy dócil que parezca. Por último, respete el medio ambiente adhiriéndose a los principios de "no dejar rastro". Absténgase de molestar a plantas o animales; no deje basura ni restos. Conserve la zona en su estado original, para que los futuros buscadores de rocas puedan disfrutar de ella.

La búsqueda de rocas ofrece una experiencia apasionante de exploración y descubrimiento, pero es esencial ser consciente de los peligros y riesgos potenciales que conlleva. Utilice el equipo y las medidas de seguridad adecuadas y manténgase informado sobre las actividades y normativas locales. Si se aventura a salir solo, informe siempre a alguien de sus planes y de la hora prevista de regreso.

Equípese con las herramientas esenciales para la búsqueda de rocas y la recolección de especímenes para recolectar de forma segura y eficaz rocas, minerales y fósiles de diversos lugares. Prepárese siempre y actúe con precaución antes de ponerse en marcha.

Capítulo 4: Piedras preciosas

Al adentrarse en el mundo de las piedras preciosas, se encontrará en un reino de belleza y maravillas naturales que ha cautivado a la gente durante siglos - ¡desde los brillantes diamantes que han encendido guerras y alimentado sueños hasta las aterciopeladas esmeraldas que parecen brillar desde dentro o los regios zafiros que han adornado las coronas de reyes y reinas durante siglos! El mundo de las piedras preciosas es una mirada a un reino misterioso lleno de deslumbrante belleza y maravillas naturales. Este capítulo le ofrecerá una visión exhaustiva del mundo de las piedras preciosas; conocerá sus diversos tipos, características y clasificaciones. Le sorprenderán las historias que encierra cada piedra preciosa, desde las propiedades místicas de la amatista hasta el rico significado cultural del jade. Así pues, prepárese para ser transportado a un mundo de belleza y maravillas sin parangón, ¡un mundo que sin duda le dejará hechizado e inspirado!

El mundo de las piedras preciosas

En su nivel más básico, una piedra preciosa es un mineral natural o una sustancia orgánica valorada por su belleza, rareza y durabilidad. Estas piedras preciosas suelen tallarse y pulirse para resaltar su lustre y brillo naturales y pueden encontrarse en varios colores, formas y tamaños.

Desde una perspectiva científica, las piedras preciosas se forman en las profundidades de la corteza terrestre mediante un proceso de cristalización. Esto ocurre cuando la roca fundida o magma se enfría y solidifica durante un largo periodo, permitiendo que los átomos que contiene se dispongan en estructuras cristalinas altamente ordenadas. Este proceso crea una amplia gama de minerales, algunos muy apreciados por su belleza y rareza.

Las propiedades de cada piedra preciosa dependen de varios factores, como su composición química, su estructura cristalina y las condiciones en las que se formó. Por ejemplo, los diamantes están formados por átomos de carbono dispuestos en una estructura cristalina altamente simétrica, lo que les confiere su dureza y transparencia características. Por el contrario, los ópalos están formados por esferas de sílice que difractan la luz para producir una gama de colores, creando una iridiscencia única.

Las piedras preciosas también son muy apreciadas por su significado cultural, histórico y simbólico. A lo largo de la historia, se han utilizado para todo, desde el comercio hasta los artefactos religiosos y las prácticas de sanación. Se han asociado con todo, desde el amor y la pasión hasta la fuerza y el valor, y siguen ocupando un lugar especial en el corazón y la mente de la gente de todo el mundo.

Las piedras preciosas pueden clasificarse en dos categorías: preciosas y semipreciosas. Las piedras preciosas, como el brillante diamante, el radiante rubí, el aterciopelado zafiro y la exuberante esmeralda verde, son veneradas por su rareza y excepcional calidad. Estas piedras han sido apreciadas durante siglos por la realeza, artistas y coleccionistas por igual. Por otro lado, las gemas semipreciosas son igual de cautivadoras, cada una posee propiedades, colores y personalidades únicas. Desde la relajante amatista hasta el soleado citrino, pasando por el fogoso granate, el encantador peridoto y el deslumbrante topacio, cada piedra preciosa posee un encanto especial que apela a los sentidos y al alma. Ya sean preciosas o semipreciosas, las piedras preciosas son un raro y valioso regalo de la naturaleza que le recuerda la belleza, la magia y la maravilla del mundo.

Clasificación de las piedras preciosas

Las piedras preciosas se clasifican en función de varios criterios, como la composición química, la estructura cristalina y las propiedades ópticas. El sistema de clasificación más utilizado para las piedras preciosas es el de especies minerales, que las agrupa por su composición química. Este sistema divide las piedras preciosas en grupos basados en su elemento químico primario, como el corindón para el óxido de aluminio y el berilo para el ciclosilicato de berilio y aluminio. Otro sistema de clasificación importante se basa en la estructura cristalina de las piedras preciosas. Este sistema divide las piedras preciosas en grupos basados en su disposición de átomos y moléculas, como la estructura tetraédrica del diamante o la estructura trigonal del cuarzo.

Además, las piedras preciosas se clasifican en función de sus propiedades ópticas, como el índice de refracción, el brillo y la dispersión. Este sistema de clasificación se utiliza para distinguir las piedras preciosas en función de cómo interactúan con la luz, como el chispeante fuego de un diamante o el brillante juego de colores del ópalo. Comprender la clasificación de las piedras preciosas es esencial para evaluar su calidad, rareza y valor.

Composición química

Las piedras preciosas pueden clasificarse de muchas maneras, una de las cuales se basa en su composición química. Esta categorización se basa en la fórmula química de los minerales y permite a los gemólogos identificar y clasificar las piedras preciosas. Entre ellas se encuentran los óxidos, los silicatos, los haluros, los carbonatos y los fosfatos.

1. Silicatos

Este grupo incluye piedras preciosas como el cuarzo, el granate y la turmalina. Los silicatos están compuestos por átomos de silicio y oxígeno, a menudo con elementos adicionales como aluminio, hierro o magnesio. Son abundantes en la corteza terrestre y se forman en una amplia gama de condiciones, lo que da lugar a una gran variedad de piedras preciosas de silicato. Otros ejemplos son el aguamarina, la esmeralda, el granate, el rubí, el zafiro, el topacio, la turquesa y el circón.

2. Carbonatos

El grupo de los carbonatos incluye gemas como la calcita, la dolomita y la malaquita. Estos minerales están compuestos por iones de carbonato (CO_3) combinados con otros elementos como calcio, magnesio o cobre. Suelen encontrarse en rocas sedimentarias y pueden formarse por la interacción de fluidos ricos en dióxido de carbono con rocas o materia orgánica.

3. Óxidos

El grupo de los óxidos incluye algunas de las piedras preciosas más apreciadas, como el rubí, el zafiro y el diamante. Los óxidos están compuestos de oxígeno combinado con un elemento metálico, como el aluminio, el titanio o el cromo. Se forman en condiciones de alta presión y alta temperatura y suelen estar asociados a rocas ígneas o metamórficas.

4. Sulfatos

El grupo de los sulfatos incluye minerales como el yeso y la barita. Estos minerales están compuestos por iones sulfato (SO4) combinados con otros elementos como calcio, estroncio o plomo. Suelen formarse en depósitos de evaporita o en vetas hidrotermales y a menudo están asociados a rocas sedimentarias.

5. Haluros

El grupo de los haluros incluye minerales como la fluorita y la halita. Estos minerales están compuestos por iones haluro (como F- o Cl-) combinados con otros elementos, como calcio o sodio. Pueden formarse por evaporación del agua de mar o a partir de fluidos hidrotermales.

6. Fosfatos

El grupo de los fosfatos incluye gemas como la apatita y la turquesa. Estos minerales están compuestos por iones de fosfato combinados con otros elementos como calcio, flúor o cobre. Suelen encontrarse en pegmatitas, vetas hidrotermales o rocas sedimentarias.

Estructura cristalina

Las piedras preciosas también pueden clasificarse en función de su estructura cristalina. La estructura cristalina de una piedra preciosa se refiere a la disposición de los átomos y las moléculas en su interior. Existen seis estructuras principales: cúbica, hexagonal, trigonal, ortorrómbica, monoclínica y triclínica.

1. Cúbico

Las piedras preciosas con estructura cúbica son simétricas, con los tres ejes intersecándose en ángulo recto. La longitud de cada eje es igual. Como resultado, estas piedras preciosas parecen muy proporcionadas geométricamente. El diamante es una piedra preciosa común que tiene una estructura cúbica. Otras son la espinela y el granate.

2. Hexagonal

Las piedras preciosas con una estructura cristalina hexagonal tienen forma de prisma de seis caras con seis ángulos que miden 120 grados. Entre ellas se encuentran el aguamarina, la esmeralda y el rubí.

3. Trigonal

Las piedras preciosas con una estructura cristalina trigonal tienen forma de prisma de tres caras con tres ángulos que miden 60 grados y un ángulo que mide 120 grados. Por ejemplo, la amatista, el citrino y el cuarzo.

4. Ortorrómbico

Las piedras preciosas con una estructura cristalina ortorrómbica tienen forma de prisma rectangular con tres ejes de longitud desigual que se cruzan en ángulo recto. Ejemplos de piedras preciosas con esta estructura son el topacio, el peridoto y el circón.

5. Monoclínico

Las piedras preciosas con una estructura cristalina monoclínica tienen forma de prisma con tres ejes de longitud desigual, dos de los cuales se cruzan en un ángulo oblicuo. Ejemplos de piedras preciosas con esta estructura son la piedra lunar, la ortoclasa y la jadeíta.

6. Triclínico

Las piedras preciosas con una estructura cristalina triclínica tienen una forma asimétrica con tres ejes de longitud desigual que se cruzan en ángulos oblicuos. Ejemplos de piedras preciosas con estructura triclínica son la labradorita, la turquesa y la cianita.

Características de las piedras preciosas

Las piedras preciosas poseen características únicas que las distinguen de otros minerales. Su belleza se mide por una combinación de factores como el color, la claridad, la talla y el peso en quilates. La composición química y la estructura cristalina de cada piedra preciosa determinan sus propiedades físicas y ópticas. Comprender estas propiedades es crucial para identificar y valorar las piedras preciosas.

1. Diamante

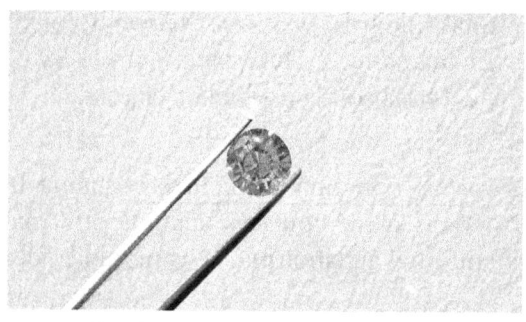

Los diamantes son muy codiciados [20]

Los diamantes, una de las piedras preciosas más codiciadas, son apreciados por su brillo, durabilidad y rareza. Las cuatro C - siglas en inglés de Color (color), Clarity (pureza o claridad), Cut (talla o corte) y Carat Weight (peso en quilates) - se utilizan para determinar la calidad y el valor de un diamante. Como ya sabrá, los diamantes incoloros se consideran los más preciosos, mientras que los de otros colores están algo valorados. La claridad de una piedra preciosa es básicamente la ausencia de cualquier defecto o impureza externa o interna en su estructura. Cuanto mayor es la claridad, más valioso es un diamante. La talla de un diamante es esencial para su brillo y determina su capacidad para reflejar la luz. El peso en quilates, o tamaño, de un diamante también desempeña un papel importante en su valor.

Desde el punto de vista químico, la composición de los diamantes está formada principalmente por átomos de carbono en un sistema reticular. Esta disposición única de los átomos confiere a los diamantes su fuerza y brillo. Como ya se ha mencionado, los diamantes tienen una estructura cristalina cúbica, con una dureza Mohs de 10, que es la calificación más alta, lo que convierte a los diamantes en la piedra preciosa más dura de la tierra.

Existen varios tipos de diamantes: naturales, sintéticos y tratados. Los diamantes naturales se forman en las profundidades de la superficie terrestre a lo largo de millones de años, mientras que los diamantes sintéticos se crean en un laboratorio en condiciones de alta presión y alta temperatura. Los diamantes que han sido algo trabajados para mejorar su claridad, talla o color se denominan diamantes tratados.

Los diamantes proceden de diversos lugares del mundo, y algunas de las minas de diamantes más famosas se encuentran en Sudáfrica, Rusia, Canadá y Australia. La historia y el significado cultural de los diamantes, así como su rareza y belleza, los han convertido en una de las piedras preciosas más preciadas a lo largo de la historia.

2. Ruby

Los rubíes son conocidos por su color [21]

Los rubíes son conocidos por su llamativo color rojo, que oscila entre un vivo rojo rosáceo y un rojo sangre intenso. El color se debe a la presencia de cromo, que también es responsable de la fluorescencia de la gema. La claridad es un factor importante a la hora de determinar el valor de un rubí, ya que un menor número de inclusiones y manchas indica una piedra de mayor calidad. La talla del rubí también puede afectar en gran medida a su valor, ya que una gema bien tallada presenta una reflexión óptima de la luz y maximiza la intensidad del color de la piedra. El peso en quilates es otro factor importante, ya que los rubíes de mayor tamaño son más raros y valiosos.

Químicamente, los rubíes están compuestos de óxido de aluminio con trazas de otros elementos. Tienen una estructura cristalina hexagonal y suelen encontrarse en rocas metamórficas como mármoles y esquistos. Los rubíes suelen proceder de Myanmar, Tailandia, Sri Lanka y otras partes de Asia. También existen rubíes sintéticos, a menudo utilizados en joyería como alternativa más asequible a las piedras naturales. Además, el tratamiento térmico se utiliza habitualmente para realzar el color y la claridad de los rubíes.

En general, las características únicas y la rareza de los rubíes los convierten en una piedra preciosa muy codiciada, apreciada por su vivo color y su brillo.

3. Zafiro

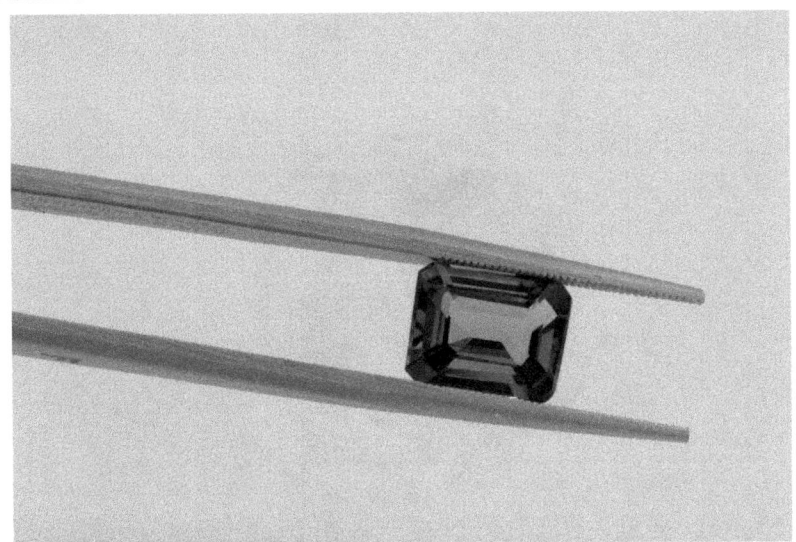

Los zafiros pueden ser de colores como el azul, el rosa, el amarillo y el verde [22]

Los zafiros son conocidos por su intenso y profundo color azul, pero también existen en varios colores, como el rosa, el amarillo y el verde. Los zafiros vienen en su mayoría con inclusiones e impurezas naturales, lo que reduce un poco su claridad. Sin embargo, algunas piedras preciosas de zafiro tienen un porcentaje menor de imperfecciones. La talla de un zafiro desempeña un papel crucial en lo bien que refleja la luz y muestra su color. En cuanto al peso en quilates, los zafiros más grandes son más raros y más codiciados, lo que los hace más valiosos.

Los zafiros están compuestos por el mineral corindón, que tiene una estructura cristalina trigonal. La composición química de los zafiros incluye aluminio y oxígeno, con trazas de hierro, titanio y cromo. Los zafiros naturales se encuentran en varias partes del mundo, como Australia, Sri Lanka y Madagascar. También pueden encontrarse en Montana, Estados Unidos, conocido por sus zafiros únicos.

Los zafiros pueden clasificarse en varios tipos en función de su color y origen. Los zafiros azules son los más conocidos y se encuentran en muchas partes del mundo, mientras que los zafiros rosas son más raros y suelen proceder de Madagascar y Sri Lanka. Los zafiros amarillos también son relativamente raros y se encuentran en unos pocos países, como Sri Lanka y Tanzania. Otros tipos son los zafiros estrella, que tienen un dibujo único en forma de estrella, y los zafiros padparadscha, de color rosa anaranjado y muy apreciados por su rareza.

4. Esmeralda

Las esmeraldas pueden ir del verde claro al verde oscuro [23]

Las esmeraldas son piedras preciosas impresionantes que pueden cautivar a cualquiera con su impresionante color verde. El color de una esmeralda es la característica más importante, y puede variar desde un verde claro, casi translúcido, hasta un verde oscuro y profundo que parece casi negro. La claridad también es un factor importante para determinar el valor de una esmeralda, así como su talla y su peso en quilates. Las esmeraldas están compuestas de muchos elementos químicos diferentes, pero principalmente tienen trazas de hierro, cromo y vanadio. Tienen una estructura hexagonal, lo que les confiere una bella geometría.

Existen varios tipos y fuentes de esmeraldas, siendo las más codiciadas las procedentes de Colombia, Zambia y Brasil. Las esmeraldas colombianas son conocidas por su excepcional color y claridad, mientras que las zambianas son admiradas por su profundo tono verde. Las esmeraldas brasileñas también son conocidas por su color, pero suelen tener más inclusiones que la variedad colombiana o zambiana. A pesar de su rareza, las esmeraldas han sido populares durante siglos y siguen siendo una de las piedras preciosas favoritas de muchos entusiastas de la joyería.

5. Amatista

La amatista es una impresionante piedra preciosa de color púrpura [24]

La amatista es una impresionante piedra preciosa de color púrpura que ha cautivado los corazones de la gente durante siglos. Su color único es el resultado de trazas de hierro y aluminio en su composición química. La estructura cristalina de la amatista está compuesta por dióxido de silicio, que forma prismas de seis caras con extremos puntiagudos.

La amatista es una gema ampliamente conocida por su color púrpura, que va desde un tono lavanda claro hasta matices de púrpura intenso. Los ejemplares más valiosos tienen un color rico y saturado con destellos rojos y azules. La claridad es también una característica importante de la amatista, ya que debe tener pocas inclusiones o imperfecciones visibles. La talla también es crucial para maximizar la belleza de la gema y minimizar los defectos. El peso en quilates es otro factor a tener en cuenta al evaluar la amatista. Los ejemplares más grandes son más raros y valiosos, pero las piedras más pequeñas pueden seguir siendo bastante bellas.

Las gemas de amatista se extraen en muchos lugares, como Uruguay, Brasil y Zambia. Algunos de los ejemplares más codiciados proceden de Siberia, donde el profundo color púrpura es particularmente intenso. Además de la amatista natural, se producen versiones sintéticas en laboratorios. Sin embargo, las amatistas naturales siguen siendo muy apreciadas por su rareza y belleza.

6. Granate

El granate tiene una rica historia [25]

El granate es una magnífica piedra preciosa con una rica historia y cualidades excepcionales. Esta piedra preciosa se encuentra en varios colores, desde tonos profundos de rojo hasta matices de verde, naranja y morado. La claridad es un factor importante a la hora de determinar el valor del granate; los mejores ejemplares son transparentes o casi transparentes. La talla puede afectar en gran medida a la belleza y el brillo de la piedra y puede variar de facetada a cabujón.

El granate es un mineral complejo con una composición química que puede variar según el tipo específico. Suele tener una estructura cristalina, con seis tipos principales de granate que se distinguen por su estructura cristalina. El granate almandino es uno de los más comunes y es conocido por su color rojo intenso. El granate piropo es otra variedad famosa con un tono rojo intenso y oscuro. Otros tipos son la espesartina, la grosularia, la andradita y la uvarovita.

Las gemas de granate se encuentran en Estados Unidos, India, Madagascar y Brasil. Se ha utilizado en joyería durante miles de años, y los antiguos egipcios y griegos valoraban la piedra por su belleza y las propiedades protectoras que se le atribuían. Hoy en día, el granate sigue siendo una opción popular para la joyería fina, y su atractivo perdurable es un testimonio de su belleza atemporal y sus características excepcionales.

7. Topacio

El topacio se presenta en una amplia variedad de colores[26]

El topacio es una hermosa piedra preciosa que se presenta en una gran variedad de colores, desde incoloro hasta amarillo, rosa, azul y más. La claridad del topacio varía, ya que algunas piedras son claras y otras contienen inclusiones visibles. La talla puede influir significativamente en su aspecto, con piedras bien talladas que exhiben el máximo brillo y fuego. El peso en quilates también es importante a la hora de seleccionar un topacio, ya que las piedras más grandes suelen ser más valiosas.

Químicamente, el topacio es un mineral de silicato de aluminio que suele formarse en las rocas graníticas. Su estructura cristalina es ortorrómbica, lo que significa que tiene tres ejes de diferentes longitudes que se cruzan en ángulo recto. Esta estructura cristalina es la responsable de las propiedades ópticas únicas del topacio, como su doble refracción y su pleocroísmo.

El topacio se presenta en varios tipos, como el imperial, el azul y el blanco. El topacio imperial, también conocido como topacio precioso, es la variedad más rara y buscada, típicamente de color naranja a naranja rojizo. El topacio azul es una alternativa popular al aguamarina, siendo el azul cielo y el azul suizo los tonos más comunes. El topacio blanco se utiliza a menudo como sustituto de los diamantes por su aspecto similar.

El topacio se encuentra en muchos lugares del mundo, como Brasil, Rusia, Sri Lanka, Nigeria y Estados Unidos. Algunas de las minas de topacio más famosas son la de Ouro Preto, en Brasil, y las de Katlang y Shigar Valley, en Pakistán. En general, el topacio es una piedra preciosa hermosa y versátil que puede añadir un toque de elegancia y sofisticación a cualquier pieza de joyería.

Las piedras preciosas han sido durante mucho tiempo una fuente de fascinación y asombro para la humanidad, por sus exquisitos colores, sus características únicas y su significado histórico. Desde la belleza intemporal de los diamantes hasta los tonos regios de las amatistas, cada piedra preciosa tiene su propia historia que contar. Aunque su valor puede variar, su encanto permanece constante. Tanto si es usted un coleccionista, un amante de las joyas o simplemente alguien que aprecia las maravillas naturales, el mundo de las piedras preciosas tiene algo para todos.

Capítulo 5: Minerales y cristales

Como buscador de rocas, ya sabe que no hay nada como la emoción de descubrir un hermoso cristal o un raro espécimen mineral. Aunque a algunos les pueda parecer sólo un pasatiempo divertido, para los verdaderos apasionados de la búsqueda de rocas es una forma de vida. Este capítulo le adentrará en los entresijos de los minerales y los cristales. Después de leerlo, estará mejor equipado para localizar e identificar valiosos ejemplares en el campo.

Minerales frente a cristales

Los minerales se encuentran de forma natural en la superficie terrestre, con una composición química específica y una estructura cristalina definida. Esto significa que están formados por tipos y cantidades específicas de átomos dispuestos en un patrón concreto que se repite en toda la estructura cristalina. Algunos ejemplos comunes de minerales son el cuarzo, el feldespato y la mica. Por otro lado, los cristales son sólidos con una disposición atómica repetitiva y tridimensional que les confiere una forma geométrica única. Los cristales pueden estar formados por minerales, metales u otras sustancias y pueden encontrarse en diversas formas y tamaños. La estructura atómica repetitiva de los cristales les confiere propiedades físicas y ópticas únicas, como la capacidad de refractar la luz.

Un mineral cristalino es un mineral que tiene una estructura atómica repetitiva y bien definida que forma un cristal. Los átomos de un mineral cristalino están dispuestos en un patrón específico que se repite en todo el cristal, dándole una forma y unas propiedades físicas únicas. Los minerales no cristalinos, como el vidrio volcánico, no tienen una estructura atómica repetitiva y no forman cristales.

Propiedades físicas de los minerales y los cristales

Comprender las propiedades físicas de los minerales y cristales es crucial para los buscadores de rocas, ya que le ayudará a identificar y distinguir los distintos tipos de rocas y minerales. A continuación se enumeran las principales propiedades físicas de los minerales y cristales que los buscadores de rocas deben conocer:

1. Color

El color de un mineral o cristal puede ser una de sus propiedades físicas más evidentes y fácilmente reconocibles. Sin embargo, el color por sí solo no siempre es un indicador fiable de la identidad de un mineral. El mismo mineral puede aparecer en diferentes colores dependiendo de la presencia de impurezas u otros factores. Además, algunos pueden tener una gama de colores, lo que dificulta la identificación basada únicamente en el color. A pesar de estas limitaciones, el color puede seguir siendo una herramienta útil para los buscadores de rocas. Por ejemplo, ciertos minerales como la malaquita y la azurita son conocidos por sus distintivos colores verde y azul, respectivamente.

2. Brillo

El brillo de un mineral, cristal o piedra preciosa se refiere a la forma en que la luz se refleja en su superficie. Varios tipos comunes de brillo incluyen el metálico, el vítreo (vidrioso) y el nacarado. El brillo puede ser una herramienta de identificación útil para los buscadores de rocas, sobre todo en combinación con otras propiedades físicas como el color y la dureza. Por ejemplo, la pirita tiene un brillo metálico distinto del brillo vítreo del cuarzo.

3. Dureza

La dureza es una medida de la resistencia de un mineral al rayado. La escala de dureza de Mohs, que va del 1 (el más blando) al 10 (el más duro), se utiliza habitualmente para comparar la dureza de distintos minerales. Conocer la dureza de un mineral puede ser útil para identificarlo, ya que ciertos minerales son más propensos a rayarse o a ser rayados por otros. Por ejemplo, el cuarzo tiene una dureza de 7 en la escala de Mohs, lo que significa que puede rayar minerales de menor dureza (como la calcita), pero puede ser rayado por minerales de mayor dureza (como el topacio).

4. Clivaje y fractura

El clivaje y la fractura se refieren a cómo se rompe un mineral cuando se somete a tensión. Este fenómeno suele producirse a lo largo de los planos débiles de la estructura cristalina, lo que da lugar a superficies planas. Por otro lado, la fractura se produce cuando un mineral o cristal se rompe de forma irregular, lo que da lugar a superficies irregulares. Tanto el clivaje como la fractura pueden ser útiles herramientas de identificación para los buscadores de rocas. Por ejemplo, el mineral moscovita tiene un clivaje basal perfecto, lo que significa que se rompe en láminas finas y planas.

5. Gravedad específica

Se trata de una medida de la densidad de un mineral o cristal en comparación con la densidad del agua. Conocer la gravedad específica de un mineral puede permitirle distinguirlo de otros minerales con propiedades físicas similares. Por ejemplo, el oro tiene una gravedad específica elevada (19,3), lo que lo hace más pesado que la mayoría de los demás minerales que se encuentran habitualmente en las rocas y el suelo.

Otras propiedades físicas que pueden ser útiles para los buscadores de rocas son la raya (el color del polvo de un mineral cuando se raspa sobre una superficie), la fluorescencia (la capacidad de un mineral de emitir luz visible cuando se expone a la luz ultravioleta) y el magnetismo (la capacidad de un mineral de ser atraído por un imán).

Procesos geológicos detrás de la formación de minerales y cristales

Los minerales y los cristales son impresionantes de contemplar y proporcionan pistas importantes sobre los procesos geológicos que dieron forma al planeta. Desde las violentas erupciones volcánicas que producen obsidiana y piedra pómez hasta la lenta cristalización de minerales en cuevas subterráneas, la formación de estas maravillas naturales es un fascinante objeto de estudio. Como buscador de rocas, tendrá la oportunidad única de presenciar los procesos geológicos en acción y descubrir los tesoros ocultos de la tierra.

1. Ígneo

La solidificación del magma o la lava forma las rocas ígneas. Este proceso tiene lugar tanto bajo tierra como en la superficie. Cuando el magma se enfría y se solidifica bajo tierra, forma rocas ígneas como la diorita y el granito. Cuando el magma se enfría y se solidifica en la superficie, se forman rocas ígneas extrusivas. Su textura y composición dependen de varios factores, como la velocidad de enfriamiento, la composición química del magma o la lava y la presencia de burbujas de gas.

2. Metamórfico

Estas rocas se crean por la transformación de rocas ya existentes cuando están sometidas a alta presión, temperatura o ambas simultáneamente. Esto ocurre cuando las rocas están enterradas en las profundidades de la corteza terrestre o sometidas a fuerzas tectónicas. Durante este proceso, los minerales dentro de las rocas pueden cambiar en respuesta a estas condiciones, dando lugar a una nueva textura y composición. Algunas rocas metamórficas comunes son el esquisto, el gneis y el mármol.

3. Sedimentario

Las rocas sedimentarias se forman tras la acumulación y compactación de materiales sedimentarios. Tras la compactación, se produce la cementación de estos materiales, que incluyen arena, limo y otras materias orgánicas. Este proceso suele producirse en la superficie terrestre o cerca de ella, en zonas como lechos de ríos, lagos u océanos. Con el paso del tiempo, estos materiales se comprimen automáticamente y se cementan para formar rocas. Las rocas sedimentarias pueden contener fósiles u otras pruebas de entornos pasados.

4. Hidrotermal

Los procesos hidrotermales implican la circulación de fluidos calientes a través de las rocas, que pueden disolver minerales y depositar otros nuevos. Estos fluidos suelen proceder del magma o de aguas subterráneas calientes calentadas por la actividad geotérmica. Los procesos hidrotermales pueden formar minerales metálicos como el oro, la plata y el cobre, así como minerales como el cuarzo y la fluorita. La actividad hidrotermal puede producirse en diversos entornos, como zonas volcánicas y fuentes termales.

5. Biológico

Los procesos biológicos pueden conducir a la formación de rocas como la caliza y el carbón. Por ejemplo, la acumulación de conchas, huesos y otras materias orgánicas puede conducir a la formación de caliza. Con el tiempo, estos materiales se comprimen y se cementan para formar la roca. El carbón se forma cuando la materia orgánica, como el material vegetal, se acumula en un entorno pantanoso y queda enterrada y comprimida durante millones de años. Las rocas biológicas pueden proporcionar información importante sobre la vida pasada en la Tierra y la evolución de los ecosistemas.

Minerales y cristales comunes para la búsqueda de rocas

Tanto si es un principiante como un experimentado buscador de rocas, es importante saber qué minerales y cristales se encuentran habitualmente. A continuación, le mostramos algunos de los minerales y cristales más comunes que querrá recolectar.

1. Cuarzo

El cuarzo es un mineral muy popular [27]

El cuarzo es un mineral muy popular entre los buscadores de rocas debido a su abundante presencia y a su gran variedad de colores. Compuesto por átomos de silicio y oxígeno, los cristales de cuarzo se forman en forma de prisma de seis caras con puntas afiladas. Se pueden encontrar en transparente, blanco, rosa, morado, verde y marrón y pueden ser translúcidos u opacos. Cuando busque cristales de cuarzo, es necesario que comprenda sus orígenes geológicos. El cuarzo puede encontrarse en diversos entornos, como zonas volcánicas e hidrotermales, rocas sedimentarias como la arenisca y el esquisto, y rocas metamórficas como el gneis y el esquisto. Algunas regiones notables donde puede encontrarse cuarzo son las montañas Ouachita de Arkansas, la zona de Quartzsite en Arizona y las montañas Smoky en Carolina del Norte.

Una vez que lo haya encontrado, puede utilizar varias técnicas de identificación para confirmar su carácter distintivo. El cuarzo tiene una dureza de 7 en la escala de Mohs, lo que lo hace relativamente duro y capaz de rayar el vidrio. También tiene una característica fractura concoidea, lo que significa que se rompe con una superficie curva similar a la del vidrio roto. Un método popular para identificar el cuarzo es el método de la raya. Al rayar el mineral contra una placa de porcelana sin esmaltar, se puede ver el color del polvo del mineral. El cuarzo tiene una traza blanca o incolora. Otro método consiste en examinar la gravedad específica del cristal, que puede ayudar a distinguirlo de otros minerales. El cuarzo tiene una gravedad específica de 2,65.

2. Ágata

El ágata está formada por diminutos cristales de cuarzo

El ágata es un mineral hermoso y muy popular entre los aficionados a la búsqueda de rocas. Pertenece a la familia de la calcedonia, un tipo de mineral formado por diminutos cristales de cuarzo. Las ágatas se caracterizan típicamente por sus coloridas bandas y patrones formados a través de la deposición de varios minerales en diferentes capas a lo largo del tiempo. Las ágatas están presentes en muchas tonalidades, entre las que se incluyen el negro, el gris, el blanco, el azul, el rosa, el amarillo, el rojo y el verde. También presentan distintos niveles de translucidez, de opaca a semitransparente. Las propiedades físicas de las ágatas pueden variar según el tipo específico y el lugar de donde procedan.

Para quienes buscan ágatas, saber dónde buscar es importante. Estos minerales suelen encontrarse en varios tipos de rocas, incluidas las rocas volcánicas y las rocas sedimentarias como la caliza y el esquisto. A la hora de identificar las ágatas, se pueden utilizar algunos métodos. Uno de los más comunes es examinar los patrones de bandas y colores del mineral. Otro es realizar una prueba al rayado para determinar su dureza. Además, algunos aficionados a la búsqueda de rocas utilizan herramientas especializadas como lentes de aumento y luces ultravioletas para identificar las ágatas.

3. Feldespato

El feldespato puede encontrarse en todo tipo de rocas[38]

El feldespato es un grupo de minerales que se encuentran comúnmente en rocas ígneas, metamórficas y sedimentarias. Son uno de los minerales más abundantes de la Tierra y tienen una serie de propiedades físicas que los convierten en una elección popular entre los aficionados a la búsqueda de rocas. Los feldespatos se encuentran en muchos colores, como gris, marrón, blanco y rosa. Se caracterizan por tener dos direcciones de clivaje, lo que les permite romperse de forma lisa y plana. Esta propiedad los convierte en minerales útiles en la fabricación de cerámica y vidrio.

Para encontrar feldespato en la naturaleza, es importante buscar en entornos geológicos específicos. Puede encontrarse en rocas sedimentarias como la arenisca y el conglomerado. A la hora de identificar el feldespato, hay que fijarse en algunas características. Una es su clivaje, que da lugar a superficies planas con bordes afilados. Otra es su dureza, que puede comprobarse con una simple prueba al rayado. Los feldespatos también tienen una gravedad específica de alrededor de 2,5-2,6, lo que puede ayudar a diferenciarlos de otros minerales.

4. Citrino

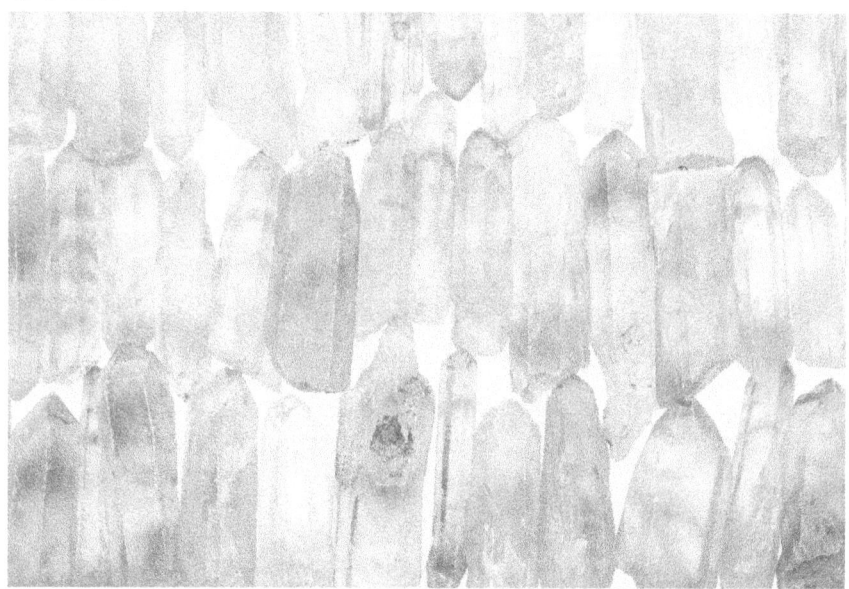

El citrino se asocia con la energía positiva y la abundancia[20]

El citrino es un cristal de cuarzo muy apreciado por los buscadores de rocas por su hermoso color amarillo y sus asociaciones con la energía positiva y la abundancia. A la hora de buscarlo, debe conocer sus características físicas, incluidos su color, textura y dureza. Los cristales de citrino suelen tener un color entre amarillo y marrón dorado y pueden encontrarse en racimos o como cristales prismáticos individuales. Tienen un brillo vítreo y una dureza de 7 en la escala de Mohs, lo que significa que son relativamente duraderos y pueden soportar arañazos y desgaste.

Para encontrar citrino, los buscadores de rocas suelen buscar en zonas donde abundan los cristales de cuarzo, como en geodas, cavidades y vetas de rocas ígneas y metamórficas. También puede encontrarse en rocas sedimentarias que han sido sometidas a la meteorización y la erosión. Una vez que se ha encontrado un posible cristal de citrino, se pueden utilizar varios métodos para confirmar su identidad. Un método habitual es el método de la raya, que consiste en frotar el cristal contra un trozo de porcelana para ver qué color deja. El citrino suele dejar una traza amarilla o amarillo pardusca.

5. Halita

La halita se encuentra comúnmente en las rocas sedimentarias [80]

La halita, también conocida como sal de roca, es un mineral que suele encontrarse en las rocas sedimentarias. Se compone de cloruro sódico y es uno de los minerales más extraídos del mundo. Suele ser incolora o blanca, pero también puede encontrarse en tonos rosas, rojos, amarillos y azules debido a las impurezas del mineral. Su brillo es vítreo, lo que significa que tiene un aspecto vidrioso. La dureza de la halita es relativamente baja, ya que sólo ocupa el puesto 2,5 en la escala de dureza de Mohs, lo que significa que puede ser rayada fácilmente por otros minerales.

Una de las propiedades únicas de la halita es su sabor. Es uno de los pocos minerales comestibles y tiene un sabor salado característico. Esta propiedad la ha convertido en un mineral importante para la industria alimentaria, ya que se utiliza en la producción de sal de mesa. En la búsqueda de rocas, la halita puede encontrarse en rocas sedimentarias como domos salinos y depósitos de evaporita. Estos depósitos suelen encontrarse en zonas áridas o desérticas, como el Gran Lago Salado de Utah o el Salar de Atacama en Chile.

Cuando busque halita, es importante tener precaución y seguir las directrices de seguridad, ya que algunos yacimientos pueden estar situados en zonas inestables o peligrosas. Además, cuando manipule especímenes de halita, lleve guantes porque puede causar irritación en la piel. Identificar la halita es relativamente fácil debido a su característico sabor salado y a su estructura cristalina cúbica. Estos cristales suelen ser transparentes o translúcidos y pueden ser incoloros o presentar una gama de colores debido a las impurezas.

6. Turmalina

La turmalina puede formarse en diversos entornos geológicos [81]

La turmalina es un cristal popular entre los buscadores de rocas debido a sus diversos colores y propiedades únicas. Puede formarse en diversos entornos geológicos, como rocas ígneas, metamórficas y sedimentarias. Suele aparecer en pegmatitas, que son rocas ígneas de grano grueso que se forman a partir del enfriamiento lento del magma.

El color del cristal puede variar mucho, del negro al marrón, pasando por el rojo, el verde, el azul y el rosa. Esto se debe a las variaciones en la composición química del cristal, representando cada color una combinación diferente de elementos.

Los yacimientos de pegmatitas son un buen punto de partida para los buscadores de rocas que buscan cristales de turmalina. Algunos lugares populares para la búsqueda de turmalinas son California, Maine y Brasil. Puede realizar una prueba con el método de la raya para confirmar que un espécimen es turmalina. La turmalina tiene una traza blanca, que puede ayudar a distinguirla de otros minerales de color similar como el granate y el rubí.

7. Pirita

La pirita se conoce a veces como el oro de los tontos [13]

La pirita es un mineral sulfurado común que tiene un brillo metálico y un color amarillo cobrizo, a menudo parecido al oro. También se conoce como "oro de los tontos" debido a su parecido con el metal precioso. La pirita se encuentra normalmente en formaciones rocosas metamórficas, sedimentarias e ígneas y suele estar asociada a otros minerales como el cuarzo y la calcita. Al buscarla, debe buscar en zonas con esquisto, arenisca y otras rocas sedimentarias y en zonas con actividad hidrotermal, como fuentes termales y campos geotérmicos. También puede encontrarse en vetas minerales asociadas a yacimientos de oro.

Para identificar la pirita, debe fijarse en su característico color amarillo cobrizo y su brillo metálico. También es bastante pesada en comparación con otros minerales de tamaño similar, con una gravedad específica de alrededor de 5. La pirita suele formar cristales cúbicos, pero también puede encontrarse en otras formas, como nódulos, granos y masas. Una forma de comprobar si un espécimen es pirita es rayarlo contra un trozo de azulejo de porcelana sin esmaltar. Dejará una traza verdinegra, mientras que el oro dejará una traza amarilla. Es importante tener en cuenta que la pirita a veces puede confundirse con el oro, por lo que puede ser necesario realizar más pruebas para confirmar su identidad.

A medida que se adentre en el mundo de la búsqueda de rocas y explore la belleza de los minerales y cristales, se dará cuenta de que estas maravillas naturales son algo más que objetos brillantes para coleccionar. Contienen una vasta información sobre la historia de la Tierra, las fuerzas que dan forma a nuestro planeta y la compleja química que gobierna el universo.

Cuando se aventure a salir al campo, tenga en cuenta que la seguridad debe ser siempre su máxima prioridad. Lleve siempre ropa adecuada y equipo de protección, y esté atento a su entorno para evitar posibles peligros.

Además, es importante respetar el medio ambiente y los derechos de los propietarios. Antes de emprender una excursión de búsqueda de rocas, asegúrese de contar con los permisos y autorizaciones necesarios. Deje la zona tal y como la encontró, teniendo cuidado de no dañar ningún elemento natural ni molestar a la fauna.

Capítulo 6: Rocas

Dado que existen tantos tipos de rocas, estudiarlas todas puede resultar bastante confuso al principio. En este capítulo, aprenderá sobre los tres tipos principales de rocas: ígneas, sedimentarias y metamórficas. Estos tres tipos de rocas proporcionan información esencial sobre los entornos pasados y presentes, desde la historia de la Tierra hasta los accidentes geográficos actuales. En este capítulo, aprenderá los fundamentos de cada tipo de roca e incluso recogerá algunos consejos sobre cómo encontrarlas. Se convertirá en un experto aprendiendo más sobre estos distintos tipos de rocas en muy poco tiempo.

Rocas ígneas

Cuando la lava caliente y fundida se enfría y endurece, se crean las rocas ígneas. Estas rocas son extrusivas, es decir, se enfrían y solidifican sobre la superficie terrestre a partir de la lava, o intrusivas, es decir, se enfrían y solidifican dentro de la corteza terrestre a partir del magma. La composición química de las rocas ígneas depende del tipo de magma del que proceden, que a su vez depende de los minerales que se fundieron durante la erupción o la intrusión. El cuarzo, el anfíbol, el piroxeno, el olivino, la mica y el feldespato son sólo algunos de los muchos minerales que pueden encontrarse en las rocas ígneas, lo que les confiere una amplia gama de colores y patrones.

Estas rocas se originan en las profundidades del manto terrestre o a lo largo de los límites de las placas tectónicas. A medida que la roca fundida asciende por las fisuras de la corteza terrestre hacia la superficie, se enfría debido al contacto con materiales externos como el agua o el aire. Este proceso de enfriamiento conduce a la cristalización, haciendo visibles pequeños cristales cuando se examina la roca al microscopio. El tamaño de estos cristales puede variar enormemente, desde microscópicos hasta mayores de un centímetro, dependiendo de la velocidad de enfriamiento.

Las rocas ígneas se clasifican principalmente en función de su proceso de formación en dos tipos principales: intrusivas y extrusivas. Las rocas ígneas intrusivas se forman en las profundidades del subsuelo, donde las altas temperaturas permiten que la roca líquida permanezca fundida durante largos periodos antes de solidificarse finalmente en rocas como el granito. Las rocas ígneas extrusivas, en cambio, se enfrían y se solidifican más rápidamente cerca de la superficie terrestre como resultado del contacto con sustancias más frías como el agua o el aire. Algunos ejemplos de rocas ígneas extrusivas son el basalto y la obsidiana.

Las rocas ígneas constituyen una parte importante de la corteza continental y oceánica de la Tierra y la mayoría de las montañas. La mayoría de las cadenas montañosas están formadas predominantemente por rocas ígneas. Además de su importancia geológica, las rocas ígneas tienen numerosas aplicaciones prácticas para el ser humano, sirviendo como materiales de construcción y piedras decorativas para edificios, esculturas y otras estructuras.

Tipos de rocas ígneas

1. Granito

El granito es una piedra duradera[88]

Las rocas de granito se forman cuando el magma y la lava cristalizada se enfrían en las profundidades de la corteza terrestre. Esto crea una piedra extremadamente dura y duradera con características únicas. Las rocas de granito tienen una textura granulada debido a los cristales minerales individuales que forman su composición, que normalmente incluye cuarzo, mica y feldespato. Son predominantemente de color gris o rosa, pero también pueden presentarse de color blanco, verde o azul.

Identificar el granito es relativamente fácil, ya que sus componentes principales crean un patrón visual distintivo. El cuarzo del granito tiene un aspecto cristalino, mientras que el feldespato desprende un tono blanco o rosado, y la mica aparece como pequeñas escamas en la superficie, creando destellos. El granito puede encontrarse en todo el mundo en antiguas cadenas montañosas, canteras y otras zonas donde ha quedado expuesto por la erosión.

La extracción de granito puede realizarse legalmente en muchos lugares del mundo, como India, China, EE. UU., Reino Unido, Noruega y Brasil. Es importante comprobar la normativa local relativa a la recolección de rocas antes de iniciar su búsqueda, ya que algunas zonas pueden exigir permisos para las actividades de excavación.

Para recoger granito de forma segura, siga estos consejos:

- Lleve ropa protectora (guantes y gafas de seguridad) cuando rompa las piedras
- Traiga herramientas adecuadas como martillos o cinceles
- Tenga cuidado al manejar cualquier herramienta eléctrica
- Trabaje siempre en parejas para que haya alguien disponible para ayudarle en caso necesario
- Rellene los agujeros que excave para evitar una mayor erosión de la zona, y nunca coja más de lo que necesite de un lugar determinado

2. Obsidiana

La obsidiana está formada por lava fundida [14]

Cuando la lava fundida se enfría rápidamente, se forma una especie de vidrio natural que se conoce como *obsidiana*. Es una roca ígnea, que se formó a partir de la actividad volcánica, y tiene la composición química del dióxido de silicio ($SiO2$). La obsidiana puede encontrarse en muchas partes del mundo, como Norteamérica, Europa, Islandia, México, Etiopía y Nueva Zelanda.

Debido a las altas concentraciones de hierro y magnesio en su composición química, suele ser de color negro o verde oscuro. Sin embargo, otros minerales, como la limonita o la hematita, también pueden mostrar vetas o tonos rojizos o marrones. Además de su coloración oscura, la obsidiana suele tener una textura suave, lo que la hace popular para fabricar joyas y otros artículos decorativos.

Para identificar la obsidiana es necesario saber qué aspecto tiene y cómo se siente. Suele tener un brillo lustroso en la superficie cuando está mojada. Debido a su naturaleza densa, también suele ser mucho más pesada que otros tipos de rocas. Una forma fácil de reconocer la obsidiana es buscando fracturas concoideas - se trata de superficies curvas que se forman cuando la obsidiana se rompe debido a su estructura vidriosa.

Los mejores lugares para la extracción legal de obsidiana son las zonas en las que hubo actividad volcánica, pero que se han enfriado considerablemente, como las zonas alrededor de los volcanes o los lechos de lava. En algunos países, como Estados Unidos y Canadá, se necesitan permisos especiales para poder extraer obsidiana. Otros países pueden no exigir ningún permiso. No obstante, siempre es mejor consultar a las autoridades locales antes de iniciar cualquier actividad minera.

Cuando recoja este tipo de roca, tenga cuidado, ya que la obsidiana es un material muy afilado cuando se rompe en trozos pequeños.

- Lleve ropa protectora como guantes, calzado grueso y gafas, si es posible, mientras extrae, por si algún trozo grande se desprende y vuela hacia usted.
- Además, tenga en cuenta que los trozos más grandes pueden necesitar herramientas especiales como martillos o cinceles para romperlos sin que se hagan añicos.

3. Basalto

El basalto presenta una gran variedad de texturas y colores [46]

El basalto se crea cuando el magma se enfría rápidamente muy cerca de la superficie de la Tierra. Presenta una gran variedad de texturas y colores, ya que se compone principalmente de los minerales olivino, plagioclasa y piroxeno. El basalto es una fuente importante de materiales de construcción como áridos, agregados para la construcción, escollera, hormigón asfáltico y piedra para carreteras. El basalto también se ha utilizado en muchas otras aplicaciones, como marcadores de cementerio y monumentos.

El basalto se encuentra en todo el mundo y puede identificarse por su color oscuro (de gris a negro), tamaño de grano (de grano fino a grueso), textura (de amorfa a vesicular) y abundancia (de abundante a rara). Tiene una dureza Mohs de 5-6 y una gravedad específica entre 2,8 y 3,0.

Los mejores lugares para la extracción suelen ser aquellos en los que las formaciones basálticas están cerca de la superficie terrestre, como las canteras o las regiones volcánicas como la cordillera de las Cascadas en Oregón o Hawái. La forma más común de identificar las rocas basálticas es por su composición única, con un contenido en sílice que oscila entre el 45 y el 52% de SiO_2. Otras características identificativas son sus vesículas o poros creados durante el enfriamiento, un tamaño de grano mayoritariamente uniforme, lustre o brillo vítreo cuando están recién rotas y un color más oscuro que otros tipos de rocas como el granito.

Cuando recoja rocas basálticas, es importante hacer lo siguiente:

- Asegúrese de que se le permite legalmente el acceso a la zona en la que piensa recolectar.

- Lleve ropa adecuada, incluidas botas y guantes, por motivos de seguridad.

- Lleve consigo una lupa o una lente de mano para poder observar más de cerca cualquier roca antes de intentar recogerla, para evitar lesiones causadas por bordes afilados.

Rocas sedimentarias

La roca sedimentaria se crea por la deposición y consolidación de partículas, como granos minerales, fragmentos de conchas, materia orgánica y trozos de otras rocas. La sedimentación se produce cuando los materiales son transportados desde su fuente original a través de diversos procesos geológicos y acaban depositándose en la superficie de la Tierra. A medida que el limo se acumula, se comprime y se cementa para producir estratos o capas de roca sólida.

Dependiendo de cómo se crearon, las rocas sedimentarias se clasifican. Las rocas sedimentarias clásticas comprenden trozos de rocas previamente existentes que se han roto y vuelto a ensamblar en nuevas partes. Entre ellas se incluyen el esquisto, la arenisca y el conglomerado. Minerales como la caliza y la dolomía precipitan del agua para producir rocas sedimentarias químicas. El carbón y el esquisto bituminoso son ejemplos de restos de organismos vivos que se acumulan con el tiempo para formar rocas sedimentarias orgánicas.

Las rocas sedimentarias proporcionan un registro de los entornos pasados de la Tierra porque pueden contener fósiles o rastros de organismos que vivieron en el antiguo entorno donde los sedimentos se depositaron por primera vez. Por ejemplo, las evaporitas como el yeso suelen formarse en cuencas marinas poco profundas donde el agua salada se ha concentrado debido a la evaporación dejando a su paso minerales. Muchos recursos importantes para la humanidad pueden encontrarse en los depósitos sedimentarios, como el petróleo, el gas, el carbón, la piedra de construcción, el mineral metálico y la arcilla para la fabricación de cerámica.

Tipos de rocas sedimentarias

1. Dolomita

La dolomita se utiliza en la agricultura y la construcción[86]

La dolomita es un mineral compuesto por carbonato de calcio y magnesio y se clasifica como roca sedimentaria. Puede encontrarse en muchas partes del mundo y a menudo se forma como resultado de la sedimentación, la dolomitización o la actividad hidrotermal. Las rocas de dolomita suelen ser de color blanco o gris claro con formas cristalinas curvas, pero también pueden ser rojas o amarillas cuando se mezclan con otros minerales.

Las rocas de dolomita se utilizan ampliamente en la agricultura, la construcción y muchas otras industrias. En la agricultura, se utiliza habitualmente para mejorar el suelo y reducir su acidez. También se utiliza para materiales de construcción como bloques de hormigón, ladrillos, materiales de base para carreteras y piedras de jardinería. La dolomita se ha utilizado como componente agregado en el pavimento de asfalto desde la década de 1950 y sigue utilizándose ampliamente en la actualidad. Además de su uso industrial, también constituye una hermosa piedra ornamental para joyas o tallas debido a su atractiva estructura cristalina.

Los mejores lugares legales para la extracción de dolomita variarán en función de la parte del mundo en la que viva, pero algunas zonas comunes que cuentan con yacimientos considerables son Austria, Alemania, China, India y Sudáfrica. La recolección de cualquier tipo de piedra requiere el permiso de los propietarios, a menos que la recoja en una playa o en una zona de acceso público donde esté permitida. Si desea recolectar dolomita específicamente, puede intentar identificar posibles yacimientos determinando primero dónde hay lecho rocoso calizo, lo que indica la posible presencia de depósitos sedimentarios ricos en dolomita en las proximidades. Además, los geólogos profesionales pueden ayudar a identificar grandes yacimientos que podrían explotarse a escala industrial en caso necesario.

Una vez identificado un emplazamiento, necesitará:

- Equipo de seguridad adecuado, como guantes y gafas.
- Cascos de protección, cascos, botas de seguridad y herramientas como cinceles o martillos, dependiendo de cuánto haya que excavar para encontrar trozos adecuados de roca dolomítica.
- Otros consejos útiles incluyen resaltar los puntos potenciales con pinturas de marcaje no permanentes para poder volver a encontrarlos fácilmente en caso necesario.

- Llevar bolsas, cubos o cajas para transportar las muestras de roca recogidas de forma segura de vuelta a casa o a donde tengan que ir después.

2. Arenisca

La arenisca está compuesta de cuarzo, feldespato, mica y arcilla [87]

La arenisca es una roca sedimentaria compuesta por pequeños granos de cuarzo y otros minerales como feldespato, mica, calcita y arcilla. Se forma cuando la arena y el limo se depositan en la superficie de la Tierra. La arenisca suele formarse en ríos y zonas de mareas donde hay un fuerte flujo de agua.

Estas rocas se utilizan mucho en la construcción debido a su fuerza, durabilidad y resistencia a la intemperie. Es un material popular para construir edificios, carreteras, muros, estatuas, esculturas, monumentos y mucho más. También puede utilizarse para crear mosaicos y objetos decorativos como jarrones o joyeros.

En cuanto a los métodos de identificación de las rocas areniscas, existen varias formas de distinguirlas de otros tipos de rocas. Una forma es examinar la textura de la piedra: La arenisca se sentirá arenosa al frotarla con el dedo porque contiene capas de partículas muy pequeñas que se han ido comprimiendo con el tiempo. El color también puede utilizarse como factor distintivo. La arenisca suele tener un tono terroso que va del tostado al marrón amarillento o rojizo, dependiendo de su composición y ubicación. Además, ciertos minerales pueden indicar la presencia de arenisca. Por ejemplo, la presencia de cuarzo o feldespato puede significar a menudo que la roca está compuesta, al menos parcialmente, de arenisca.

Extraer arenisca legalmente requiere obtener todos los permisos necesarios de las autoridades gubernamentales locales antes de la extracción, ya que puede haber normativas que dicten dónde se puede hacer y a quién pertenecen los derechos sobre ella (como los propietarios privados). En algunos lugares, incluso puede requerir el permiso de los gobiernos nacionales antes de que se lleven a cabo las actividades mineras. Los mejores lugares para la extracción legal incluyen zonas públicas como playas o canteras propiedad del estado o de gobiernos locales que permiten a los visitantes recoger piedras sin ningún problema.

Entre los consejos para recoger areniscas se incluyen:

- Llevar equipo de protección como guantes al manipularlas, ya que pueden tener bordes afilados.

- Utilizar herramientas adecuadas como martillos y cinceles en lugar de las manos desnudas

- Transportarlas de forma segura en bolsas o cestas.

- Evitar recoger piedras de zonas contaminadas (esto podría llevar a casa materiales potencialmente peligrosos.

- Lavarlos con agua y jabón antes de guardarlos.

- Investigar cualquier requisito especial de almacenamiento, como el control de la humedad, si lo requiere alguna piedra, antes de guardarla para su uso a largo plazo.

3. Esquisto

El esquisto está formado por arcilla, limo y partículas de grano fino [88]

El esquisto es un tipo de roca sedimentaria que se forma cuando los depósitos de arcilla, limo y partículas de grano fino se compactan a lo largo de millones de años. Se compone principalmente de minerales de arcilla con cantidades menores de otros minerales como cuarzo, carbonato y pirita. El esquisto tiene una baja permeabilidad y es muy impermeable al agua. Al ser tan denso, tiene una porosidad muy baja en comparación con otras rocas.

Las rocas de esquisto se encuentran a menudo en las cuencas sedimentarias de todo el mundo y en los cinturones metamórficos. El esquisto se utiliza en la producción de cemento, la prospección de petróleo y gas, la fabricación de ladrillos, tejas, alfarería y cerámica. También puede utilizarse como árido para la construcción o para revestir zanjas de riego o lechos de tuberías. En las zonas con una cantidad significativa de esquisto presente, puede extraerse para su uso en diversas industrias, como la producción de energía y materiales de construcción.

La mejor forma de identificarlas es observando su composición: suelen ser de color gris a negro con una textura de grano fino que se desmenuza fácilmente al tocarla. Los minerales de la arcilla les confieren un olor terroso cuando se mojan o humedecen. También pueden contener fósiles o restos de material vegetal si se han comprimido con el tiempo debido a procesos geológicos como el calor y la presión.

Los mejores lugares legales para la extracción de esquisto dependen del lugar en el que viva - consulte las leyes de su gobierno local antes de intentar cualquier tipo de actividad de recolección con rocas de esquisto, ya que cada país puede tener normas específicas sobre este tipo concreto de piedra. Dicho esto, algunos lugares potenciales para encontrar esquisto incluyen canteras, minas abandonadas o incluso zonas de terreno público con afloramientos visibles en la superficie (asegúrese de contar con todos los permisos necesarios antes de intentar recolectar alguno).

Cuando recoja rocas de esquisto, es importante:

- Tome precauciones de seguridad, como llevar equipo de protección como botas de trabajo pesado, guantes y protección ocular.

- Asegúrese de que conoce los peligros ocultos, como pozos subterráneos o muros derruidos, que podrían causar lesiones si no se abordan adecuadamente de antemano.

- Recuerde siempre respetar el medio ambiente cogiendo sólo lo que necesite y absteniéndose de destruir la zona.

Rocas metamórficas

Las rocas metamórficas se crean cuando una roca existente es modificada por el calor, la presión o la actividad química. Estas condiciones extremas provocan cambios físicos y químicos en el interior de la roca. Las rocas metamórficas no suelen fundirse; sólo se recristalizan y cambian de forma. Este proceso se conoce como metamorfismo, que puede producirse a cualquier profundidad dentro de la corteza terrestre o incluso en la superficie, donde las fuerzas tectónicas presionan una roca contra otra.

Las rocas metamórficas tienen propiedades físicas diferentes a las de su forma original. Pueden ser más duras y duraderas que su forma original debido a una mayor concentración de minerales y a una mayor cristalización de sus granos. A diferencia de las rocas sedimentarias o ígneas, que se acumulan sólo en entornos específicos (como cerca de volcanes o en los océanos), las rocas metamórficas pueden acumularse en cualquier lugar debido a las fuerzas tectónicas que empujan y tiran de la corteza terrestre en muchas direcciones diferentes.

Las rocas metamórficas se dividen en dos categorías en función de cómo se forman: metamorfismo de contacto y metamorfismo regional. El metamorfismo de contacto se produce cuando una fuente de magma entra en contacto directo con una roca existente y crea nuevos minerales a través de la transferencia directa de calor desde la fuente de magma. Este proceso suele producirse cerca de la superficie de la corteza terrestre, donde las temperaturas son más elevadas. El metamorfismo regional se produce más abajo dentro de la corteza terrestre en grandes zonas debido a las inmensas presiones creadas por las placas tectónicas que se deslizan unas junto a otras. Este proceso es el responsable de la creación de montañas como el Himalaya y los Alpes.

Tipos de rocas metamórficas

1. Cuarcita

La cuarcita se utiliza en la construcción por su resistencia.[89]

La cuarcita es una roca metamórfica creada al someter la arenisca rica en cuarzo a un calor y una presión severos. Está formada principalmente por cuarzo, uno de los minerales más fuertes y abundantes de la Tierra, y feldespato, mica, clorita y otros minerales. La cuarcita es más conocida por su increíble resistencia y durabilidad. Tiene una mayor resistencia a la presión que la arenisca o la caliza normales y es mucho más dura, lo que la hace ideal para encimeras, suelos y otros usos en los que se valora la resistencia y la dureza.

Se utiliza en muchos proyectos de construcción debido a su resistencia y capacidad para resistir el desgaste. Dado que la cuarcita tiene un índice de porosidad muy bajo en comparación con otras piedras como el mármol o el granito, puede utilizarse para encimeras de cocina sin tener que preocuparse por las manchas o el grabado. También es muy resistente a las abrasiones, los daños por impacto, los arañazos profundos y los desconchones. Además, la cuarcita es ideal para aplicaciones exteriores como revestimientos de piscinas o patios porque no se decolora con la exposición a los rayos UV como lo harían otras piedras.

Para identificar la cuarcita natural, busque sus característicos patrones de bandas causados por el calor y la presión durante su formación. Las cuarcitas suelen tener superficies lisas sin granos ni cristales visibles a menos que se rompan. El color puede variar del amarillo rosáceo al gris, dependiendo de qué minerales estuvieran incluidos originalmente en la arenisca de origen antes de que se produjera el metamorfismo.

Los mayores emplazamientos mineros legales son aquellos que los gobiernos locales han autorizado porque han cumplido las leyes y los requisitos de seguridad necesarios. Algunos ejemplos son:

- Programa canadiense de minas de aprendizaje de Saskatchewan
- Oficina de Minas de la India
- Compañía minera de las tierras altas centrales de Vietnam
- Servicio Geológico de Brasil (CPRM)
- Departamento de Recursos Naturales y Minas de Australia
- Departamento de Recursos Minerales de Sudáfrica
- Oficina de Administración de Tierras de los Estados Unidos (BLM)
- Ministerio de Tierras y Recursos de China
- Agencia Federal Rusa para el Uso del Subsuelo (Rosnedra), etc.

Al recolectar este tipo de piedra, es importante:
- Tener en cuenta la seguridad. Las rocas pueden ser pesadas, por lo que siempre debe llevar equipo de protección como guantes, cuando las manipule.
- Anote cualquier elemento interesante que encuentre junto con las coordenadas para poder localizarlo fácilmente si lo desea.

2. Mármol

El mármol está formado por minerales carbonatados recristalizados [40]

El mármol está compuesto por minerales carbonatados recristalizados. Se encuentran más comúnmente como calcita o dolomita. Es una roca sedimentaria e ígnea con una textura suave que facilita su tallado y pulido en impresionantes esculturas, acentos decorativos y mucho más. Es hermosa, increíblemente duradera y versátil, lo que la convierte en el material perfecto para muchos proyectos.

El mármol se utiliza en diversas aplicaciones, desde la construcción hasta las obras de arte. En la construcción, el mármol puede encontrarse en baldosas, encimeras, suelos, paredes, monumentos y otros elementos arquitectónicos. También se utiliza habitualmente en obras de arte como esculturas y estatuas. Como material de piedra natural, ha sido atesorado durante miles de años como uno de los materiales de construcción más lujosos que existen.

Los mejores lugares mineros legales para adquirir mármol suelen ser canteras en las que la roca se ha extraído del suelo mediante técnicas de voladura o cantería. Suelen estar situadas cerca de ciudades o pueblos grandes donde se puede encontrar el mármol de mayor calidad y comprarlo a precios razonables.

Al identificar las rocas de mármol, es importante fijarse en la distintiva estructura granulada que diferencia a este tipo de piedra de otras, como el granito o la arenisca. La presencia de carbonato cálcico, junto con ciertos tipos de óxido de hierro, confiere al mármol su coloración única, que va del gris claro a los tonos blanco rosáceos en función de su contenido mineral. Al examinar estas rocas con una lupa, puede notar pequeñas partículas brillando por toda su superficie, lo que indica su composición cristalina.

Cuando recolecte mármol:
- Tenga cuidado para evitar daños durante el transporte.
- Si piensa utilizarlas para hacer obras de arte o esculturas, debe buscar piezas con bordes rectos y superficies planas.

3. Gneis

Los gneises pueden utilizarse en jardinería"

Las rocas gneises se forman cuando el esquisto y el granito se someten a una presión y un calor extremos. Se caracterizan por la alternancia de capas de minerales claros y oscuros, a menudo con un patrón de bandas que les da un aspecto rayado. Se compone principalmente de mica, cuarzo, feldespato y otros minerales. Es más dura que otras rocas metamórficas como la pizarra o el esquisto. Este tipo de roca se encuentra en muchas partes del mundo, pero es más común verla en zonas donde las fuerzas de construcción de montañas han actuado sobre rocas sedimentarias o ígneas.

El gneis tiene muchos usos en la construcción, como baldosas para suelos y encimeras. También puede emplearse en paisajismo por su atractivo colorido y diseño. También se utiliza para fabricar balasto ferroviario, productos de piedra de cantera, áridos para la construcción y reparación de carreteras, escollera para la protección de costas y estructuras de rompeolas, y como piedra dimensional para revestimientos de edificios o monumentos.

La identificación de las rocas gneises puede hacerse observando sus patrones de coloración: suelen tener bandas de minerales claros y oscuros que les dan un aspecto rayado. Los gneises también suelen ser más duros que otros tipos de rocas metamórficas. Puede comprobar esta dureza arañando la superficie con otra roca o con un objeto como la uña o la hoja de una navaja.

Los mejores lugares para extraer legalmente rocas gneises son las canteras especializadas en la extracción de este tipo de piedra. Estas canteras suelen contar con permisos y normas de seguridad, por lo que puede estar seguro de que está extrayendo de forma legal y segura. También puede encontrar gneises en afloramientos, zonas en las que la roca ha quedado expuesta a procesos de erosión como la meteorización o la glaciación. Cuando recolecte en yacimientos naturales o canteras, lleve el equipo de seguridad adecuado (como gafas y guantes) y respete la normativa local relativa a la recolección de especímenes en terrenos públicos o propiedad privada ajena.

Capítulo 7: Fósiles

Los fósiles son uno de los aspectos más intrigantes de la geología. Permiten echar un vistazo al pasado para conocer formas de vida y entornos que ya no existen. Este capítulo le explicará qué son los fósiles, explorará los distintos tipos de fósiles, verá cómo se forman, hablará sobre su identificación y le aconsejará sobre los mejores lugares para buscar fósiles. Con esta información, podrá empezar a explorar la historia fosilizada de la Tierra. Desde huesos mineralizados de dinosaurio hasta delicadas huellas de hojas conservadas en la roca, hay algo único y asombroso a la vuelta de cada esquina, ¡sólo hay que saber dónde y cómo buscar!

¿Qué son los fósiles?

Los fósiles son restos o rastros conservados de organismos que vivieron alguna vez en la Tierra, encapsulados dentro de la corteza del planeta. Abarcan formas diversas, desde fragmentos de huesos y dientes hasta impresiones de conchas, hojas o incluso cuerpos enteros conservados. Los fósiles sirven como prueba crucial de formas de vida pasadas y de condiciones medioambientales que ya no existen en la Tierra.

La fosilización, aunque poco frecuente, ofrece una notable ventana a la historia de la Tierra. Por lo general, los fósiles se forman cuando un organismo muere, queda enterrado en un sedimento y, posteriormente, se conserva a lo largo del tiempo debido a condiciones específicas, como un entorno carente de oxígeno o temperaturas extremas. El sedimento acaba endureciéndose hasta convertirse en roca, creando un sello hermético que salvaguarda los restos del organismo durante millones -o incluso miles de millones- de años.

Existen varios tipos de fósiles, entre ellos los fósiles de molde (impresiones dejadas por el cuerpo original), los fósiles de contramolde (creados cuando los minerales rellenan la impresión), los fósiles completos (restos conservados inalterados) y los fósiles traza (pruebas de actividades como excavar). Además, los fósiles pueden clasificarse en dos categorías principales: fósiles corporales, compuestos de partes duras como huesos y conchas, y fósiles traza/químicos, formados a partir de moléculas orgánicas que se encuentran en materiales como el ámbar o las capas de esquisto bituminoso.

Los fósiles ofrecen a los científicos una gran cantidad de información sobre las especies extinguidas y también pueden utilizarse para explorar las relaciones evolutivas entre los organismos vivos. Abarcan una amplia gama de formas, como huesos, conchas, plumas, hojas, huellas e incluso animales enteros fosilizados. Los microfósiles, que requieren un microscopio para su examen, incluyen especies minúsculas como bacterias y granos de polen. En cambio, los macrofósiles, que pueden medir varios metros o pesar varias toneladas, incluyen árboles petrificados y huesos de dinosaurio. La fosilización implica la sustitución gradual de la materia orgánica de un organismo por minerales, un proceso que se produce con el tiempo debido a la exposición ambiental. Para que se produzca la fosilización, el organismo debe tener al menos 10.000 años, con orígenes potenciales que van desde el eón arcaico (hace casi 4.000 millones de años) hasta la actual época holocena.

Los fósiles proporcionan una crónica inestimable de la historia antigua de la Tierra, que permite comprender las trayectorias evolutivas de las especies y el impacto del cambio climático en estas transiciones. Examinando estos restos milenarios, la humanidad puede obtener valiosos conocimientos sobre el medio ambiente actual y anticipar posibles desarrollos futuros.

Antecedentes históricos del estudio de los fósiles

El estudio de los fósiles se remonta a cuando las civilizaciones antiguas, como la griega y la china, examinaban las pruebas físicas de la vida pasada. En la Edad Media, los eruditos europeos estudiaron los fósiles para determinar la edad y el origen de las formaciones geológicas. Durante el

Renacimiento, los fósiles fueron ampliamente aceptados como un registro físico de la vida pasada en la Tierra.

En 1667, el filósofo natural inglés Robert Hooke publicó uno de los primeros trabajos científicos sobre fósiles, lo que provocó un creciente interés en su estudio por parte de científicos de todo el mundo. Sus investigaciones estuvieron muy influidas por su contemporáneo Nicolaus Steno, que desarrolló la teoría de que los estratos nuevos se forman sobre los antiguos tras la deposición sedimentaria. Esto proporcionó una base para la estratigrafía y permitió a los científicos utilizar los fósiles como marcadores para medir el tiempo geológico.

Durante el siglo XVIII, el creciente interés del público por la historia natural provocó un aumento de la recolección de fósiles, lo que a la postre condujo a estudios más intensivos sobre su formación y conservación. Con los avances de la paleontología del siglo XIX, como la herramienta de correlación bioestratigráfica de William Smith y el principio del uniformismo de Charles Lyell, los científicos empezaron a reconstruir lo que ahora se denomina "tiempo profundo" o tiempo geológico basándose en las secuencias fósiles a lo largo de la historia de la Tierra.

A principios del siglo XX, los descubrimientos de las técnicas de datación radiométrica, como la datación por series de uranio, demostraron que las primeras estimaciones de los geólogos sobre la edad de ciertas especies eran exactas y avanzaron aún más nuestra comprensión del tiempo profundo. Los avances tecnológicos actuales han permitido a los investigadores y a los buscadores de rocas identificar muchas especies nuevas que, de otro modo, podrían haber pasado desapercibidas en la historia de la Tierra.

Importancia de los fósiles

Los registros fósiles desempeñan un papel vital en la comprensión de la evolución y la historia de la vida en la Tierra. Mediante el estudio de los fósiles, los científicos pueden descubrir una gran cantidad de información sobre el comportamiento y la anatomía de los organismos extintos y sus relaciones con las formas modernas. Los registros fósiles son especialmente importantes para comprender la historia evolutiva de las especies, ya que proporcionan pruebas directas de cambios evolutivos pasados.

Los fósiles son los restos o huellas de organismos antiguos conservados en rocas sedimentarias. Los fósiles pueden incluir huesos, dientes, conchas, hojas, polen, huellas e incluso impresiones dejadas por organismos de cuerpo blando como gusanos y medusas. Su edad puede determinarse mediante datación radiactiva u otros métodos, que dan pistas sobre cuándo y dónde vivieron estos organismos en el pasado. Los científicos utilizan estas pistas para reconstruir la historia evolutiva de las especies: cómo cambiaron con el tiempo y cómo están relacionadas entre sí.

Los fósiles de dinosaurio son los más comunes [a]

Uno de los ejemplos más significativos de fósiles son los dinosaurios. Con los restos fósiles puede observar cómo evolucionaron las distintas especies a lo largo del tiempo, desde pequeños depredadores bípedos como los velociraptor hasta gigantes como el, así como la diversidad de sus hábitats. También puede utilizar evidencias de huevos y nidos fosilizados para aprender más sobre el comportamiento de los dinosaurios. Además, puede comparar fósiles de distintas épocas, lo que ayuda a comprender cómo los dinosaurios pudieron desplazarse por los continentes a lo largo del tiempo y adaptarse a los cambios climáticos.

Del mismo modo, los fósiles de los primeros humanos permiten comprender mejor la evolución humana. Por ejemplo, se cree que los humanos comparten un antepasado común con ciertas especies de simios que vivieron hace decenas o cientos de miles de años. Los científicos pueden obtener información sobre la ascendencia humana estudiando los restos fosilizados de esos simios, como dientes, huesos y cráneos. Un ejemplo es Lucy, un espécimen de Australopithecus afarensis hallado en Etiopía que aporta pruebas del bipedismo del antepasado humano hace unos 3 millones de años. Aparte de características físicas como unos dientes caninos reducidos y una capacidad cerebral mayor que la de otros primates, sus huesos indican que era capaz de caminar erguida durante largos periodos de tiempo como lo hacen hoy los humanos modernos.

Los fósiles muestran un registro de la historia.⁴⁸

Los registros fósiles son una fuente inestimable de información sobre la historia de la vida en la Tierra. Proporcionan un registro detallado de la evolución de las especies y de cómo cambiaron con el tiempo. Dan una idea de cómo los organismos interactuaron con su entorno y qué adaptaciones tuvieron que hacer para sobrevivir, lo que permite comprender mejor cómo se desarrollaron las especies modernas. Los fósiles también aportan pruebas para la teoría de la evolución por selección natural y otros mecanismos evolutivos como la deriva genética y el equilibrio puntuado. Por ejemplo, las plantas fosilizadas indican qué tipo de vegetación había en una zona en un momento determinado de la historia -por ejemplo, si era pradera o bosque-, mientras que los peces fosilizados indican los cambios en la temperatura o el nivel de salinidad del océano a lo largo del tiempo. Estos conocimientos son importantes para predecir cómo afectarán los cambios medioambientales a los futuros ecosistemas de todo el mundo.

Los registros fósiles proporcionan información valiosa sobre extinciones pasadas, es decir, cuando muchas especies mueren a la vez debido a cambios medioambientales u otros factores. Estudiar estos sucesos de extinción masiva ayuda a saber más sobre por qué se extinguen ciertas especies e incluso puede dar pistas sobre formas de prevenir posibles extinciones futuras.

En general, los registros fósiles son fundamentales para comprender el proceso evolutivo y desvelar la historia de la Tierra. Proporcionan pruebas tangibles de que las especies siguen evolucionando durante largos periodos, respondiendo a presiones internas (genéticas) y externas (medioambientales) a través de la selección natural. A partir de ellas, puede aprender más sobre su procedencia y sobre cómo ha cambiado la vida desde sus inicios hace miles de millones de años.

La fosilización y sus diferentes tipos

La fosilización es el proceso de convertir los restos de un animal o una planta en un fósil. Este proceso puede tener lugar de numerosas formas, siendo algunos de los tipos más comunes la permineralización, la carbonización y los moldes y contramoldes. A continuación encontrará una descripción detallada de cada tipo de proceso de fosilización.

La permineralización (también conocida como petrificación) es uno de los procesos de fosilización más conocidos. Durante este proceso, minerales como el cuarzo, la calcita y el feldespato se depositan en los poros y espacios de los huesos u otro material orgánico de las rocas sedimentarias. Con el tiempo, estos minerales sustituyen al material que antes era orgánico y lo solidifican hasta darle una forma fosilizada. Este tipo de fosilización requiere unas condiciones muy específicas, como una sedimentación lenta que proporcione el tiempo adecuado para que los depósitos minerales sustituyan a los restos originales, mucha humedad para que estos minerales sean transportados por las aguas subterráneas y se acumulen en las cavidades del interior de la materia orgánica, y un entorno sin oxígeno para que los organismos no se descompongan antes de poder conservarse. Los fósiles permineralizados suelen contener detalles intrincados debido a su alto nivel de conservación.

La carbonización es otro tipo de fosilización común que consiste en sustituir la materia orgánica por películas de carbono en la superficie o en grietas dentro de una matriz rocosa. Las películas de carbono suelen formarse durante procesos de combustión o calentamiento relacionados con erupciones volcánicas o incendios de carbón. Por ejemplo, cuando las plantas se descomponen a bajas temperaturas, sufren carbonización en lugar de descomposición. Eso deja tras de sí una película negra distintiva que puede verse a simple vista. Estas películas suelen tener un aspecto lustroso o brillante debido a su alta concentración de moléculas de carbono. Los fósiles carbonizados contienen menos detalles que los permineralizados debido a su menor grado de conservación, pero siguen albergando información valiosa sobre las antiguas formas de vida y los entornos que existieron hace mucho tiempo.

Los moldes y los contramoldes son también tipos comunes de fósiles creados a través de procesos de sedimentación alrededor de organismos vivos antes de su enterramiento. Los moldes se forman cuando quedan espacios vacíos tras la descomposición de un organismo, dejando tras de sí una impresión en los sedimentos circundantes que se rellena con nuevos minerales con el paso del tiempo, creando un "molde" externo parecido a la forma del organismo cuando estaba vivo. Los contramoldes se producen cuando nuevos sedimentos ricos en minerales rellenan estos moldes, creando réplicas de la estructura del organismo llamadas "contramolde" que a veces pueden conservar detalles como piezas bucales o antenas que no eran visibles sólo en los moldes debido a su mayor grado de conservación.

Además, los rastros fósiles también son indicadores importantes para estudiar las formas de vida del pasado, aunque no conserven restos reales como los fósiles corporales; en su lugar, captan pruebas como huellas, madrigueras, nidos y excrementos dejados por animales antiguos que exhiben información vital sobre cómo se comportaban las criaturas hace millones de años. Gracias a ello, es posible comprender mejor los antiguos ecosistemas actuales. Los rastros fósiles ofrecen una visión única porque el conocimiento sobre estas criaturas no vendrá del análisis de sus cuerpos, sino de la comprensión de cómo interactuaron con su entorno durante diferentes periodos de tiempo. Esto le permite ver qué tipos de animales formaban parte de los ecosistemas antiguos y por lo que posiblemente pasaron.

En general, a lo largo de la historia de la Tierra se han producido muchos tipos diferentes de procesos de fosilización, desde simples impresiones dejadas en la superficie de las rocas hasta detallados especímenes permineralizados que contienen intrincados detalles; cada uno de ellos proporciona una valiosa información sobre las formas de vida, los entornos y los ecosistemas del pasado.

Cómo identificar un fósil

La identificación de fósiles es un proceso que implica el examen y análisis cuidadoso de la estructura, forma y características del fósil para determinar su edad, origen y otras características relacionadas.

El primer paso es determinar en qué tipo de roca se encuentra. Esto puede hacerse examinando la textura, el color, el tamaño del grano, la composición mineral y cualquier patrón o estría que pueda estar presente. Según el tipo de roca en el que se encuentre, puede indicar en qué parte de la tierra se formó o su antigüedad.

Una vez que haya establecido en qué tipo de roca está incrustado el fósil (o si se trata de depósitos sedimentarios), puede empezar a examinar las características físicas del propio fósil. Esto incluye observar su tamaño y forma y cualquier marca o detalle que pueda estar presente en su superficie. También pueden verse trozos de hueso, dependiendo de lo bien conservado que esté el espécimen.

El siguiente paso es analizar su estructura más de cerca interpretando cualquier patrón o textura aparente. Por ejemplo, si hay costillas evidentes en un lado de un espécimen, esto podría indicar que perteneció a una criatura acuática como un pez o una tortuga. Otras características comunes incluyen crestas a lo largo de un lado que podrían sugerir que pertenecieron a un artrópodo como un insecto o un cangrejo.

Cuando se observan fósiles de plantas o árboles, a menudo pueden quedar huellas de sus hojas, lo que puede ayudar a identificarlos mejor. Este tipo de fósiles suelen tener formas distintivas, como círculos para las hojas o superficies planas para la corteza, y éstas pueden ofrecer pistas sobre a qué tipo de planta pertenecen (roble frente a arce, por ejemplo).

El último paso antes de clasificar su espécimen en un grupo de especies concreto es comparar sus hallazgos con otros de épocas y zonas geográficas similares. Hacer esto le permitirá reducir sus opciones hasta llegar a una conclusión definitiva sobre a qué tipo de criatura u organismo pertenece su fósil.

Para los relativamente nuevos en la identificación de fósiles, muchos recursos en línea ofrecen descripciones e imágenes detalladas que pueden ayudar a los coleccionistas novatos a identificar con mayor precisión los distintos tipos de especímenes (especialmente cuando se les presentan fósiles desconocidos). También existen numerosos libros dedicados a ayudar a las personas a reconocer los diferentes tipos de fósiles que pueden encontrar mientras exploran las maravillas de la naturaleza.

La identificación de fósiles puede parecer desalentadora al principio, pero con suficientes conocimientos y práctica, cualquiera puede identificar la mayoría de los fósiles que caen en sus manos.

Los mejores yacimientos de caza de fósiles del mundo

La caza de fósiles es una actividad popular de la que disfrutan muchas personas en todo el mundo. En cuanto a los fósiles, algunos lugares son mejores que otros porque ofrecen abundantes restos de plantas y animales antiguos que pueden encontrarse con un poco de esfuerzo y algo de suerte.

1. **Estados Unidos:** Aunque Estados Unidos no cuenta con un área o parque designado para la caza de fósiles, existen numerosas oportunidades para excavar en busca de fósiles por todo el país. Desde el Parque Nacional del Bosque Petrificado de Arizona hasta las Badlands de Dakota del Sur y Montana, cada estado ofrece su propia oportunidad única de explorar antiguas formas de vida. Para los que buscan algo de más fácil acceso, muchos parques locales pueden ofrecer fósiles procedentes de arroyos o ríos cercanos. También hay abundancia de restos fosilizados disponibles en terrenos públicos de los estados occidentales como Utah, Wyoming y Colorado.

2. **Marruecos:** Uno de los mejores lugares del mundo para la caza de fósiles se encuentra en Marruecos. Este país del norte de África cuenta con una gran variedad de fósiles de diferentes periodos geológicos, desde el Cámbrico hasta el Cretácico y más allá. Algunos de los hallazgos más notables incluyen trilobites, amonites, belemnites, crinoideos, bivalvos, braquiópodos e incluso huesos de dinosaurio. El desierto del Sáhara marroquí alberga algunas de las rocas más antiguas de la Tierra, con edades estimadas de hasta 600 millones de años. Gran parte de este terreno escarpado está poco poblado e

inexplorado, lo que lo convierte en un lugar ideal para la caza de fósiles. Los cazadores de fósiles deben centrarse en las zonas alrededor de ríos u oasis donde las rocas sedimentarias quedan expuestas por la erosión.

3. **Reino Unido:** El Reino Unido es otro gran lugar para encontrar fósiles. Puede que no sea tan glamuroso como otros lugares, pero aun así hay muchos descubrimientos emocionantes esperando a ser realizados allí. Las Islas Británicas han experimentado numerosos cambios geológicos a lo largo de los milenios debido a su ubicación en la intersección entre placas tectónicas y glaciares. Como resultado, existe una gran riqueza de vida marina antigua bien conservada en rocas sedimentarias dentro de Inglaterra, Escocia, Gales e Irlanda del Norte. Aunque los trilobites son quizá los hallazgos más populares en estas regiones (debido a su abundancia), también pueden encontrarse otros restos fosilizados como erizos de mar, crinoideos y braquiópodos en determinadas zonas, especialmente alrededor de los lugares declarados Patrimonio de la Humanidad de la Costa Jurásica, como Lyme Regis o la playa de Charmouth, en el condado de Dorset, en el litoral del sur de Inglaterra.

4. **Sudáfrica:** Sudáfrica ofrece grandes oportunidades a los cazadores de fósiles debido a su gran diversidad de paisajes y ecosistemas, ¡lo que la convierte en un lugar ideal para descubrir fósiles de hace más de 500 millones de años! La zona de la cuenca del Karoo contiene yacimientos de fósiles famosos en todo el mundo que han dado especímenes notables como dinosaurios y especies de mamíferos primitivos como el Euskelosaurus Brownii - uno de los primeros animales cuadrúpedos conocidos que vivió durante el periodo Triásico Temprano (hace aproximadamente 250 millones de años). Otras partes de Sudáfrica también han producido fascinantes fósiles de criaturas marinas como crustáceos, estrellas de mar y crinoideos; estos antiguos restos pueden descubrirse en yacimientos como el Parque Drakensberg de Natal o la Cueva de Blombos, cerca de Ciudad del Cabo.

5. **Australia:** Australia también cuenta con una impresionante historia geológica, lo que la convierte en un destino excelente para los aficionados a la caza de fósiles. Numerosos

yacimientos antiguos repartidos por todo el continente proporcionan abundantes pruebas de formas de vida del pasado, algunas incluso se remontan a más de 600 millones de años. Muchos de estos preciados especímenes fueron descubiertos por paleontólogos aficionados, que a menudo aprovecharon el clima seco de Australia, que facilita las excavaciones en comparación con entornos húmedos como las selvas tropicales o los humedales (donde tienen lugar la mayoría de las excavaciones a gran escala). Algunos lugares famosos son Lightning Ridge, en Nueva Gales del Sur, que alberga fósiles opalinos de animales extintos como marsupiales parecidos a canguros, o el yacimiento paleontológico de Murgon, cerca de Brisbane, que produce un gran número de invertebrados marinos como corales y conchas, entre otros.

6. **Argentina:** Argentina es otro destino asombroso para la caza de fósiles - ¡especialmente si quiere encontrar huesos de dinosaurio! Este país sudamericano ha sido el hogar de muchas criaturas prehistóricas que se remontan a millones y millones de años - algunas incluso sobreviven hasta nuestros días (como los armadillos gigantes). Existen múltiples yacimientos industriales repartidos por toda Argentina que ofrecen expediciones paleontológicas dedicadas específicamente a descubrir restos de dinosaurios - entre ellos se incluyen yacimientos como el Parque Nacional de Talampaya, situado a las afueras de la provincia de San Juan, donde los investigadores han encontrado varias especies, entre ellas el Argentinosaurus Huinculensis - ¡uno de los dinosaurios terrestres más grandes conocidos jamás descubierto! Además, museos locales como el Egidio Feruglio (también situado cerca de San Juan) albergan miles y miles de especímenes más, lo que los convierte en paradas imprescindibles cuando se visita Argentina con la esperanza de descubrir fósiles.

7. **China:** Con más de 500 millones de años de historia geológica documentada, China se ha convertido en uno de los principales destinos para los cazadores de fósiles que buscan antiguas formas de vida conservadas en yacimientos de piedra caliza. De especial interés son los yacimientos de fósiles de la provincia de Yunnan, que han dado especímenes de hace cientos de millones de años. La recolección de fósiles en

terrenos públicos requiere el permiso de las autoridades locales, por lo que es importante comprobarlo antes de excavar.

8. **Canadá:** Canadá alberga abundantes yacimientos de fósiles bien conservados que abarcan millones de años de la prehistoria. Eso lo convierte en otro gran destino para los paleontólogos en ciernes de todo el mundo. El Parque Provincial de los Dinosaurios de Alberta ofrece a los visitantes la oportunidad de acercarse a los dinosaurios que vagaban por esta región durante la prehistoria, mientras que los lechos fósiles de Esquisto de Burgess de la Columbia Británica brindan la oportunidad de contemplar criaturas de tejidos blandos de hace 500 millones de años, ¡únicas en su especie!

9. **Etiopía:** Etiopía es conocida como un punto caliente de tesoros paleontológicos por descubrir desde 1974, cuando se descubrieron por primera vez huesos de homínidos bien conservados en Hadar, el yacimiento ahora famoso por su relación con "Lucy", ¡el esqueleto de homínido de 3 millones de años encontrado aquí! Descubrimientos notables incluyen antílopes primitivos de hace 5 millones de años cerca del Triángulo de Afar y otros numerosos dientes de mamíferos desenterrados a lo largo de la costa etíope del Mar Rojo gracias en gran parte a sus ricos yacimientos minerales, ¡que han ayudado a preservar estos tesoros de eones pasados!

10. **Alemania:** Alemania presume de algunos hallazgos impresionantes que datan de hace más de 350 millones de años, incluyendo especies como arañas, caracoles y restos de tiburones encontrados entre las rocas sedimentarias depositadas aquí durante el periodo Carbonífero. ¡Este tesoro puede explorarse a través de diversas excursiones organizadas por universidades en Alemania o a través de varias expediciones de investigación en el extranjero ofrecidas por universidades internacionales en busca de estos valiosos hallazgos!

No importa dónde decida ir en su próxima aventura, cada destino ofrece experiencias y recompensas diferentes a la hora de buscar fósiles valiosos, así que ¿por qué no embarcarse en una hoy mismo?

Capítulo 8: Limpieza y cuidado de los especímenes

La limpieza y el cuidado de los especímenes minerales es un paso importante en el proceso de coleccionismo de minerales y, por desgracia, uno que a menudo puede causar confusión. Este capítulo considera la importancia de la limpieza de minerales y las versátiles herramientas necesarias, esboza las directrices generales para varios tipos de limpieza de minerales e incluso identifica algunos de los especímenes más fáciles de limpiar. Tanto si es un principiante como un coleccionista experimentado, este capítulo le proporcionará valiosos conocimientos sobre el cuidado adecuado de sus especímenes minerales para que pueda montarlos, exponerlos y disfrutar de ellos durante años.

La importancia de la limpieza mineral
1. Preserva las muestras delicadas y frágiles

Una limpieza adecuada de los minerales es esencial para preservar los especímenes delicados y frágiles, ya que el fregado y el raspado pueden causar daños irreversibles. Por ejemplo, algunos minerales frágiles como la calcita o el yeso pueden rayarse o agrietarse cuando se limpian con procesos como el frotamiento o el raspado. Además, nunca deben utilizarse sustancias fuertes como el ácido clorhídrico para limpiar minerales porque pueden disolver las redes cristalinas incluso de los minerales más resistentes. En cambio, las técnicas más suaves, como utilizar un cepillo suave o un cepillo de dientes para eliminar el polvo y los restos, son ideales para limpiar especímenes delicados. Además, también pueden utilizarse algunas soluciones químicas suaves, como una solución de carbonato de amonio, para ayudar a eliminar cualquier aceite o grasa en la superficie de muchos minerales. Al limpiar especímenes delicados y frágiles, es importante extremar siempre la precaución y la paciencia para evitar cualquier daño innecesario; esto garantizará que el espécimen permanezca en su mejor estado durante años.

2. Conserva la belleza y el brillo

Una limpieza adecuada de los minerales puede mantener la belleza natural y el brillo de los especímenes al eliminar la suciedad, el polvo y otras partículas que se han acumulado con el tiempo. La limpieza de minerales ayuda a preservar la integridad física de los especímenes, garantizando que su aspecto sea lo más parecido posible a su estado natural.

Por ejemplo, un cristal de cuarzo puede acumular suciedad y restos de su entorno, lo que puede darle un aspecto apagado o incluso descolorido. Limpiando cuidadosamente el espécimen con un cepillo suave, agua o un disolvente orgánico, lijando cualquier exceso de suciedad o residuos y puliéndolo después con un paño o un cepillo suave, se le puede devolver su brillo y claridad originales. Este tipo de tratamiento también protege la integridad del espécimen, ya que no se somete a productos químicos agresivos que podrían dañar o alterar su aspecto o estructura.

La limpieza de minerales es importante para preservar los especímenes geológicos para las generaciones futuras porque ayuda a garantizar que su encanto estético y su precisión científica permanezcan intactos. También nos permite apreciar la belleza y las complejidades ocultas bajo las capas de polvo y suciedad que se han ido acumulando a lo largo de los siglos - ¡mostrando estas notables piezas en todo su esplendor para que todo el mundo las disfrute!

3. Ayuda a una correcta identificación

Una limpieza adecuada de los minerales es esencial para su correcta identificación. Los minerales se identifican por sus propiedades físicas y ópticas, como el color, el brillo, la dureza, la raya y el hábito cristalino. Sin embargo, para observar correctamente estas características, es importante disponer de un espécimen mineral libre de suciedad o restos que puedan oscurecer las verdaderas propiedades del mineral. Las técnicas de limpieza adecuadas pueden variar en función del tipo de mineral que se limpie, pero generalmente implican el uso de un cepillo suave, como un pincel o un cepillo de dientes, junto con agua tibia y detergente suave si es necesario. En algunos casos también puede utilizarse la abrasión mecánica.

Por ejemplo, las rocas sedimentarias como la arenisca se limpian mejor con agua tibia y un cepillo suave para eliminar la suciedad superficial sin dañar los delicados fósiles que, de lo contrario, podrían quedar oscurecidos. Por el contrario, las rocas ígneas como el basalto pueden requerir una abrasión mecánica mediante volteo en material abrasivo como harina de maíz o cáscaras de nuez trituradas para eliminar las superficies erosionadas que oscurecen su verdadera textura y color.

La identificación de minerales es una parte importante de la geología y de la ciencia de la mineralogía; conocer las propiedades físicas y ópticas únicas de cada espécimen puede ayudar a los geólogos a identificar recursos potenciales y a comprender los procesos que tienen lugar en el interior de la corteza terrestre. Por lo tanto, los especímenes deben limpiarse antes de intentar cualquier proceso de identificación para poder realizar observaciones precisas sobre cada mineral.

4. Prepara la muestra para su posterior estudio

Una limpieza adecuada del mineral es una forma eficaz de preparar un espécimen para su posterior estudio. Generalmente consiste en utilizar herramientas especializadas, como un cepillo suave, para eliminar la suciedad y los restos de la superficie del mineral. Esto permite una observación y un examen más precisos del espécimen bajo lupa o diferentes fuentes de luz, como la luz ultravioleta.

Por ejemplo, al examinar un meteorito con lupa, es importante limpiar el polvo de la superficie que pueda estar oscureciendo sus características para obtener una visión más clara de su estructura. Del mismo modo, algunos minerales sólo pueden examinarse con luz ultravioleta para determinar sus características específicas si antes se limpian adecuadamente. En este caso, el acto de limpieza elimina las impurezas que, de otro modo, impedirían que se produjera el proceso de fluorescencia.

Además de cepillar la suciedad y los restos, una limpieza adecuada de los minerales también incluye sumergir los especímenes en agua destilada u otros disolventes, como ácidos diluidos o alcoholes, para eliminar la suciedad incrustada o los aceites que se hayan adherido a la superficie. Esto permite a los científicos y geólogos observar mejor las características del espécimen sin la obstrucción o interferencia de estas sustancias.

5. Comprobación de fracturas

Una limpieza adecuada del mineral puede marcar la diferencia a la hora de identificar su verdadera forma y sus posibles sorpresas. Durante este proceso, se eliminan la suciedad y los restos que a menudo pueden oscurecer las características reales de un mineral. Esto puede hacerse con una variedad de métodos, como cepillarlos con un cepillo suave o incluso utilizando un baño ultrasónico con un detergente para deshacerse de cualquier suciedad. Una vez limpios, entonces es más fácil saber si contienen caras cristalinas adicionales o fracturas que pueden no haber sido visibles cuando aún estaban cubiertos de suciedad.

Por ejemplo, durante el proceso de limpieza de los cristales de cuarzo, puede descubrir que lo que parece una sola cara de cristal son en realidad dos caras separadas a cada lado de una línea de fractura oculta. Tomemos como ejemplo la pirita, que suele parecer una roca normal a menos que se limpie lo suficientemente bien como para revelar su resplandeciente brillo dorado. Aunque ciertos minerales necesitan una limpieza más intensa que otros, limpiarlos adecuadamente facilitará la evaluación de su verdadera forma y sus características potenciales.

El tipo de método utilizado para una limpieza adecuada de los minerales también depende del mineral que se manipule. Para los minerales más blandos como la calcita o la malaquita, el cepillado manual puede ser suficiente, mientras que los minerales más duros como el cuarzo o la amatista requerirán herramientas mecánicas como exploradores dentales y cepillos para entrar en las grietas y eliminar los restos más resistentes. Con la técnica adecuada y paciencia, incluso los fósiles delicados pueden quedar al descubierto de la matriz que los rodea con un cepillado cuidadoso o un ligero tratamiento de baño ácido. No importa el tipo de mineral con el que esté tratando, cada uno requiere su enfoque único para una limpieza adecuada que saque a la luz todos sus tesoros ocultos.

Directrices para la limpieza de minerales

Deben seguirse algunas reglas generales a la hora de limpiar cualquier tipo de mineral. En primer lugar, utilice siempre agua templada cuando limpie sus minerales. El agua caliente puede dañar algunos minerales sensibles, por lo que debe evitar utilizarla a menos que sea absolutamente necesario. Asimismo, nunca utilice jabón en los minerales, ya que puede causar daños y decoloración. Además, utilice siempre cepillos suaves cuando restriegue la suciedad y los restos de los minerales; los cepillos metálicos pueden rayar las superficies y causar daños permanentes. Por último, nunca intente fregar usted mismo las incrustaciones o revestimientos; éstos requerirán limpiadores químicos especiales u otros tratamientos que sólo debe realizar un coleccionista experimentado.

Métodos de limpieza específicos para minerales

La mejor forma de limpiar su tipo específico de mineral dependerá de su composición, estructura y textura superficial. Por ejemplo, algunos minerales blandos como la calcita pueden no necesitar más que un cepillado con un cepillo de cerdas suaves para eliminar la suciedad y los restos, mientras que los materiales más resistentes como el cuarzo requieren técnicas más agresivas (como el tratamiento con agua caliente) para dejarlos realmente limpios. He aquí un rápido resumen de cómo debe limpiar los distintos tipos de minerales:

- **Minerales suaves:** Deben aclararse con agua tibia y cepillarse ligeramente con un cepillo de cerdas suaves. No utilice abrasivos ni productos químicos fuertes en este tipo de minerales, ya que pueden dañarse fácilmente con ellos.

- **Minerales duros:** Suelen ser materiales más duros que requieren métodos de limpieza más agresivos. El tratamiento con agua caliente se utiliza a menudo para cristales granulares duros como el cuarzo; sin embargo, este método puede no funcionar en todos los tipos de cristales duros ya que algunos pueden tener interiores delicados que podrían dañarse si la temperatura sube demasiado durante el proceso. Es mejor empezar con métodos más suaves, como el cepillado con agua tibia, antes de intentar cualquier otra cosa si no está seguro de cómo podría reaccionar su cristal en particular a los tratamientos térmicos.

- **Metales preciosos:** Estos requieren limpiadores químicos especiales para eliminar las partículas de suciedad sin dañar el acabado superficial o la coloración/brillo presentes en muchos metales preciosos (como el oro). No intente limpiarlos usted mismo a menos que sepa qué productos químicos específicos son seguros para usar en cada tipo de metal; de lo contrario, es mejor dejarlo en manos de expertos que sepan exactamente lo que necesita cada metal para mantener su mejor aspecto sin resultar dañado por agentes o técnicas de limpieza inadecuados.

Limpiar los minerales adecuadamente es una parte importante del cuidado de su colección en términos de estética y conservación. Por lo tanto, ¡asegúrese de tomarse su tiempo e investigar adecuadamente antes de intentar cualquier tipo de tratamiento en sus especímenes!

Herramientas y dispositivos para la limpieza de minerales

La limpieza de minerales es un proceso en el que los minerales se hacen más estéticos o valiosos. Es importante que se utilicen las herramientas y dispositivos adecuados al limpiar minerales, ya que pueden producirse daños en el espécimen si se utiliza la herramienta equivocada. Es posible que los principiantes no sepan qué utilizar, por lo que a continuación le ofrecemos una lista de algunas de las herramientas y dispositivos de limpieza de minerales más comunes que pueden utilizarse.

1. **Cepillo de dientes:** Un cepillo de dientes es una herramienta útil para la limpieza de minerales porque sus cerdas son lo suficientemente firmes como para eliminar la suciedad y los restos, pero lo suficientemente suaves como para no causar ningún daño al hacerlo. También es estupendo si necesita llegar a zonas de difícil acceso con bastoncillos de algodón o hisopos, como esquinas estrechas o bordes angostos de un espécimen. Recuerde utilizar un cepillo de cerdas suaves en lugar de uno duro para no arañar ni dañar sus especímenes.

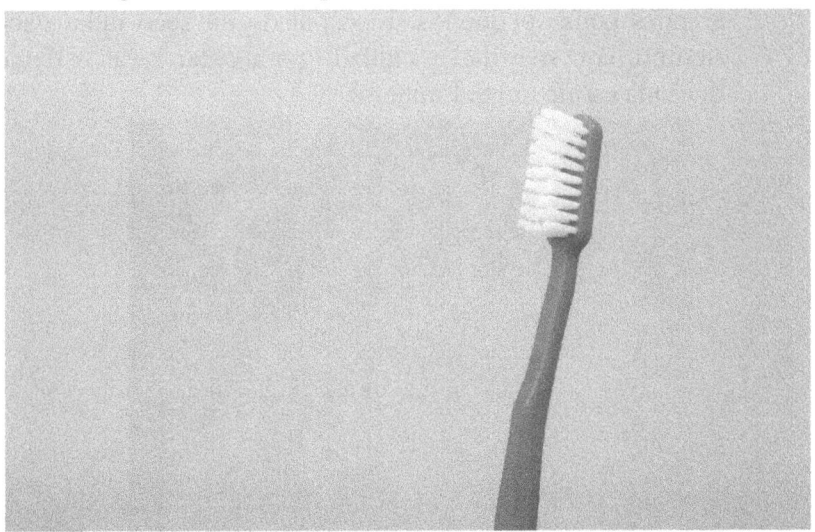

Los cepillos de dientes limpian eficazmente sin causar daños "

2. **Paño suave**: Para los especímenes más grandes, puede utilizarse un paño suave para limpiar la suciedad y los restos de la superficie del mineral. Las fibras naturales como el algodón son las mejores para este fin, ya que no rayan ni dañan los especímenes delicados como podrían hacerlo las fibras sintéticas.

Puede utilizar un paño suave para limpiar la suciedad "

3. **Cepillo seco:** El cepillo seco es una de las herramientas más utilizadas para limpiar minerales. Consiste en un cepillo de cerdas duras que puede utilizarse para eliminar la suciedad, el polvo y los restos de la superficie del mineral. Esta herramienta es magnífica para eliminar contaminantes superficiales ligeros y puede utilizarse tanto en especímenes grandes como pequeños. El cepillado en seco debe hacerse siempre con suavidad y cuidado para evitar rayar o dañar la delicada estructura del mineral.

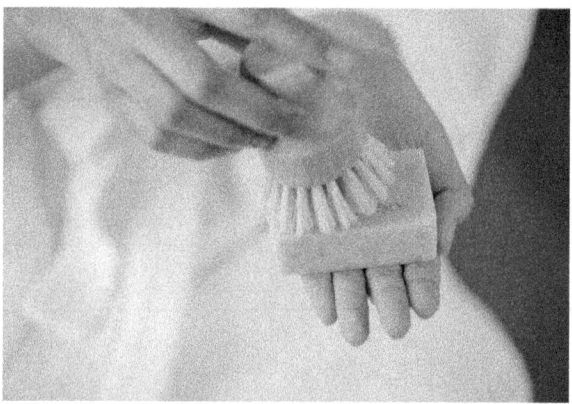

Los cepillos secos son habituales en la limpieza de minerales"

4. **Bastoncillos de algodón o hisopos:** Son ideales para limpiar minerales en lugares de difícil acceso, como grietas, ranuras y otros espacios reducidos. Resultan muy útiles cuando desea deshacerse de partículas rebeldes que no pueden eliminarse simplemente cepillándolas en seco. Además, los bastoncillos de algodón suelen estar hechos de un material suave, lo que los hace perfectos para pulir superficies minerales delicadas sin causarles ningún daño. Sumerja un bastoncillo de algodón en una solución de detergente suave para limpiar las manchas difíciles antes de utilizarlo sobre la superficie de la muestra.

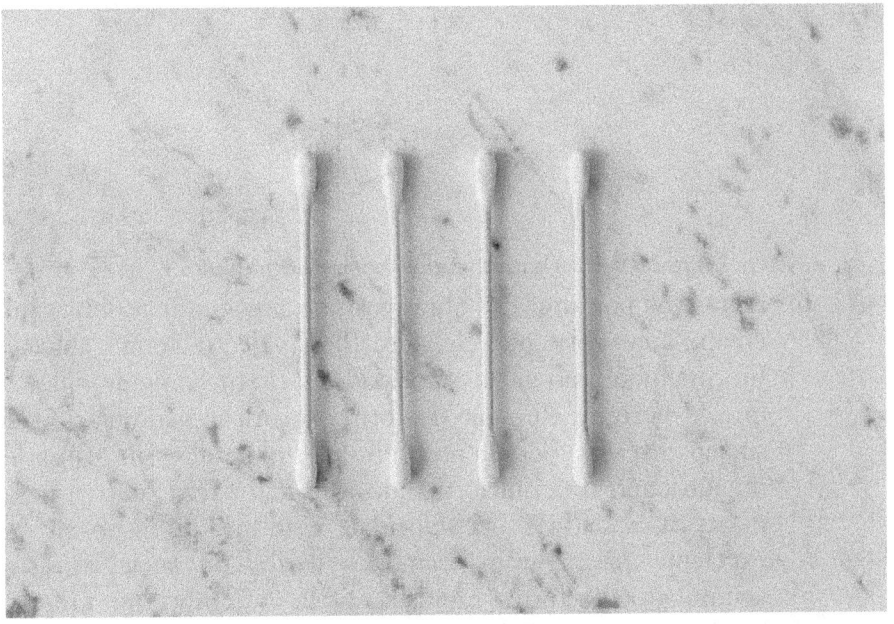

Los bastoncillos de algodón son ideales para limpiar lugares de difícil acceso "

5. **Pinzas:** Las pinzas son extremadamente útiles cuando se manipulan minerales pequeños, como piedras preciosas, y otros más grandes con diseños o formas intrincados que requieren un manejo cuidadoso durante el proceso de limpieza. Por ejemplo, las pinzas pueden ayudarle a maniobrar en espacios reducidos mejor que otras herramientas debido a sus puntas delgadas; ¡esto le permite agarrar fácilmente el espécimen sin aplastarlo ni causarle daño alguno! Asegúrese de que las que utiliza tienen puntas romas, ya que las puntas afiladas pueden causar marcas de punción en sus especímenes.

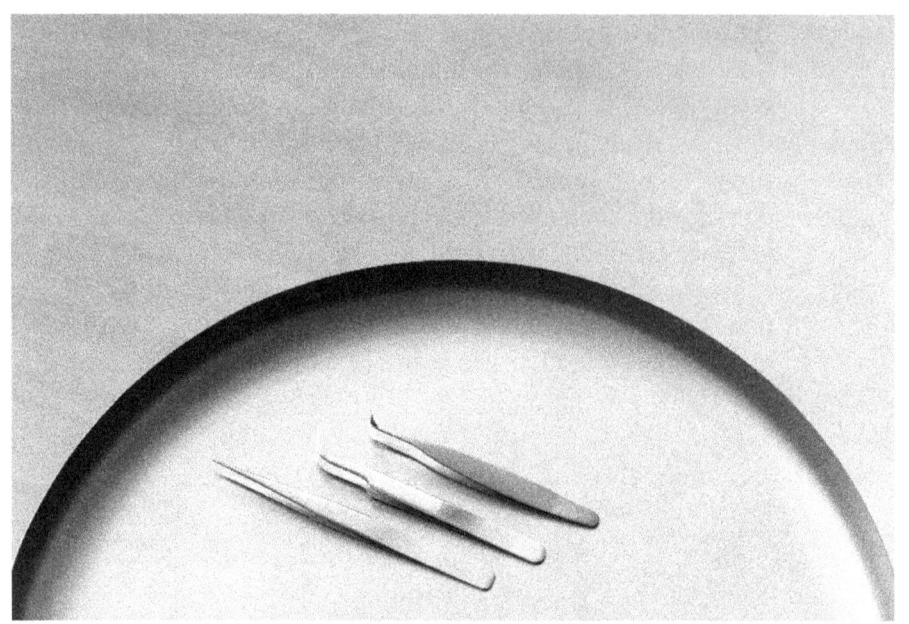

Las pinzas facilitan la manipulación de minerales pequeños [48]

6. **Abrasivos por aire:** Los abrasivos por aire son dispositivos que crean una corriente de aire llena de material abrasivo (normalmente arena) a velocidades extremadamente altas, lo que le permite eliminar de forma segura la acumulación de suciedad/restos persistentes en los minerales sin causarles ningún daño o perjuicio debido a su naturaleza suave a pesar de su capacidad de alta velocidad. Este tipo de dispositivo es excelente para eliminar grandes trozos de suciedad/restos acumulados de forma rápida y eficaz, al tiempo que preserva las delicadas superficies de sus especímenes minerales, ¡todo a la vez!

7. **Limpiador ultrasónico:** Este aparato está diseñado específicamente para limpiar en profundidad los minerales a niveles microscópicos sin dañarlos, ¡lo que lo hace perfecto para quienes desean que sus especímenes tengan un aspecto lo más cercano posible a la perfección! Esta máquina utiliza ondas sonoras combinadas con soluciones líquidas especiales (detergentes), que crean burbujas y fuerzas de cavitación lo suficientemente potentes como para eliminar incluso las partículas más rebeldes ¡sin dañar la delicada estructura de sus minerales!

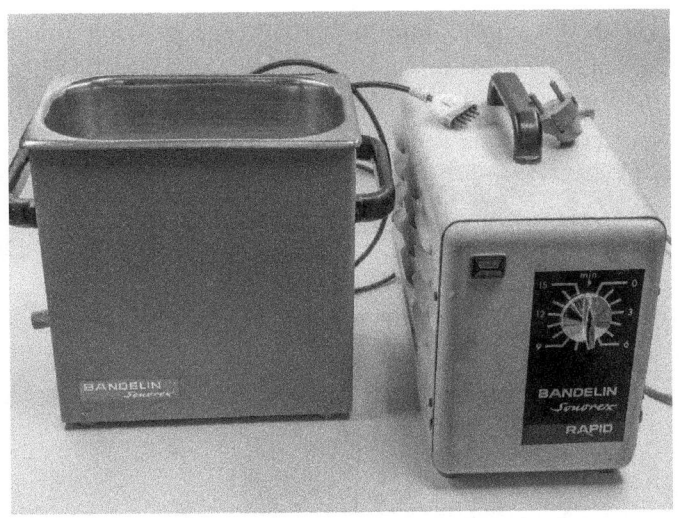

Un limpiador ultrasónico limpia los minerales a niveles microscópicos[49]

8. **Aspiradora:** Por último, las aspiradoras suelen ser utilizadas por coleccionistas profesionales que necesitan una forma eficaz de eliminar todo rastro de suciedad de las superficies de los especímenes de forma rápida y efectiva, ¡sin tener que recurrir a fregar manualmente o utilizar productos químicos agresivos que podrían dañar sus valiosas piezas! Actúan succionando las partículas de polvo en una bolsa filtrante donde pueden eliminarse de forma segura sin que vuelvan a entrar en contacto con sus especímenes, ¡lo que las hace ideales para mantener las colecciones con un aspecto pulcro e impoluto!

Las aspiradoras son esenciales para eliminar los restos de suciedad[50]

9. **Lupa:** Por último, aunque no se considera una limpieza, puede ser útil para examinar los pequeños detalles de su espécimen, de modo que pueda observar mejor cualquier imperfección antes de intentar limpiarla.

Una lupa puede ayudarle a ver los pequeños detalles de su espécimen [51]

Con estas herramientas y dispositivos, ¡no debería tener ningún problema para mantener su colección de minerales lo más bella posible!

Minerales fáciles de limpiar

1. **Cuarzo** - El cuarzo es uno de los minerales más comunes y versátiles de la Tierra. Está formado por dos componentes principales: dióxido de silicio ($SiO2$) y oxígeno ($O2$). El $SiO2$ confiere al cuarzo su dureza, por lo que se utiliza a menudo para fabricar joyas y otros artículos. También tiene una superficie increíblemente lisa que facilita su limpieza sin dañar el propio mineral. Para limpiar el cuarzo, utilice un paño suave o un cepillo con agua tibia y jabón o detergente suave. Evite utilizar productos químicos corrosivos o abrasivos que puedan rayar la superficie del cuarzo.

2. **Feldespato** - El feldespato es un mineral de silicato compuesto principalmente por silicato de aluminio (Al2Si3O8). Puede encontrarse en rocas ígneas como el granito y el basalto y, dependiendo de su composición, puede variar en color del blanco al rosa. A veces, el feldespato puede contener pequeñas cantidades de óxido de hierro, lo que puede darle un tono rojizo. Es muy duradero y, sin embargo, relativamente fácil de limpiar; basta con utilizar un paño suave humedecido en agua tibia con un poco de jabón suave o detergente para eliminar cualquier suciedad o resto de su superficie.

3. **Hematites** - La hematita es un mineral de óxido de hierro con una coloración gris-negra metálica debida a la presencia de hierro en su estructura química (Fe2O3). Su nombre procede de la palabra griega "*haima*", que significa "sangre", porque la hematita presenta a veces vetas de color rojo debido a la presencia de óxido en su superficie. Tiene muy poco clivaje, pero como contiene hierro, sólo debe limpiarse regularmente con agua y detergentes suaves. Evite utilizar productos químicos corrosivos o abrasivos en la superficie del mineral.

4. **Talco** - El talco es otro mineral de silicato compuesto principalmente por silicato de magnesio (Mg3Si4O10(OH)2). Suele formarse durante los procesos metamórficos, cuando el calor hace que las estructuras rocosas existentes que contienen talco recristalicen en nuevas formas; este proceso hace que el talco sea mucho más blando que otros tipos de minerales como el feldespato o el cuarzo, que tienen superficies más duras debido a sus mayores niveles de cristalización a lo largo del tiempo. Para limpiar el talco, utilice agua tibia y jabón o detergente suave y, a continuación, frote suavemente con un cepillo de cerdas suaves; evite utilizar cualquier tipo de limpiador ácido que podría dañar la delicada estructura superficial del talco con el paso del tiempo.

5. **Pirita** - La pirita es un mineral de sulfuro de hierro (FeS2) que tiene un aspecto metálico dorado/amarillo debido a su alto contenido en azufre que desprende un marcado olor a latón cuando se frota entre los dedos, además de emitir chispas si se golpea con suficiente fuerza contra objetos metálicos como herramientas de acero o monedas. La pirita requiere un cuidado especial al limpiarla porque no sólo presenta

hendiduras a lo largo de ciertos planos, lo que la hace más propensa a la rotura, sino también porque algunos limpiadores ácidos pueden corroer su superficie con el tiempo si se utilizan con demasiada frecuencia, dañando su aspecto de forma permanente. Para obtener los mejores resultados, utilice agua tibia mezclada con jabón/detergente suave, frotando después suavemente las superficies de la pirita con un cepillo de cerdas suaves y evitando el contacto con ácidos.

6. **Calcita** - La calcita es carbonato cálcico ($CaCO3$) en forma de cristal, que suele ir del blanco al marrón amarillento claro, lo que convierte a este mineral carbonatado en una de las formas más comunes de la corteza terrestre. Su nombre deriva de la palabra latina "calx", que significa cal, en referencia al componente de calcio en la fórmula química de la calcita mencionada anteriormente. La calcita necesita cuidados especiales durante su limpieza; agua tibia combinada con detergentes suaves seguida de un cepillado delicado por las superficies de la calcita debería ser suficiente, evitando el contacto con cualquier cosa ácida.

7. **Yeso** - El yeso es otro mineral carbonatado compuesto por sulfato cálcico dihidratado de fórmula ($CaSO4-2H20$). El yeso suele tener un aspecto blanquecino con matices amarillos. Sin embargo, pueden aparecer otras tonalidades dependiendo de las impurezas incluidas en la estructura química del yeso. Para limpiarlo, utilice agua tibia mezclada con detergentes suaves y un cepillado suave. Tenga cuidado con los posibles daños causados por la sequedad dentro de la estructura del yeso, especialmente a lo largo de las líneas de fractura.

Capítulo 9: Su primer viaje de búsqueda de rocas

¿Ha sentido alguna vez la emoción de encontrar rocas y piedras recién desenterradas? Si no es así, ¡ha llegado el momento de planificar su primera aventura de búsqueda de rocas! Pero con tantas cosas a tener en cuenta antes de ponerse en marcha, a menudo puede resultar una tarea confusa e intrigante. Este capítulo le proporcionará consejos sobre herramientas de navegación, pautas de seguridad y un plano del viaje que tiene por delante para asegurarse de que sea lo más tranquilo y libre de estrés posible. Tanto si es un buscador de rocas experimentado como si es un completo principiante, después de leer este capítulo, ¡tendrá todo lo que necesita para planificar una excursión perfecta de búsqueda de rocas!

Consejos para planificar un viaje de búsqueda de rocas

Planificar su viaje de búsqueda de rocas le ayudará a tener un sentido claro de la orientación [53]

La búsqueda de rocas es una actividad increíblemente gratificante que requiere una cuidadosa planificación y preparación para maximizar sus posibilidades de éxito. Consiste en buscar rocas, minerales, piedras preciosas, fósiles u otros especímenes geológicos. Aunque no existe un enfoque único para la búsqueda de rocas, esta guía le proporcionará un esquema básico de cómo planificar un viaje de búsqueda de rocas con éxito.

En primer lugar, debe investigar la zona que piensa visitar. Hay varios factores a tener en cuenta a la hora de decidirse por un lugar, como la accesibilidad, las instalaciones disponibles (como tiendas o baños), la normativa local relativa a las actividades de recolección y los peligros potenciales que puedan existir en la zona. Asegúrese de conocer bien la geología local, incluidos los minerales y fósiles que pueden encontrarse en la zona. Además, es importante que se familiarice con las leyes y reglamentos que rigen las actividades de búsqueda de rocas en el destino elegido.

Una vez que haya investigado, es hora de empezar a planificar los detalles. Determine cuánto tiempo quiere pasar - si es un día o un fin de semana completo - y asegúrese de tener en cuenta el tiempo de viaje adicional si fuera necesario. Si piensa llevar a los niños con usted, empaquete refrigerios, agua y otros suministros que puedan necesitar durante la excursión.

En cuanto a las herramientas específicas que necesitará para la búsqueda de rocas, hay varias opciones disponibles. Un martillo y un cincel de geólogo son ideales para extraer muestras más grandes de rocas o fósiles de un yacimiento. Si busca especímenes más pequeños, una lupa o un lente de aumento le ayudarán a examinar los pequeños detalles. Por último, asegúrese de llevar una bolsa o mochila resistente para transportar lo que encuentre de vuelta a casa sano y salvo.

Cuando salga de aventura en busca de rocas, practique siempre la seguridad y esté atento a cualquier condición potencialmente peligrosa, especialmente si está explorando grandes campos de bloques de piedra o lugares de excavación. La búsqueda de rocas también requiere esfuerzo físico, así que lleve ropa protectora y calzado adecuado para el terreno. Asimismo, no olvide llevar agua en abundancia -especialmente durante los calurosos meses de verano- ya que la deshidratación puede ser un riesgo muy real en estos entornos.

Por último, debe recordar que la búsqueda de rocas es una actividad que requiere respeto y responsabilidad cuando se trata de la naturaleza. Antes de abandonar cualquier yacimiento, devuelva las rocas o fósiles que no quiera llevarse al lugar donde los encontró. Al hacerlo, las futuras generaciones de buscadores de rocas podrán disfrutar también de esos lugares.

Si se hace bien, la búsqueda de rocas puede ser una experiencia divertida y gratificante. Sólo asegúrese de planificar su viaje cuidadosamente investigando la zona y empacando los suministros necesarios. Recuerde practicar siempre la seguridad, respetar la naturaleza y dejar los lugares que visite exactamente como los encontró. Con la preparación adecuada, ¡su próximo viaje de búsqueda de rocas será un éxito seguro!

Equipo de seguridad

Cuando se trata de viajes de exploración de rocas, la seguridad debe ser siempre una prioridad. Muchos tipos de equipos de seguridad pueden ayudarle a mantenerse seguro durante su viaje. Estos son algunos consejos sobre qué tipo de equipo de seguridad debe llevar consigo cuando vaya a practicar la búsqueda de rocas:

1. **Ropa y equipo de protección:** Llevar ropa y equipo de protección es esencial para cualquier actividad al aire libre, pero especialmente para los viajes de exploración de rocas. Lleve camisas de manga larga, pantalones o vaqueros que le cubran las piernas y calzado cerrado que proporcione una buena tracción. Un buen par de guantes de trabajo le protegerá las manos de las rocas afiladas y otros desechos y le ofrecerá protección contra los rayos del sol. Un casco o una linterna frontal es importante para asegurarse de que no se golpea la cabeza con las rocas mientras excava.

2. **Botiquín de primeros auxilios:** Cuando vaya a practicar la búsqueda de rocas, es importante que lleve consigo un botiquín de primeros auxilios por si se produce alguna herida inesperada. Asegúrese de que el botiquín contiene artículos básicos como vendas, crema antiséptica, medicación para aliviar el dolor y una bolsa de hielo. También es prudente incluir un botiquín para mordeduras de serpiente si planea explorar zonas donde pueda haber serpientes.

3. **Agua y refrigerios:** Siempre debe llevar agua en abundancia cuando se embarque en cualquier actividad al aire libre, ya que la deshidratación puede producirse rápidamente en climas cálidos. Además, llevar algunos refrigerios puede mantener altos sus niveles de energía.

4. **Dispositivo de comunicación:** Es importante que lleve consigo algún tipo de dispositivo de comunicación cuando vaya a buscar rocas. Puede ser un teléfono móvil o una radio bidireccional. Esto le permitirá pedir ayuda en caso de emergencia.

5. **GPS/Brújula:** Si está explorando una zona desconocida, es importante tener un buen sentido de la orientación y saber dónde se encuentra en todo momento. Un GPS o una brújula

le asegurarán que no se pierda y que pueda encontrar el camino de vuelta al coche o al camping en caso de necesidad.

6. **Regla de seguridad:** Utilizar una regla de seguridad cuando practique la búsqueda de rocas es esencial para su propia protección y la del entorno que le rodea. Una regla de seguridad de buena calidad proporciona una capa adicional de protección frente a cualquier borde afilado o peligro que pueda haber en las zonas que esté explorando.

7. **Linterna/linterna frontal:** Llevar una linterna o linterna frontal es importante por seguridad y comodidad. Esto le permitirá explorar incluso después de oscurecer.

8. **Mochila:** Una mochila resistente es una forma excelente de guardar todo el equipo necesario mientras se encuentra en los senderos. Asegúrese de elegir una mochila que tenga mucho espacio y sea cómoda de llevar, así como una que proteja sus objetos de los elementos.

Las excursiones para buscar rocas pueden ser una forma estupenda de explorar la naturaleza y descubrir joyas ocultas, pero la seguridad debe ser siempre lo primero. Siguiendo estos consejos sobre el equipo de seguridad, ¡podrá asegurarse de tener la mejor experiencia posible mientras practica la búsqueda de rocas!

Consejos sobre el equipo de minería para un viaje de búsqueda de rocas

Los viajes para buscar rocas pueden ser una forma estupenda de explorar la naturaleza y encontrar piedras preciosas, minerales y fósiles valiosos. Para que estos viajes tengan éxito, debe contar con el equipo adecuado. He aquí una lista del equipo minero esencial que todo buscador de rocas debería considerar llevar en su próximo viaje:

1. **Martillo de roca:** Un martillo de roca es una de las herramientas más esenciales para cualquier tipo de viaje de búsqueda de rocas. Le permitirá picar las rocas y romperlas para examinarlas más de cerca. Existen muchos tipos diferentes de martillos, así que asegúrese de elegir uno que se adapte cómodamente a su mano y que tenga el peso suficiente para realizar el trabajo.

2. **Cinceles:** Los cinceles son otra herramienta minera esencial para la búsqueda de rocas. Pueden utilizarse para tallar en las rocas y desmenuzarlas, así como para dar forma a los bordes de un espécimen para que tenga un aspecto más estético. Al elegir los cinceles, asegúrese de que están hechos de acero de alta densidad y de que tienen mangos cómodos.

3. **Gafas de seguridad:** Al romper rocas, siempre existe la posibilidad de que salgan volando astillas o fragmentos en todas direcciones. Para proteger sus ojos, utilice gafas de seguridad. Asegúrese también de elegir un par con protección UV, ya que muchas piedras preciosas emiten luz ultravioleta cuando se exponen a la luz solar.

4. **Mascarilla antipolvo:** Dado que es probable que se genere mucho polvo al romper las rocas, es importante llevar una mascarilla antipolvo para proteger sus pulmones de las partículas suspendidas en el aire. Elija una mascarilla antipolvo que se ajuste bien a la cara y que tenga varias capas de protección.

5. **Bolsas de recolección:** Cuando salga a buscar rocas, necesitará algo en lo que guardar todos sus hallazgos para mantenerlos organizados y evitar que se pierdan o se estropeen. Invierta en bolsas de recolección con múltiples compartimentos que quepan fácilmente en una mochila. De este modo, podrá mantener todos sus especímenes contenidos y seguros, al tiempo que dispone de espacio suficiente para otros artículos esenciales.

6. **Lupa:** Una lupa es una herramienta inestimable para examinar de cerca los especímenes. Busque una con varios niveles de aumento para poder ver mejor los detalles más pequeños.

7. **Martillo de geólogo:** Un martillo de geólogo tiene dos extremos diferentes, uno puntiagudo y otro plano. El lado puntiagudo se utiliza para picar las rocas y romperlas, mientras que el extremo plano le permite examinar los especímenes más de cerca sin dañarlos. Elija uno con un mango cómodo, ya que esta herramienta se utilizará con frecuencia durante su viaje de exploración de rocas.

Con el equipo adecuado, las excursiones para buscar rocas pueden ser divertidas y fructíferas. Recuerde que la seguridad debe ser siempre su prioridad cuando salga a la naturaleza. Con las herramientas y los conocimientos adecuados, puede pasar un rato agradable a la vez que se mantiene a salvo de cualquier daño.

Consejos sobre las herramientas de navegación

Las herramientas de navegación son las piezas más importantes del equipo que debe llevar cuando vaya a buscar rocas. Cuando busque rocas en lugares desconocidos, las herramientas de navegación le ayudarán a encontrar el camino de vuelta y a asegurarse de que no se pierde mientras explora. He aquí una lista de artículos que pueden ayudarle a no perderse durante su próximo viaje de búsqueda de rocas:

1. **Guías de campo:** Una guía de campo es esencial para identificar rocas y minerales sobre el terreno. Proporciona información detallada sobre cómo reconocer diferentes características geológicas, tipos de rocas y formaciones comunes. También ofrece consejos útiles sobre dónde buscar determinados minerales o piedras en lugares específicos. Es ligera, compacta, barata y puede llevarse fácilmente en el bolsillo o en el bolso.

2. **Mapa del sitio:** Un mapa del lugar es un mapa topográfico detallado de la región donde va a practicar la búsqueda de rocas. Proporciona información sobre las formas del terreno, las características del terreno, las carreteras y la vegetación locales que pueden ayudarle a planificar su ruta y a localizar las zonas de interés. El mapa también contiene símbolos que indican las concesiones mineras, las zonas restringidas y otros datos útiles para la búsqueda de rocas.

3. **Receptor GPS:** Un receptor del Sistema de Posicionamiento Global (GPS) es otra herramienta esencial para los viajes de búsqueda de rocas. Este dispositivo utiliza satélites para señalar con precisión su ubicación para que no se pierda mientras explora un territorio desconocido. La mayoría de los receptores GPS actuales están equipados con un mapa detallado de la región y otras funciones útiles como puntos de referencia, registros de ruta y planificación de rutas.

4. **Brújula:** Una brújula es una herramienta de navegación anticuada pero todavía esencial para los buscadores de rocas. Mientras que los receptores GPS proporcionan información más precisa sobre su ubicación, las brújulas son más fiables en cuanto a las direcciones porque no dependen de los satélites ni de la electricidad para funcionar. Las brújulas también resultan útiles cuando se navega a través de vegetación densa, donde las señales de los satélites pueden bloquearse o distorsionarse.

5. **Prismáticos:** Los prismáticos pueden ayudarle a detectar posibles yacimientos a distancia antes de salir al campo. Esto es especialmente útil para quienes buscan piedras preciosas que brillan a la luz del sol, como diamantes o rubíes. Los prismáticos son ligeros, compactos y relativamente baratos en comparación con otras herramientas de navegación.

6. **Silbato:** Un silbato es un elemento importante que debe llevar consigo cuando practique la búsqueda de rocas en zonas remotas, por si algo sale mal y necesita ayuda. Puede oírse desde muy lejos y utilizarse para dar señales de socorro, en caso necesario, lo que podría salvarle la vida.

Estas son algunas de las herramientas de navegación más importantes que debe llevar en cada viaje de búsqueda de rocas. Aunque todos ellos puedan parecer artículos pequeños, pueden marcar una gran diferencia a la hora de encontrar rocas valiosas, mantenerse a salvo y volver a casa en una sola pieza.

Técnicas de búsqueda de rocas

La búsqueda de rocas es una actividad divertida y educativa tanto para adultos como para niños. Puede enseñar a los niños sobre el mundo natural que les rodea a la vez que les proporciona un agradable escape de la vida cotidiana. Sin embargo, deben tenerse en cuenta algunas consideraciones de seguridad antes de embarcarse en una excursión de búsqueda de rocas.

Antes de salir de excursión para buscar rocas, investigue la zona que pretende visitar y familiarícese con las leyes y normativas locales relativas a la recolección de rocas o minerales. Algunos parques pueden tener restricciones que prohíben la extracción de cualquier material, por lo que es mejor informarse con antelación para evitar posibles problemas legales. Además, es importante comprobar el tiempo que hace antes de embarcarse en una expedición de búsqueda de rocas; las temperaturas extremas o las inclemencias del tiempo pueden ponerle en riesgo de insolación o hipotermia si no toma las precauciones adecuadas.

Lleve ropa y equipo adecuados para el entorno cuando salga de excursión para la búsqueda de rocas. Lleve botas resistentes con buen agarre y tracción para garantizar su seguridad y protegerse de resbalones en superficies mojadas. Lleve capas, como una chaqueta impermeable, para mantenerse caliente en condiciones frías. Dependiendo del lugar, puede que también quiera llevar algo de protector solar, gafas de sol, repelente de insectos y un sombrero para protegerse de los rayos del sol y de los posibles insectos que pican.

Llevar consigo un kit básico de herramientas también es esencial para cualquier viaje de búsqueda de rocas. Un martillo y un cincel son necesarios para desmenuzar rocas que pueden ser demasiado grandes o pesadas para transportarlas enteras. Las lupas de mano ayudan a identificar pequeños trozos de minerales, mientras que un par de cepillos pueden resultar útiles para quitar el polvo o los restos de la superficie de las rocas. También puede llevar algo de equipo de seguridad, como guantes, gafas y rodilleras, especialmente si piensa buscar debajo de grandes bloques de piedra o en grietas que tengan objetos afilados.

Cuando salga a buscar rocas, tómese su tiempo y preste atención a su entorno. Sea consciente de cualquier peligro potencial y manténgase alerta para detectar serpientes, arañas y otros bichos que puedan estar al acecho en las rocas y grietas. Además, no dañe ninguno de los recursos naturales que encuentre mientras busca; intente dejar la menor evidencia posible de su actividad.

Por último, al regresar a casa tras un viaje de búsqueda de rocas, inspeccione cada roca y mineral antes de guardarlos en sus cajas o bolsas de recolección. Esto evitará que cualquier plaga no deseada entre en contacto con sus valiosos hallazgos. Acuérdese de etiquetar cada espécimen con la información sobre su ubicación, para poder consultarlo fácilmente cuando lo necesite.

Siguiendo estos consejos y preparándose con antelación, puede asegurarse una excursión segura y satisfactoria para la búsqueda de rocas. Con las precauciones adecuadas, esta actividad puede ser educativa y agradable, con recuerdos para toda la vida. Así que, ¡salga ahí fuera y empiece a recolectar! ¡Que tenga una feliz búsqueda!

Capítulo 10: Consideraciones jurídicas

La búsqueda de rocas es un pasatiempo apasionante que implica la búsqueda y recolección de rocas, minerales y fósiles. Sin embargo, debe ser consciente de las consideraciones legales asociadas a esta actividad. En este capítulo, profundizaremos en los aspectos legales de la búsqueda de rocas que debe tener en cuenta, como las directrices éticas, la normativa sobre propiedad privada y las restricciones y prohibiciones específicas de cada zona.

Es importante conocer las leyes y reglamentos antes de practicar la búsqueda de rocas[53]

Cuando practique la búsqueda de rocas, debe adherirse a los principios de conducta establecidos que rigen esta actividad. Siendo un buscador de rocas responsable y demostrando respeto por el medio ambiente, la propiedad ajena y las formaciones geológicas, así como eliminando adecuadamente los residuos, contribuye a la preservación de esta afición para que la aprecien las generaciones futuras.

También es vital que tenga en cuenta las implicaciones legales de la propiedad privada a la hora de buscar rocas. En la mayoría de los casos, tendrá que pedir permiso a los propietarios antes de buscar rocas en sus tierras. Entrar ilegalmente en una propiedad privada puede acarrearle sanciones como multas y penas de prisión, entre otras consecuencias. Por lo tanto, familiarizarse con las normas y leyes de la propiedad privada es esencial antes de embarcarse en una aventura de búsqueda de rocas.

Además, varios lugares tienen normativas distintas sobre lo que está permitido y prohibido durante las expediciones de búsqueda de rocas. Algunas zonas pueden imponer restricciones a su recolección de rocas o minerales específicos o limitar la cantidad que puede recoger. Es posible que se le exija obtener permisos para recolectar especímenes en determinados lugares o que se apliquen normas adicionales.

Conocer y respetar estas directrices y restricciones es primordial para preservar la belleza natural y la importancia geológica de las zonas que explore.

Código ético del Rockhound

Los buscadores de rocas, como individuos y como equipos dentro de los clubes, se sienten muy satisfechos de su comportamiento educado cuando salen al campo. Comprenden la importancia de preservar su buen nombre si quieren seguir recibiendo un trato favorable en los lugares de recolección.

El siguiente código ético está ampliamente aceptado en toda la comunidad de recolectores de rocas:

- **"No invadiré propiedades privadas ni públicas y pediré permiso antes de coger nada de terrenos de propiedad privada".** - Esto demuestra lo importante que es pedir permiso a alguien antes de entrar en su propiedad para recoger rocas o minerales.

- "Conoceré y seguiré todas las leyes, reglamentos y directrices que rigen la recolección en propiedades privadas". Es importante seguir las normas, leyes y reglamentos que se aplican a la recolección de rocas en propiedades privadas para no tener problemas con la ley.
- "En la medida de mis posibilidades, determinaré los límites de la propiedad en la que quiero recolectar". Para evitar la intrusión involuntaria y los daños a la propiedad, tenga cuidado con los límites de la zona en la que piensa recolectar.
- "No utilizaré armas ni materiales explosivos en las zonas de búsqueda de rocas". No se deben utilizar armas ni explosivos durante la búsqueda de rocas para proteger el medio ambiente y no hacerse daño a sí mismo ni a los demás.
- "No dañaré deliberadamente ninguna propiedad, incluidas vallas, señales y edificios". Debe respetar propiedades como vallas, señales y edificios no destruyéndolos a propósito. Hacer lo contrario podría acarrearle problemas con la ley y dañar el buen nombre de la comunidad de buscadores de rocas.
- "No haré ningún cambio en las puertas de los terrenos de recogida". Esto le recuerda que no debe cambiar ni dañar las verjas de los terrenos de recogida, ya sean privadas o públicas. Respete los deseos del propietario de seguir teniendo acceso a su propiedad.
- "Sólo encenderé fuego en las zonas autorizadas y me aseguraré de apagarlo antes de marcharme". Sólo debe encender fuego en los lugares específicamente señalizados y, antes de marcharse, debe apagarlo.
- "No tiraré ningún objeto encendido, como cerillas o cigarrillos". Debe tener cuidado y utilizar su buen juicio cuando fume o utilice cerillas. No tire nada que pueda incendiarse sin tener en cuenta los posibles riesgos.
- "Taparé cualquier agujero que haya cavado". Debe tapar cualquier agujero o lugar que haya cavado y que pueda dañar a las personas, el ganado y otros seres vivos de la zona.
- "No contaminaré pozos, arroyos u otras fuentes de agua". Debe tener cuidado con lo que hace cerca de las fuentes de agua. No debe hacer nada que pueda contaminar pozos, arroyos u otras masas de agua.

- "**Sólo cogeré lo que me haga falta**". Debe demostrar que aprecia mucho los especímenes que encuentra. Tenga cuidado de no dañar los ejemplares que encuentre y de no llevarse demasiados. Este principio muestra lo importante que es respetar y valorar el medio ambiente y los recursos naturales que nos proporciona.
- "**Valoraré y salvaguardaré los bienes naturales**". Esta promesa de proteger la riqueza de los recursos naturales debe proceder de un profundo respeto por el medio ambiente y los seres vivos que sustenta. Demostrando que conoce y sigue las normas importantes, contribuirá a promover la práctica responsable de la búsqueda de rocas y a proteger el medio ambiente para las generaciones futuras.

Estos principios son comunes a todas las comunidades de buscadores de rocas. Otros principios son los siguientes:

- Ayudaré al proyecto Rockhound H.E.L.P. (Ayude a eliminar la basura, por favor) dejando todas las zonas de recogida libres de basura, independientemente de cómo las encuentre.
- Me comprometo a seguir las instrucciones de los responsables del trabajo de campo y del resto del personal autorizado en todo momento durante la recogida de especímenes.
- Si encuentro madera fosilizada u otros materiales en terrenos gubernamentales que deban ser preservados en beneficio de las generaciones venideras y por razones científicas y educativas nacionales, lo notificaré a los dirigentes de mi sociedad o del sindicato al que pertenezco, a la Oficina de Administración de Tierras, al Servicio de Parques Nacionales o a otras autoridades competentes.
- Seguiré la "Regla de Oro", utilizaré los buenos modales al aire libre y me comportaré siempre de forma que mejore el estatus y la reputación de los buscadores de roca en todo el mundo.

Normas de uso de terrenos públicos

Las siguientes son directrices que protegen las propiedades públicas.

- El uso de vehículos a motor y todoterrenos está restringido a las rutas existentes o reconocidas. En tiempo lluvioso, evite conducir por carreteras sin asfaltar. Además del peligro de quedarse atascado, es probable que se formen extensas roderas que degradarán el estado de la carretera para otros visitantes.

- No deje rastro eliminando adecuadamente la basura (empaquétela y entiérrela de 15 a 20 centímetros bajo tierra) y utilizando lugares ya primitivos en lugar de hacer otros nuevos.
- Varios lugares populares para la búsqueda de rocas en terrenos públicos están cerca de áreas silvestres protegidas. Se trata de áreas silvestres que están siendo estudiadas. En estas áreas, el tráfico motorizado se limita a las rutas aprobadas. No se permite ningún medio de transporte motorizado o mecánico en las áreas silvestres. Las bicicletas no están exentas de esta norma.
- La tala de fauna viva o muerta no es aceptable.
- La recolección en superficie es el único tipo de búsqueda de rocas permitido. No está permitido excavar hasta que se le autorice a hacerlo.

La razón de las normas y restricciones

La principal razón por la que existen restricciones a la búsqueda de rocas es para proteger el medio ambiente, que a menudo se ve perjudicado por esta actividad. Excavar y extraer minerales puede tener efectos muy negativos en el medio ambiente. Si la búsqueda de rocas se realiza sin cuidado, puede alterar ecosistemas frágiles y poner en peligro de extinción a especies raras o en peligro de extinción.

Los lugares culturales e históricos suelen albergar tesoros culturales de valor incalculable, como petroglifos, antigüedades y casas antiguas; existen restricciones para salvaguardar estos lugares. Si va a estos lugares a buscar rocas y minerales, podría dañarlos o destruirlos accidentalmente.

Otra razón por la que existen límites y prohibiciones para la búsqueda de rocas es que utiliza recursos naturales. Algunos lugares son conocidos por tener muchos minerales y rocas valiosos, pero demasiada práctica en la búsqueda de rocas puede hacer que estos recursos se agoten.

En algunas partes de Estados Unidos, como California, Colorado y Oregón, existen normas sobre la extracción de minerales y rocas. Por ejemplo, en California, el Departamento de Conservación supervisa cómo se extraen los minerales y las rocas de las tierras públicas. En Colorado, la División de Recuperación, Minería y Seguridad garantiza el cumplimiento de las normas mineras para proteger el medio ambiente y la salud de las personas. En Oregón, el Departamento de Geología e Industrias Mineras regula la minería y la exploración minera en terrenos públicos. Esto incluye asegurarse de que se cumplen las normas sobre protección del medio ambiente, limpieza después de la minería y seguridad de la población.

Siguiendo las normas vigentes y siendo responsable cuando se practica la búsqueda de rocas, la gente puede disfrutar de esta apasionante afición al tiempo que ayuda a proteger el medio ambiente y el patrimonio cultural.

Los organismos federales encargados de la propiedad pública determinan la legalidad de recolectar rocas, minerales y fósiles en ella. La recolección de rocas, piedras preciosas y fósiles suele estar prohibida, pero existen algunos permisos de recolección con restricciones específicas.

El primer paso para determinar si está permitida la recolección de rocas es decidir en qué propiedad pública se encuentra y qué autoridad pública la controla. Investigue cada tipo de propiedad pública, las normas y reglamentos que rigen si está permitida la recolección de rocas y los límites que se aplican en caso afirmativo.

Debe obtener asistencia legal experta cuando desconozca la propiedad o cuando tenga dudas. Aunque pueda parecer mucho trabajo, averiguar qué es legal y qué no lo es antes de un viaje puede marcar una gran diferencia.

Bonificación: Haga crecer sus propios cristales

¿No es increíble que pueda hacer crecer algunos de estos hermosos y caros cristales? Hacer que crezcan cristales usted mismo puede ser mucho más fácil de lo que piensa, sobre todo si dispone en casa de elementos como la sal de Epsom, el alumbre y el azúcar. Las instrucciones paso a paso para fabricar cada cristal son tan sencillas que los niños pueden hacerlos crecer por diversión.

Puede que tenga preguntas como: ¿qué tipo de cristales se pueden crear en casa? ¿Cómo empezar el proceso? ¿Es seguro hacer crecer cristales en casa? ¿Cuánto tiempo se tarda en crecer un cristal con éxito? Las respuestas a estas preguntas y a otras más se aclararán en este capítulo.

¿Qué cristales puede cultivar en casa?

Hay muchos cristales que pueden crearse en casa. He aquí algunos de los más populares.

- **Cristales de azúcar**

    Cristales de azúcar, también conocidos como caramelos de roca. Se obtienen del azúcar de caña; puede conseguirlos en sus mercados locales.

- **Cristales de sal**

    Para crear cristales de sal, sólo necesita sal, la sal de mesa (cloruro sódico) que utiliza para cocinar. La forma de los cristales de sal es cúbica.

- **Cristales de alumbre**

  Muchas personas suelen utilizar el alumbre como condimento en sus recetas de sopa. Además de sus usos culinarios, también se emplea con frecuencia como purificador del agua. Se puede obtener fácilmente en mercados o supermercados cercanos. Para hacer crecer cristales de alumbre en su residencia, es necesario disponer de un práctico sedal.

- **Cristales de sal de Epsom**

  La sal de Epsom es una sal de sulfato de magnesio de origen natural. También se llama Epsomita, y es popular por su capacidad para aliviar los dolores musculares. Por ello, aparte de en sus mercados locales, también puede conseguir sal de Epsom en farmacias. Es el cristal más rápido de formarse en casa.

- **Cristales de bórax**

  El bórax es un agente blanqueador de la ropa. Se trata de un polvo que suele añadirse a los detergentes de lavado para blanquear la ropa. El bórax es muy fácil de conseguir. Sólo tiene que dirigirse al pasillo de detergentes de su supermercado local o pedirlo por Internet.

- **Cristales de azufre**

  El polvo de azufre utilizado para fabricarlos puede adquirirse en mercados locales y farmacias. El proceso de fabricación de los cristales de azufre es por fusión. Dado que el azufre es bastante inflamable, un adulto debe supervisar a los niños si son ellos los que hacen los cristales de azufre.

- **Cristales de plomo**

  Mucha gente confunde los cristales de plomo con el vidrio compuesto por una gran cantidad de plomo. Un vidrio con una gran cantidad de plomo se denomina vidrio de pedernal o vidrio de plomo. Mientras que el "cristal de plomo" es el que se obtiene a partir del acetato de plomo. Se sabía que Saturno era el nombre alquímico del plomo, por lo que los cristales de plomo se denominan árbol de Saturno.

- **Cristales de sulfato de cobre**

  Los cristales de sulfato de cobre son cristales azules con forma de diamante, y se obtienen a partir del sulfato de cobre. Este sulfato se utiliza originalmente en su forma anhidra como agente secante. También se utiliza como suplemento nutricional para animales, como aditivo en la fabricación de alimentos y fertilizantes, y para diversas aplicaciones industriales como la madera, la pintura, los textiles, la tinta, el cuero, las baterías e incluso el petróleo.

- **Cristales de bismuto**

   Son simples bloques grisáceos que se convierten en cristales en forma de escalera con colores iridiscentes tras fundirse. Esos bonitos colores que se ven cuando algo se funde se deben a que la luz juega con una película especial sobre los cristales que se forma cuando se enfrían. Puede conseguir bloques de bismuto en supermercados o tiendas en línea.

Métodos para hacer crecer cristales en casa

Existen diferentes métodos para hacer crecer cristales en casa, pero dependen de la solubilidad de los cristales en agua u otros disolventes, de su volatilidad y de otras propiedades. Sin embargo, los básicos son:

1. Crecimiento por fusión

El proceso de crecimiento por fusión es el método más popular de crecimiento de cristales. Funciona para casi todos los cristales y es eficaz en el crecimiento de cristales a granel. Este método en particular requiere fundir y luego solidificar la sustancia para formar cristales. La sustancia también puede convertirse en cristales dejando que el líquido se enfríe por debajo de su punto de congelación y se solidifique. Otra cosa buena de esta técnica es que la velocidad de crecimiento de los cristales es mayor que en otros métodos. Sin embargo, con esta técnica, sus cristales son propensos a la contaminación, ya sea por la atmósfera o por el recipiente que utilice.

Este método puede desglosarse a su vez en:

- **Método Bridgman**

   Se trata de hacer crecer bolas monocristalinas. Para obtener un material monocristalino a partir de su material policristalino, debe calentarlo en un recipiente hasta que se funda. A continuación, déjelo enfriar lentamente por un extremo mientras mantiene cerca un cristal semilla. A medida que lo enfríe, el material monocristalino empezará a formarse a lo largo del recipiente. Puede realizar este método tanto horizontal como verticalmente.

Algunas de las ventajas de este método son las siguientes:
- Es rentable.
- Es sencillo y fácil de implementar, y requiere una atención y un mantenimiento mínimos.
- Pueden formarse cristales en una ampolla sellada.
- Las dislocaciones se producen a partir de tensiones térmicas reducidas.

- **Método de fusión por zonas**

Cuando se utiliza la fusión por zonas, un trocito de material se funde en un trozo más grande de sólido para formar una zona líquida.

Las ventajas de esta técnica son las siguientes:
- La posibilidad de manipular la distribución de impurezas solubles a través de un sólido.
- Las impurezas suelen concentrarse en un punto. Eso facilita su eliminación.
- Puede ser útil para purificar cristales semiconductores como el galio y el silicio.

- **Skull Melting**

Si está cultivando materiales que no se funden fácilmente, entonces es una buena idea optar por este método. Por ejemplo, el circonio cúbico y otras imitaciones de diamante pueden producirse utilizando el sistema de *skull melting* por radiofrecuencia, que es un proceso de fusión supercaliente. Por esta razón, los materiales implicados deben tener puntos de fusión elevados.

- **Proceso de Vernuil**

Se espolvorea una sustancia muy limpia y suave, obtenida de la combinación de oxígeno e hidrógeno, en el extremo de un cristal especialmente elegido y de forma perfecta. Este cristal semilla debe fijarse a un mecanismo de descenso. La formación de cristales resulta de la coordinación del consumo de oxígeno e hidrógeno con la velocidad de descenso.

Lo bueno de utilizar este método es que sus cristales se salvan de la contaminación de los recipientes, ya que no hay recipientes de por medio. Con este método se pueden hacer crecer cristales únicos de zafiro y rubí, y observar su crecimiento.

- **Método Kyropoulos**

    El crecimiento de cristales mediante esta técnica es simplemente el resultado del enfriamiento de un cristal semilla. Mientras se disipa el calor, hay que controlar la temperatura del horno. Esto se hace para que la temperatura no supere el punto de fusión del material. Los cristales producidos con este método crecen en espacios de gran diámetro, lo que permite la formación de componentes ópticos como los prismas.

2. Crecimiento a partir del vapor

Se utiliza sobre todo para hacer crecer cristales grandes y recubrimientos finos. Este método también puede hacer crecer cristales de compuestos gaseosos e incluso diamantes. El proceso de crecimiento a partir de vapor se divide en dos:

- El método de transporte físico consiste en trasladar las cosas de un lugar muy caliente a un lugar frío cambiándolas de sólido a gas o de líquido a gas. La difusión o evaporación de materiales da lugar a depósitos en forma de monocristales.

- El método de transporte químico consiste en transportar materiales en forma de compuestos químicos. En este caso, el crecimiento de los cristales depende en gran medida del tipo de reacción en la zona de crecimiento.

3. Crecimiento a partir de una solución

Es el método para hacer crecer cristales a partir de soluciones acuosas. Esto ocurre cuando se calienta mucho y se sobrepresuriza. Las mezclas acuosas que forman parte de él suelen ser alcalinas. Favorece el crecimiento de materiales como la alúmina y la calcita, entre otros. Se divide en tres tipos:

- **Crecimiento en solución a alta temperatura**

    Este método de crecimiento utiliza disolventes que son eficaces a temperaturas superiores a la ambiente. Los materiales a cristalizar se disuelven en estos disolventes. A medida que la solución se sobresatura, se forman los cristales.

- **Crecimiento en solución a baja temperatura**

    Los disolventes que suelen utilizarse en esta técnica son el agua, la acetona y el alcohol etílico. Existen tres métodos bajo esta técnica, e incluyen:

    a. **Método de enfriamiento lento**

    Para esta técnica se necesitan grandes volúmenes de solución saturada, pero a una temperatura reducida, superior a la temperatura ambiente. A continuación, esta solución se vierte en un cristalizador y se sella. Ocurre cuando las cosas están muy calientes y aplastadas entre sí. Las mezclas acuosas implicadas suelen ser algo alcalinas. Los cristales empiezan a formarse después de introducir un pequeño cristal en el líquido y enfriar con agua el recipiente en el que se encuentra.

    b. **Método de evaporación del disolvente**

    Aquí se utiliza una cantidad excesiva del soluto, y esto se basa en el principio de que la velocidad de evaporación del disolvente y del soluto son diferentes. El volumen de la solución disminuye a medida que ésta pierde partículas débilmente unidas a sí misma al formarse vapor. Aunque, en muchos casos, la gente prefiere utilizar un disolvente con una presión de vapor más alta para que, cuando el disolvente se evapore, la solución se sobresature.

    c. **Método del gradiente de temperatura**

    Para que este método funcione, tendría que transferir el material implicado desde una región caliente que contenga la fuente del material a cultivar a una región más fría con una solución sobresaturada - cuanto menor sea la variación de temperatura, mayor será la tasa de crecimiento.

- **Método de crecimiento en gel**

    Todo lo que se requiere aquí es la combinación de los dos compuestos apropiados para dar lugar al cristal requerido. El cristal se forma debido a la reacción química entre los dos compuestos. El gel obtenido mediante procesos químicos como la hidrólisis se denomina gel químico (por ejemplo, la sílice), mientras que el obtenido mediante un proceso físico como el enfriamiento se denomina gel físico (por ejemplo, la arcilla y la gelatina).

Este método de cultivo de cristales es importante por las siguientes razones:
1. Un resultado de alta calidad.
2. Puede aplicarse al estudio de cómo se forman los cristales.
3. El grado de convección se reduce con este método.

De todos los métodos enumerados anteriormente, el método de la solución es el mejor para cultivar cristales en casa.

Hacer crecer sus propios cristales
Cristales de azúcar

Ingredientes:
- 2-3 tazas de azúcar
- 1 taza de agua
- Un tarro de cristal
- Un cordel, lana o algodón
- Un lápiz
- Toallas de papel
- Colorante alimentario (opcional)

Instrucciones:
1. Ponga agua a hervir en una tetera o cacerola pequeña.
2. Retire del fuego y, a continuación, añada lentamente el azúcar. Puede echar una cucharadita o una cucharada sopera cada vez.
3. Ponga suficiente azúcar en el agua hasta que el agua no pueda absorber más azúcar
4. En caso de que desee que el cristal de azúcar tenga un color determinado, puede añadir a la solución unas gotas de colorante alimentario
5. Utilizando un método de separación llamado decantación, la solución debe verterse correctamente en un frasco sin añadir azúcar sin disolver
6. Coja un lápiz y átele un cordel en el centro
7. Coloque el lápiz en el borde del tarro y asegúrese de que la cuerda está cerca del fondo del tarro, pero sin tocar los lados ni el fondo del tarro

8. Cubra la parte superior del tarro con unas toallitas de papel y guárdelo en un lugar seguro.
9. En 24 horas, los cristales empezarán a crecer en la cuerda. Puede retirarlos y secarlos al cabo de un día o esperar hasta que los cristales adquieran el tamaño que desee.

Cristales de sal

Ingredientes:
- Sal de mesa (preferiblemente sal no yodada)
- Un tarro de cristal
- 1 taza de agua hirviendo (preferiblemente agua destilada)
- Un cordel
- Un cuchillo para mantequilla o un lápiz

Instrucciones:
1. Vierta el agua hirviendo en una cacerola
2. Remueva lentamente la sal de mesa en el agua hasta que la solución se sature y la sal ya no pueda disolverse en el agua.
3. Vierta la mezcla en el recipiente con cuidado de que no queden partículas de sal en su interior.
4. A continuación, ate un trozo de cordel al centro de un cuchillo de mantequilla o de un lápiz.
5. Coloque el cuchillo en el borde exterior del tarro y deje que el hilo cuelgue libremente en la solución sin entrar en contacto con las paredes interiores o la base del tarro.
6. Una vez hecho esto, cubra el tarro con varias capas de papel de cocina
7. Al igual que el cristal de azúcar, el cristal de sal empezará a crecer en un día.

Cristales de alumbre

Ingredientes:
- 2 cucharadas de alumbre
- Aproximadamente 1/2 taza de agua caliente del grifo
- Dos tarros de cristal
- Un sedal de nailon (el sedal tiene que ser de nylon porque el alumbre no se pega al nailon)
- Un cuchillo para mantequilla o un lápiz

Instrucciones:
1. Coja uno de los tarros y llénelo con agua caliente del grifo.
2. A continuación, añada el alumbre hasta que deje de disolverse.
3. Después, deje el tarro solo en un lugar seguro durante toda la noche.
4. Al día siguiente, vierta el alumbre en el segundo tarro, asegurándose de vigilar si se han formado cristales semillas.
5. Una vez que localice un cristal de buen tamaño o bien formado, utilice un trozo de sedal de nailon para atarlo.
6. Fije el otro extremo del sedal al centro de un cuchillo de mantequilla o de un lápiz.
7. Deje que el sedal cuelgue cerca del fondo de su tarro mientras su cuchillo se apoya en el borde. Asegúrese de que el cristal queda totalmente sumergido.
8. Cubra el tarro con una toalla de papel.

Cristales de sal de Epsom

Ingredientes
- ½ taza de agua caliente del grifo
- Una taza medidora
- ½ taza de sal de Epsom
- Colorante alimentario (opcional)

Instrucciones

1. Ponga el agua caliente del grifo en la taza medidora. Debe ser aproximadamente ½ taza.
2. Añada media taza de Epsom al agua y remueva.
3. Para dar color a sus cristales, ¡sólo tiene que añadir un poco de colorante alimentario!
4. A continuación, meta la taza en el frigorífico hasta que todo se enfríe.
5. Debería ver los cristales en cuanto los saque del frigorífico.
6. Decante la solución y deje que los cristales se sequen.

Cristales de bórax

Ingredientes:
- 4 cucharadas de bórax en polvo
- Limpiapipas
- Un hilo
- Una taza de agua hirviendo
- Un lápiz o un cuchillo para mantequilla
- Un tarro de cristal

Instrucciones:

1. Reúna una gran cantidad de alambres peludos y flexibles y dóblelos en la forma que desee.
2. Sujete un cordel a cada alambre para mantenerlos seguros.
3. Fije el extremo opuesto de las cuerdas al centro de un instrumento de escritura o de un cuchillo de mesa.
4. Vierta suavemente una taza o más de agua caliente en el tarro y añada lentamente cuatro cucharadas de bórax en polvo por cada taza de agua.
5. Remueva enérgicamente el brebaje de forma continua hasta que se deposite un poco de bórax en el fondo del tarro.
6. Coloque el lápiz o el cuchillo en el borde del tarro. Deje que los limpiapipas ondulados cuelguen cerca del fondo sin hacer contacto con la base ni con los bordes del tarro.

7. Cúbralo con una toalla de papel y déjelo reposar toda la noche para que los cristales de bórax crezcan en los limpiapipas retorcidos.
8. Saque los limpiapipas y colóquelos sobre una toalla de papel nueva para que se sequen.
9. Ahora puede retirar sus cristales.

Cristales de azufre

Ingredientes:
- Azufre
- Una cacerola

Instrucciones:
1. Ponga el azufre en la cacerola y póngalo a fuego medio.
2. Derrita el azufre despacio y con cuidado para no provocar un incendio.
3. Una vez que se haya fundido por completo, retire el fuego y deje que se enfríe. A medida que el azufre se enfríe, comenzarán a formarse los cristales.

Cristales de plomo

Ingredientes:
- Acetato de plomo (unos 10 gramos)
- Una tuerca de latón
- 100 ml de agua
- Tira de zinc

Instrucciones:
1. Disuelva el acetato de plomo en 100 ml de agua para formar una solución.
2. Ponga la tira de zinc en la solución. Puede añadir u omitir la tuerca de latón porque el latón contiene zinc.
3. El acetato de plomo reaccionará con el zinc para formar cristales negros de plomo y acetato de zinc. La formación de cristales se parecerá a un árbol invertido.
4. Saque los cristales de la mezcla de modo que el sulfato de plomo forme una capa blanca o gris en sus superficies.

Cristales de sulfato de cobre

Ingredientes:
- Sulfato de cobre
- Una taza de agua hirviendo
- Un tarro de cristal
- Una cacerola
- Un cuchillo para mantequilla
- Plato pequeño

Instrucciones:
1. Mezcle el sulfato de cobre en el agua removiendo lentamente hasta que el agua ya no pueda disolverlo.
2. A continuación, vierta una pequeña cantidad de la mezcla en un plato y guarde el resto para utilizarlo más tarde.
3. Cuando la mezcla de la placa empiece a evaporarse, quedarán pequeños cristales semilla.
4. Para recuperar los mejores cristales, utilice un cuchillo de mantequilla para rasparlos del plato e incorpórelos a la mezcla guardada en un tarro.
5. Asegúrese de que los cristales no se tocan entre sí en el tarro.
6. Guarde el tarro en un lugar seguro, dejando que los cristales crezcan hasta alcanzar el tamaño deseado.
7. Cuando esté listo, utilice un cuchillo de mantequilla para sacar los cristales del tarro y, a continuación, guárdelos en un recipiente hermético o en una bolsa de plástico hasta que adquieran un color gris verdoso tras la evaporación.

Nota: No utilice las manos desnudas para tocar los cristales o la solución.

Cristales de bismuto

Ingredientes:
- Bismuto
- Un tenedor
- 2 cacerolas (preferiblemente de acero inoxidable)

Instrucciones:

1. Ponga el bismuto en una de las cacerolas y caliéntelo hasta que esté líquido.
2. Una vez derretido, verá una película gris encima que impide que se convierta en cristales.
3. Utilice un tenedor para retirar suavemente esta capa gris.
4. Caliente la otra sartén y transfiera a ella el bismuto derretido.
5. A continuación, enfríe lentamente la olla para favorecer la formación de cristales.
6. Este proceso debería durar poco tiempo, aproximadamente 30 segundos.
7. Tire cualquier bismuto líquido que aparezca tan pronto como empiece a formarse.
8. Cuando se haya enfriado del todo, retire los cristales.

Nota: Las cacerolas utilizadas para calentar el bismuto no deben volver a utilizarse para cocinar porque es un metal pesado y bastante tóxico.

Algunos datos curiosos sobre los cristales

- Los cristales que fabrica en casa pueden ser un gran regalo
- Con cristales como el bismuto se pueden hacer hermosas joyas.
- Pueden utilizarse para decorar árboles.

El crecimiento de los cristales depende de la naturaleza del material del que nacerán los cristales, de la temperatura, de la solubilidad y de lo preparado que esté usted para fabricar los cristales y seguir debidamente las instrucciones. Hacer crecer cristales puede ser un reto, pero como muchos otros experimentos, es una actividad divertida para usted y sus hijos. Fabricar sus propios cristales es una forma estupenda de conseguirlos sin tener que recurrir a la búsqueda de rocas. Debería probar cualquiera de los métodos anteriores en su tiempo libre y comprobar por sí mismo lo divertido y gratificante que puede ser.

Conclusión

¡Adopte el coleccionismo de rocas como el pasatiempo agradable que realmente es! Aunque al principio pueda parecer desalentador, puede empezar fácilmente con unas pocas herramientas básicas siguiendo las orientaciones de este libro. Asegúrese de aprovechar todos los recursos disponibles, incluidas las opiniones de expertos y los consejos de coleccionistas de rocas experimentados.

A medida que se embarque en más aventuras y acumule una variada colección de rocas y minerales, se sentirá más seguro con las herramientas y técnicas utilizadas en la afición. Además, mejorará su capacidad para identificar una amplia gama de rocas y minerales preciosos.

La búsqueda de rocas ofrece algo más que el placer de admirar bellos ejemplares; es una puerta de entrada al aprendizaje de la geología, la geografía, la historia y otras disciplinas relacionadas con la ciencia. Cada roca o mineral tiene una historia única sobre sus orígenes y formación, lo que le permitirá comprender mejor el mundo que le rodea mientras descubre estos tesoros naturales.

Es esencial recoger rocas de forma responsable, asegurándose de que se encuentra en una zona legal y cuidando el medio ambiente. Absténgase de recoger rocas o minerales en zonas protegidas, como parques nacionales o estatales.

A medida que amplíe sus conocimientos y experiencia en la búsqueda de rocas, considere la posibilidad de unirse a un grupo o asistir a exposiciones de rocas y minerales. Estos eventos proporcionan una excelente oportunidad para conectar con compañeros coleccionistas y profundizar en su conocimiento de la afición.

Normalmente, estos eventos de corta duración tienen un precio de entrada razonable y exhiben una amplia variedad de especímenes extraordinarios. Aunque los vendedores son el objetivo principal, también encontrará demostraciones, exhibiciones y exposiciones. Incluso puede tener la oportunidad de intercambiar o comprar especímenes para hacer crecer su colección.

Las tiendas que venden piedras preciosas, rocas y minerales son buenos lugares para conocer gente que comparte sus intereses y ver buenos ejemplos de las cosas sobre las que ha estado aprendiendo. Las personas que trabajan allí podrían conocer buenos clubes y lugares a los que ir para encontrar rocas en la zona. Las tiendas turísticas pueden tener algunas rocas de la zona, pero puede que no tengan empleados que sepan tanto como la gente que trabaja en las tiendas especializadas.

La búsqueda de rocas es una actividad agradable para personas de todas las edades, que ofrece infinitas oportunidades de descubrimiento, tanto si es usted un adolescente que comienza su andadura como un adulto en busca de una nueva afición.

Tenga en cuenta que encontrar ejemplares con calidad de museo es poco frecuente. Con un poco de suerte, descubrirá piezas perfectas para su colección personal. Descubrir esos especímenes requiere dedicación y esfuerzo, e incluso los expertos avezados se quedan de vez en cuando con las manos vacías. La clave está en aventurarse y ¡disfrutar de la experiencia!

Segunda Parte: Rocas, gemas y minerales

Lo que necesita saber sobre cristales, piedras preciosas, ágatas y otras rocas

Introducción

¿Le apasionan las rocas y las gemas? ¿Quiere crear una colección o convertir su interés en un negocio? Esta guía abarca todos estos temas y muchos más.

Las rocas, las gemas y los minerales pueden parecer objetos mundanos para algunos, pero contienen una gran cantidad de conocimientos sobre nuestro planeta. Si observamos de cerca estas maravillas terrestres, descubriremos hechos increíbles. Por ejemplo, muchos tipos de piedras preciosas se forman bajo presiones y temperaturas extremas, tan intensas que nuestros cuerpos no podrían sobrevivir a ellas. Existen en una vertiginosa variedad de colores y formas, cada una con composición única. Descubrir más cosas sobre las rocas, las gemas y los minerales puede ser una apasionante ventana al mundo natural que nos rodea. ¡Es una oportunidad de exploración que sin duda le encantará!

Las rocas tienen el poder de transportarnos a través del tiempo, hasta millones de años atrás. Aunque sean inanimadas, cuentan historias que abarcan múltiples épocas. Estas historias geológicas pueden ayudarnos a comprender mejor la historia de nuestro planeta y sus condiciones actuales. En el otro extremo del espectro geológico se encuentran las gemas y los minerales. Mientras que las gemas son apreciadas por su hermoso brillo (y lo que se considera una belleza poco común), los minerales son más valorados por su uso práctico en proyectos de construcción. Desde muros hasta carreteras, los minerales constituyen los elementos básicos que permiten la existencia de estructuras más grandes. Es increíble cómo una simple roca puede contar una historia que abarca milenios, ofrece una belleza incondicional y, al mismo tiempo, puede utilizarse en obras de ingeniería cruciales.

Conocer estas maravillas de la naturaleza nos ayuda a conectar con los orígenes de la Tierra y a apreciarlas en nuestra vida cotidiana. Esta guía explorará cada tipo de roca y mineral, enseñándole sus características individuales y ayudándole a identificarlos. Esta guía le mostrará cómo utilizarlos de diversas formas, desde la creación de joyas hasta la recolección de especímenes. Desde menas hasta cristales, esta guía le proporcionará los conocimientos esenciales que necesita para sacar el máximo partido a sus rocas y gemas.

Esta completa guía le llevará de viaje por el fascinante mundo de las rocas, las gemas y los minerales. Al final, dispondrá de las herramientas necesarias para convertirse en un experto en rocas y minerales como nunca. Su diseño sencillo y fácil de entender lo convierte en un gran recurso tanto para los aficionados principiantes como para los experimentados. ¡Siga leyendo y descubra lo que estos fantásticos objetos pueden enseñarle!

Capítulo 1: Conceptos básicos sobre rocas, gemas, cristales y minerales

¿Sabe de qué se compone la corteza terrestre? Cuando observamos un paisaje o los escalones que nos conducen a la puerta de casa, vemos rocas. Cuando admiramos un diamante o un ópalo, vemos piedras preciosas. Y cuando sostenemos un cristal de cuarzo rosa o un trozo de pirita, vemos minerales. Las rocas, las gemas y los minerales tienen características que los diferencian.

Este capítulo explora las definiciones científicas de rocas, gemas y minerales. Se hablará de cómo se forman y se descubrirán los distintos tipos de cada uno de ellos. ¡También se comparten algunos datos curiosos sobre ellos que quizá no haya oído nunca!

Rocas

Las rocas son objetos geológicos fascinantes que nos ayudan a comprender nuestro entorno. Las hay de todas las formas y tamaños, desde piedrecitas diminutas hasta rocas gigantescas, y cada una de ellas ofrece una mejor visión del mundo de la ciencia. Las rocas se componen de minerales o trozos de rocas ya existentes y se crean de forma natural mediante procesos geológicos. Las rocas se forman cuando los sedimentos son comprimidos y calentados por fuerzas tectónicas, lo que les permite adoptar características específicas en función de su entorno. Las rocas desempeñan un papel fundamental en la comprensión del universo que nos rodea.

El estudio de las rocas nos permite conocer muchos misterios de nuestro planeta y cómo se formó a lo largo de los siglos"

Formaciones rocosas

Nada mejor que una gran aventura al aire libre para apreciar la increíble belleza de las formaciones rocosas. No sólo hipnotizan por su tamaño, sino que muchas zonas tienen diferentes tipos de formaciones rocosas que ostentan deslumbrantes colores, procedentes de minerales triturados e incluso fósiles de otras formas de vida. Explorar esos pequeños detalles puede ser especialmente gratificante cuando se combina con espectaculares vistas compuestas por antiguas montañas erosionadas a lo largo del tiempo. La sobrecogedora grandeza de algunas formaciones rocosas poco comunes puede convertirse en una experiencia inolvidable.

Tipos de rocas

Desde el Gran Cañón hasta el Everest, pasando por las carreteras por las que conducimos, las rocas son los cimientos de la Tierra. La corteza terrestre está formada por millones de tipos diferentes de rocas, pero ¿sabía que sólo hay tres tipos? Estos tres tipos tienen características específicas y se forman mediante procesos diferentes.

1. Rocas ígneas

Las rocas ígneas son las más comunes de la superficie terrestre. Estas rocas se forman cuando el material rocoso fundido, el magma, se enfría y solidifica. Dependiendo de dónde se formen, las rocas ígneas pueden clasificarse como extrusivas o intrusivas.

Cuando el magma se enfría y endurece gradualmente *bajo la superficie terrestre*, se crean rocas ígneas intrusivas. En cambio, las rocas ígneas extrusivas se forman *en la superficie terrestre* cuando el magma se solidifica y enfría rápidamente. Algunos ejemplos de rocas ígneas son el basalto, el granito y la piedra pómez.

2. Rocas sedimentarias

Las rocas sedimentarias se forman cuando la meteorización y la erosión descomponen las rocas en pequeños fragmentos que son transportados a un nuevo lugar por el agua o el viento. Estos trozos (denominados sedimentos), se depositan y compactan en el nuevo lugar. La roca sedimentaria es el producto final. Las rocas sedimentarias clásticas, químicas y orgánicas pueden dividirse a su vez en categorías. La acumulación de granos y trozos de roca da lugar a las rocas clásticas. El esquisto y la arenisca son dos ejemplos. Las rocas químicas se forman por la precipitación de minerales a partir del agua. Un ejemplo es la caliza. Las rocas orgánicas, como el carbón y los fósiles, están compuestas por restos de plantas y animales.

3. Rocas metamórficas

Las rocas metamórficas se forman cuando las rocas existentes se transforman por efecto de un calor y una presión inmensos. Suelen encontrarse en procesos de formación de montañas, donde las placas tectónicas chocan y generan altas temperaturas y presiones. Las rocas metamórficas foliadas y no foliadas pueden distinguirse en función de la roca de origen. Debido a la disposición de los minerales bajo una intensa presión, las rocas metamórficas foliadas aparecen en capas o bandas. La pizarra y el gneis son dos ejemplos. La superficie de las rocas metamórficas no foliadas es uniforme y rugosa. La cuarcita y el mármol son dos ejemplos.

Todas las rocas de la Tierra se clasifican en ígneas, sedimentarias o metamórficas. El tipo de roca y sus características revelan información valiosa sobre su historia y los procesos que ocurrieron para crearla. Comprender las propiedades de cada tipo de roca es esencial en geología, minería y conservación del medio ambiente. Así que, la próxima vez que se encuentre con rocas paseando, recuerde que estas pequeñas entidades son algo más que simples guijarros. Son una pieza fundamental de la historia de la Tierra.

Curiosidades sobre las rocas

Las rocas son uno de los temas más fascinantes que todo el mundo puede apreciar. Aunque no parezcan gran cosa, poseen una serie de datos interesantes que la gente puede desconocer. Desde las piedras preciosas hasta la grava común, las rocas desempeñan un papel esencial en nuestra vida cotidiana. He aquí algunos datos interesantes sobre las rocas que seguramente despertarán su curiosidad.

- La Luna está formada por rocas llamadas rocas lunares, y los científicos llevan estudiándolas desde 1969, cuando el Apolo 11 aterrizó en la Luna.
- ¿Sabía que la roca más grande del mundo está en Australia? Se llama Uluru, también conocida como Ayers Rock. Esta roca de arenisca mide casi 348 metros de altura y 9,4 kilómetros de circunferencia.
- ¿Sabía que algunas rocas pueden flotar? La piedra pómez es un tipo de roca volcánica llena de burbujas de gas. Esta estructura única la hace lo suficientemente ligera como para flotar en el agua.
- ¿Sabía lo antiguas que pueden ser las rocas? Algunas rocas, como el granito, pueden tener hasta 3.000 millones de años. Algunas de las rocas que ve en su jardín podrían haberse formado en los primeros días de la historia de la Tierra.
- ¿Sabía que existe un tipo especial de roca llamada tectita? Las tectitas se forman cuando los meteoritos impactan contra la superficie de la Tierra y funden las rocas que la rodean. Estas rocas fundidas son expulsadas a la atmósfera y acaban cayendo a la Tierra en forma de tectitas.
- Las rocas encierran una valiosa historia del pasado de la Tierra, y el estudio de su composición puede proporcionar pistas esenciales sobre actividades geológicas pasadas. Es como una cápsula del tiempo con secretos sobre el medio ambiente, las condiciones y los organismos que habitaron la Tierra.

Gemas

Al ser humano siempre le han fascinado los objetos brillantes y raros que pueden lucirse como joyas. Y no hay objeto más precioso que una piedra preciosa. Las gemas son algo más que simples objetos de belleza. Son minerales que se forman en las profundidades de la Tierra y tardan millones de años en desarrollarse. Los misterios de su viaje desde la corteza terrestre hasta nuestros joyeros son encantadores. Profundicemos en el mundo de las piedras preciosas para satisfacer su curiosidad.

Definición

En su forma más simple, las gemas son rocas valoradas por su rareza, belleza y durabilidad. Se forman en las profundidades del manto terrestre, bajo una presión y un calor extremos. Las actividades geológicas, como las erupciones volcánicas y los terremotos, hacen que las gemas salgan a la superficie terrestre, donde son descubiertas por el hombre. Aunque los diamantes son la piedra preciosa más codiciada, existen muchas otras gemas preciosas y semipreciosas, como rubíes, esmeraldas, zafiros, topacios, etc.

Cómo se forman

Las gemas pueden formarse de varias maneras, dependiendo de los minerales sometidos a calor e intensa presión bajo el manto terrestre. Por ejemplo, los diamantes se forman cuando el carbono se somete a una presión y temperatura extremas, lo que suele ocurrir en las profundidades de la Tierra, hasta 150 o 200 km de profundidad. Alternativamente, algunas gemas también pueden formarse a través de procesos geológicos como la actividad volcánica, la erosión o la minería. Estos procesos pueden durar millones de años, por lo que las gemas se consideran raras y valiosas.

Fijar el valor

Aparte de su formación, la belleza de las piedras preciosas también depende de su color, talla y claridad. Al formarse a alta presión, los distintos minerales provocan variaciones de color, lo que se conoce como "croma". Algunas gemas requieren un tratamiento especializado para realzar su color natural y transparencia, mientras que otras pueden utilizarse en bruto. La talla de una gema se refiere a las proporciones y simetría de las facetas o superficies planas. Mediante el tallado, las gemas adquieren diferentes formas, como redonda, ovalada o princesa, multiplicando a su vez su valor.

Las piedras preciosas son fáciles de comprar y su valor depende en gran medida de las "cuatro C": quilate, talla, color y claridad. El quilate se refiere al peso de la piedra, mientras que el color es un aspecto importante de las gemas de mayor precio. La claridad es la ausencia de inclusiones, las imperfecciones naturales, y la talla se refiere al número, la posición y los ángulos de las facetas.

Tipos de gemas

Las gemas siempre han tenido tanto encanto como el misterio de su origen. Han servido a la humanidad como signo de lujo y prosperidad desde tiempos inmemoriales. Veamos en profundidad los distintos tipos de piedras preciosas:

1. Piedras preciosas

El término "precioso" indica escasez, alta calidad y coste. Las cuatro piedras preciosas son los diamantes, los rubíes, las esmeraldas y los zafiros. El diamante es la personificación de todas las piedras preciosas. Es el mineral más duro de la Tierra, tiene un aspecto impresionante en su forma incolora y su brillo aumenta si se colorea. El rubí es la emblemática piedra roja que significa amor, valor y protección. La esmeralda es una gema verde que simboliza la belleza, la elegancia y el renacimiento. El zafiro es una gema azul que representa la sinceridad, la lealtad y la paz. Las piedras preciosas se han utilizado en joyas reales y anillos de compromiso durante siglos debido a su rareza y durabilidad.

2. Piedras semipreciosas

El término "semipreciosas" indica abundancia, menor coste y menor dureza. Las piedras semipreciosas abarcan una amplia gama de especímenes minerales. Algunos ejemplos populares son la amatista, el granate, el peridoto, el topacio y la turquesa. La amatista es una gema púrpura que representa la sabiduría, la paz y la intuición. El granate es una gema roja que simboliza la protección, la fuerza y la confianza. El peridoto es una gema verde que significa curación, equilibrio y crecimiento. El topacio es una gema amarilla que representa la buena fortuna, el éxito y la creatividad. La turquesa es una gema azul verdosa que simboliza la amistad, la comunicación y la protección. Las piedras semipreciosas son una opción asequible para la joyería diaria y ofrecen una variada selección de colores y diseños.

Principales diferencias

Las principales diferencias entre piedras preciosas y semipreciosas son su coste, dureza, rareza y simbolismo. Las piedras preciosas son más caras que las semipreciosas debido a su escasez, calidad y origen. Las piedras semipreciosas son más baratas, pero siguen ofreciendo una vibrante gama de colores y formas. Las piedras preciosas tienen una puntuación más alta en la escala de dureza de Mohs, es decir, que son más resistentes a arañazos y daños. Las piedras semipreciosas son más blandas y requieren más precauciones para mantener su brillo con el paso del tiempo. Las piedras preciosas son más raras y tienen un significado más importante en el mundo de la joyería por su tradición y valor. Las piedras semipreciosas tienen una mayor diversidad cultural y ofrecen una gama más amplia de posibles símbolos y propósitos.

Curiosidades sobre las gemas

No se puede negar que las gemas son algo más que joyas. Son tesoros naturales con historias extraordinarias que contar. Desde su formación hasta su viaje a nuestros joyeros, las piedras preciosas tienen un recorrido asombroso que las hace extremadamente valiosas. He aquí algunos datos interesantes sobre las piedras preciosas:

- ¿Sabía que en la Tierra existen más de 4.000 especies minerales diferentes?
- El ópalo es la única piedra preciosa que muestra simultáneamente todos los colores del arco iris.
- Se calcula que el diamante más antiguo del mundo tiene 3.200 millones de años.
- Los rubíes son una de las pocas gemas que pueden encontrarse del mismo color que tenían cuando se extrajeron por primera vez.
- Las esmeraldas son las piedras preciosas más raras, ¡y algunas pueden costar cientos de miles de dólares!
- A las amatistas se les atribuyen cualidades curativas y espirituales.

La rareza, belleza y durabilidad de las gemas las convierten en un símbolo perfecto de amor y amistad y en una colección ideal para pasar a la siguiente generación. No subestime el encanto de las piedras preciosas y su capacidad para transformar su atuendo y su estado de ánimo. Como dice el refrán, "los diamantes son para siempre", al igual que la belleza perdurable de todas las demás gemas. Así que elija la gema que más le guste y consérvela para toda la vida.

Minerales

En cuanto a recursos naturales, los minerales siempre han sido un fascinante objeto de estudio. Venerados por su belleza, su valor y sus aplicaciones industriales, los minerales se encuentran en todos los continentes y en todos los océanos. En esta sección nos adentraremos en el mundo de los minerales, definiendo qué son, sus propiedades y cómo se forman. Tanto si es coleccionista, estudiante o simplemente siente curiosidad por el tema, esta información enriquecerá su comprensión de la belleza y complejidad de los minerales.

Los minerales se encuentran de forma natural en nuestro mundo y tienen una estructura cristalina con una composición química definida. Una sustancia debe formarse de forma natural sin intervención humana y tener una estructura cristalina única para ser considerada un mineral. Algunos de los minerales más comunes son el cuarzo, el feldespato, la calcita y el olivino. Cada mineral es único y puede distinguirse por su estructura, color, dureza y otros factores.

Propiedades de los minerales

Los minerales tienen una serie de propiedades físicas que los distinguen unos de otros. Entre ellas se encuentran el brillo, el clivaje y la dureza.

- **Brillo:** forma en que los minerales reflejan la luz.
- **Dureza:** resistencia de un mineral al rayado.
- **Clivaje:** la forma en que un mineral se divide a lo largo de planos limpios.

Estas propiedades pueden utilizarse para identificar un mineral, junto con su color y otras características. Algunos minerales, como los diamantes, son conocidos por su extrema dureza, mientras que otros, como el azufre, son apreciados por sus vivos colores.

Formaciones minerales

Los minerales se forman de diversas maneras, a menudo por el lento enfriamiento y cristalización del magma o del depósito mineral que queda de las masas de agua en evaporación. En algunos casos, los minerales crecen durante largos periodos en cavidades rocosas, formando estructuras cristalinas únicas e intrincadas. Otros minerales, como el oro y la plata, se forman en las profundidades de la Tierra y se extraen por su valor. Algunos minerales pueden formarse incluso a través de procesos biológicos, como la formación de conchas y huesos. Comprender las distintas formas en que se forman los minerales puede ayudarnos a entender la historia y la geología de la Tierra.

Tipos de minerales

Los geólogos clasifican los minerales como compuestos inorgánicos naturales con una composición química y una estructura cristalina particulares. Estas rocas y minerales son vitales en diversas facetas de nuestra vida cotidiana, como la tecnología, la agricultura, la construcción y la medicina. Veamos más de cerca los distintos tipos de minerales y sus usos y descubramos su papel en nuestras actividades cotidianas.

1. Elementos autóctonos

Los elementos nativos son minerales compuestos por un solo elemento. Son relativamente raros, pero algunos de ellos, como el oro (Au), el cobre (Cu) y la plata (Ag), son muy codiciados por su belleza y valor. El oro, por ejemplo, se ha utilizado durante milenios como moneda, joyería e incluso empastes dentales. Por otro lado, el cobre es fundamental para conducir la electricidad y se utiliza en diversos dispositivos electrónicos como smartphones y ordenadores portátiles.

2. Silicatos

El mayor grupo de minerales son los silicatos, que constituyen casi el 90% de la corteza terrestre. Este grupo incluye el feldespato, la mica, el cuarzo y la arcilla. Los silicatos son útiles en la producción de cerámica, materiales de construcción y componentes electrónicos. Por ejemplo, el cuarzo es un componente esencial de relojes y componentes electrónicos. El equilibrio adecuado del cuarzo garantiza que mantengan la hora exacta.

3. Óxidos e hidróxidos

Los óxidos y los hidróxidos contienen átomos de oxígeno e hidrógeno, pero diferente número de cationes. La hematites es uno de los óxidos más comunes y se utiliza en pigmentos, joyería y en la producción de hierro. La bauxita, otro óxido, se utiliza en la producción de aluminio. Los hidróxidos, por su parte, son componentes importantes de la química del suelo y se utilizan en las plantas de tratamiento de aguas residuales.

4. Sulfatos y carbonatos

Los sulfatos y los carbonatos son minerales que desempeñan un papel importante en la construcción, la agricultura y la medicina. Los sulfatos son componentes del yeso y se utilizan en la producción de paneles de yeso, cemento y fertilizantes. Los carbonatos incluyen minerales como la calcita, la dolomita y el aragonito, componentes esenciales de la piedra caliza y el mármol. Se utilizan en la producción de cemento y otros materiales de construcción.

5. Haluros

Los haluros son minerales que contienen átomos halógenos, como cloro, flúor, bromo o yodo. La fluorita, por ejemplo, se utiliza para producir ácido fluorhídrico, que se emplea en la industria de los semiconductores. Los haluros también se utilizan como sal en diversos productos alimenticios, mientras que el yodo se emplea en la producción de agentes de contraste para rayos X y sal yodada.

Estos cinco grandes grupos de minerales son sólo algunos de los muchos tipos que se encuentran en la corteza terrestre. Las propiedades y características únicas de cada tipo los hacen muy valiosos en diversas industrias y aplicaciones. A medida que avanza la ciencia, seguro que descubrimos más usos para las rocas y los minerales.

Curiosidades sobre los minerales

Aunque parezca que los minerales son solo rocas y piedras, tienen propiedades que los hacen fascinantes. He aquí algunos datos interesantes sobre los minerales:

- El mineral más antiguo que se conoce es el circón, descubierto en rocas de hace más de 4.000 millones de años.
- El diamante es el mineral más duro, con una dureza de 10 en la escala de Mohs.
- Algunos minerales son fluorescentes, lo que significa que brillan cuando se exponen a ciertos tipos de luz.
- La aguamarina, la piedra de nacimiento oficial de marzo, es una variedad azul verdosa del berilo.
- "Mineral" proviene del latín y significa "conducir", en referencia a la idea de que los minerales podían fundirse y moldearse para darles forma.

- Algunos minerales, como el ópalo, contienen agua atrapada en su estructura.
- La calcita es el mineral sedimentario más común y se forma por la precipitación de carbonato cálcico a partir del agua.
- El cristal más grande jamás encontrado fue una selenita gigante que pesaba 55 toneladas y medía ¡11 metros de largo!

Explorar el mundo de los minerales puede ser una experiencia fascinante y enriquecedora. Desde su definición hasta sus propiedades y formaciones únicas, los minerales ofrecen una visión del mundo natural y de la complejidad de la Tierra. Tanto si es un coleccionista apasionado como si simplemente le interesa saber más, comprender el mundo de los minerales puede ayudarnos a apreciar el mundo natural de formas nuevas y apasionantes.

Las rocas, las gemas y los minerales forman parte de la composición de la Tierra y son materiales esenciales para nuestra vida cotidiana. Las rocas son agregados de minerales que se forman cuando éstos se enfrían y solidifican. Las gemas son minerales tallados y pulidos para crear hermosas piezas de joyería. Al conocer los distintos tipos que existen en la naturaleza, podemos apreciar su papel integral en nuestra vida cotidiana. Estas maravillas naturales siguen siendo esenciales para el mundo moderno, desde simples materiales de construcción hasta gemas preciosas.

Capítulo 2: Rocas ígneas

¿Alguna vez le ha sorprendido la belleza natural que le rodea? Desde impresionantes paisajes a intrigantes formaciones rocosas, el mundo natural tiene su manera de dejarnos asombrados. Las rocas ígneas son un aspecto fascinante del mundo natural que contienen valiosa información sobre la historia de la Tierra. Desde el granito, de enfriamiento lento, hasta la obsidiana, de enfriamiento rápido, cada roca ígnea tiene una historia particular que contar. La importancia de las rocas ígneas radica en el lugar que ocupan en la geología.

En este capítulo se estudiará la naturaleza de las rocas ígneas, su proceso de formación y cómo identificarlas. En primer lugar, se examinarán las cuatro categorías de rocas ígneas (félsicas, intermedias, máficas y ultramáficas) y se ofrecerán ejemplos de cada tipo. Por último, se comentarán algunos consejos para identificar estos tipos de rocas en su entorno natural. Al final, las entenderá mejor y comprenderá su importancia en geología.

Introducción a las rocas ígneas

Uno de los espectáculos más sobrecogedores de la naturaleza es la erupción de un volcán. Las erupciones de lava, las explosiones piroclásticas y las llamaradas de roca fundida son un espectáculo digno de contemplar. Pero ¿se ha preguntado alguna vez qué ocurre con todo ese magma una vez que se ha enfriado y endurecido? La respuesta son las rocas ígneas. El mundo de las rocas ígneas es fascinante, desde su formación hasta sus diferentes tipos y características únicas.

¿Qué son las rocas ígneas?

Las rocas ígneas se forman a partir de magma solidificado o lava que se ha enfriado y cristalizado. La palabra ígneo procede del latín *ignis*, que significa fuego. Estas rocas se forman bajo tierra o sobre la superficie terrestre durante la actividad volcánica. Las rocas ígneas se encuentran entre los tipos de rocas más comunes del planeta y pueden hallarse en diversos lugares, desde islas volcánicas a cordilleras e incluso en las profundidades del océano.

¿Cómo se forman las rocas ígneas?

Como ya se ha mencionado, las rocas ígneas se forman por solidificación de material rocoso fundido, ya sea por encima o por debajo de la superficie terrestre. Entre las rocas ígneas intrusivas o plutónicas se encuentra el granito, mientras que un ejemplo de rocas ígneas extrusivas o volcánicas es el basalto. Las erupciones volcánicas también pueden provocar flujos piroclásticos, formando tobas, cenizas y otras rocas ígneas.

Tipos de rocas ígneas

Las rocas ígneas pueden clasificarse en dos grandes categorías: intrusivas y extrusivas. Las rocas ígneas extrusivas tienen una textura de grano fino debido a su rápido enfriamiento y a la ausencia de cristales visibles, como la obsidiana o el basalto. Las rocas ígneas intrusivas se caracterizan por la presencia de cristales visibles en su superficie y tienen una textura de grano grueso, como el granito o la diorita.

Las rocas ígneas también pueden clasificarse en función de su composición mineral. Las rocas máficas (o basálticas) tienen un alto contenido en hierro y magnesio y son de color oscuro. Por otro lado, las rocas félsicas (o graníticas) tienen un alto contenido en silicio y aluminio y suelen ser de color más claro. Las rocas intermedias tienen una composición mineral intermedia entre las rocas máficas y las félsicas. Estas rocas son formaciones naturales fascinantes y de gran belleza. Sus características únicas y su proceso de formación las hacen esenciales para comprender la geología de la Tierra. La próxima vez que se encuentre con un afloramiento rocoso o un paisaje volcánico, podrá identificar el tipo de formación rocosa y apreciar la belleza y la maravilla de las rocas ígneas.

Rocas félsicas

Cuando se trata de comprender la corteza terrestre, las rocas son un componente crucial que nos dice mucho sobre la historia geológica de nuestro planeta. La corteza terrestre está formada por diferentes tipos de rocas, entre ellas las rocas ígneas. Las rocas félsicas son una de estas fascinantes rocas ígneas con composiciones y características muy particulares. El término félsico proviene de dos de sus componentes primarios: feldespato y sílice.

Ejemplos de rocas félsicas

Las rocas félsicas son de color claro y ricas en silicio, aluminio, potasio, calcio, sodio y oxígeno. Algunos de los tipos más comunes de rocas félsicas son el granito, la riolita y la piedra pómez. El granito es una roca de grano grueso y el tipo más frecuente de roca félsica. Por otro lado, la riolita es una roca volcánica de grano fino, rica en silicio, lo que la hace resistente a la intemperie. La piedra pómez es un tipo de roca volcánica que flota en el agua, y se presenta en diferentes formas, incluido el vidrio volcánico con burbujas.

El granito es un ejemplo de roca félsica popular[63]

Características de las rocas félsicas

Una de las características fundamentales de las rocas félsicas es su composición, que consiste en altos niveles de sílice y óxidos de metales alcalinos como el potasio y el sodio. Estos minerales confieren a las rocas félsicas su color claro y su resistencia a la meteorización. Las rocas félsicas también tienen una viscosidad mayor que las rocas máficas, lo que implica que se resisten a fluir tan rápidamente como éstas. Además, las rocas félsicas suelen tener cristales visibles, lo que les da un aspecto distintivo. Este tipo de roca también se asocia a erupciones volcánicas explosivas.

Consejos para encontrar rocas félsicas

Si busca rocas félsicas, uno de los mejores lugares para empezar es en las cadenas montañosas, sobre todo en regiones con mucha actividad volcánica. Otra forma de encontrar rocas félsicas es buscar rocas expuestas con cristales visibles. El granito, por ejemplo, es un lugar excelente para encontrar rocas félsicas, ya que los cristales visibles pueden apreciarse a simple vista. Por último, puede buscar zonas del paisaje con rocas de distintos colores, en particular las de tonos rojos o rosados.

Usos de las rocas félsicas

Las rocas félsicas, o rocas ígneas ricas en los elementos feldespato y cuarzo, son creaciones fascinantes del mundo natural y tienen muchos usos. Desde tejas hasta aplicaciones en energía geotérmica, estas rocas versátiles han sido una bendición para la humanidad y la industria. Las rocas félsicas también pueden actuar como acuíferos para el almacenamiento de agua, y sus formaciones suelen incluir minerales valiosos como el cuarzo y el oro. Incluso se han utilizado para rellenar los lechos de lagos y océanos para la recuperación de tierras. Las rocas félsicas también pueden verse en algunos de los paisajes más impresionantes de la Tierra. Desde las imponentes nubes de ceniza de los volcanes hasta las resplandecientes coladas de lava que cubren las laderas de las montañas, constituyen una de las obras de arte más bellas de la naturaleza.

Estas rocas son un componente fascinante de la corteza terrestre. Su composición y características las distinguen fácilmente de otros tipos de rocas ígneas. Desde sus ricos colores hasta su composición mineral única, las rocas félsicas son un tema fascinante tanto para los geólogos como para los aficionados a las rocas. Estas rocas se formaron por magma rico en sílice, lo que les confiere una textura y un aspecto característicos. Si se observan con atención, se pueden ver algunos minerales de feldespato o cuarzo incrustados en la roca. Las rocas félsicas son un testimonio de la intrincada y compleja naturaleza de la geología de nuestro planeta, un recordatorio de las fascinantes fuerzas que siguen dando forma a nuestro mundo actual.

Rocas intermedias

¿Le apasiona coleccionar rocas y quiere llevar su afición al siguiente nivel? Las rocas intermedias pueden ser un nuevo y fascinante reto para usted. Estas rocas son más complejas que las básicas, pero menos intensas que las de nivel avanzado. Las rocas intermedias ofrecen una variedad de colores y patrones únicos que le mantendrán ocupado durante horas. En esta sección hablaremos de las características y ejemplos de rocas intermedias y le daremos algunos consejos para encontrarlas.

Ejemplos de rocas intermedias

Las rocas intermedias se clasifican principalmente en función de su composición química. Estas rocas tienen un contenido en sílice que oscila entre el 52% y el 66%. Algunos ejemplos populares de rocas intermedias son la andesita, la diorita y la traquita.

La andesita es un ejemplo de roca intermedia [56]

- **Las rocas andesíticas** tienen un tono de color gris medio y suelen identificarse por su estructura de grano fino. A menudo se encuentran depósitos minerales negros, blancos o marrones en las rocas andesíticas.
- **La diorita** es una roca de grano grueso con aspecto de sal y pimienta que procede de la mezcla de minerales oscuros y claros. En este tipo de roca se encuentran minerales de mica y anfíboles.
- **Las rocas traquíticas** suelen identificarse por su color gris apagado y su estructura de grano fino. Estas rocas se componen de feldespato alcalino, feldespato plagioclasa y pequeñas cantidades de biotita, hornblenda y otros minerales.

Características de las rocas intermedias

Las rocas intermedias se distinguen por sus características únicas. Suelen ser de color gris oscuro o verde claro, con manchas o vetas de minerales negros, blancos o marrones. Los granos de estas rocas no son ni demasiado finos ni demasiado grandes y pueden verse a simple vista. Las rocas intermedias también son más densas que las rocas básicas, lo que las hace más duras y resistentes a la erosión. Estas rocas suelen tener una estructura interna más compleja, con capas y bandas de distintos minerales. La composición mineral determina su fuerza, durabilidad y resistencia. Estas rocas suelen contener una mezcla de minerales de feldespato, cuarzo y mica.

Consejos para encontrar rocas intermedias

Las rocas intermedias pueden encontrarse en diversos lugares. Si busca diorita, busque afloramientos alrededor de granito, rocas volcánicas o zonas de construcción de montañas. Las rocas andesíticas suelen encontrarse en zonas con actividad volcánica reciente o en las áreas de la cuenca del Pacífico. Las rocas traquíticas se encuentran en lugares que en su día fueron fondos marinos, pero que ahora constituyen tierra firme. Busque afloramientos rocosos expuestos con tonos blancos, grises o verde pálido en estas zonas. Cuando busque rocas intermedias, preste atención a los patrones y texturas distintivos que caracterizan a estas rocas. Intente buscar rocas a lo largo de cauces de ríos, arroyos o lechos de lagos secos. También puede buscar rocas que hayan quedado expuestas recientemente en cortes de carreteras u obras de construcción.

Usos de las rocas intermedias

Desde formar los cimientos de carreteras y aceras hasta proporcionar una barrera protectora alrededor de los edificios, las rocas intermedias son esenciales para proyectos residenciales y comerciales. También son claves en la creación de puentes y estructuras a gran escala, posibilitando la construcción de vanos que soportan mucho peso. Impresionante, ¿no cree? Los usos de las rocas intermedias van mucho más allá de estos fines prácticos. Han aparecido en obras de arte arquitectónicas como esculturas y monumentos, añadiendo estabilidad estructural sin comprometer la estética. Desde utilitarias hasta elegantes, ¡las rocas intermedias siempre ofrecen resultados extraordinarios!

Coleccionar rocas puede ser una afición enriquecedora y fascinante. Con las rocas intermedias, puede explorar un área aún más compleja del coleccionismo de rocas, descubrir colores y patrones inusuales y ampliar sus conocimientos sobre estas interesantes rocas.

Rocas máficas

¿Ha oído hablar alguna vez de las rocas máficas? Si no es así, le vamos a descubrir las maravillas de estas increíbles rocas. Las rocas máficas son algunas de las más comunes del mundo y pueden encontrarse prácticamente en todas partes. Puede que no sean tan conocidas como su primo, el granito, pero son igual de importantes. Sumerjámonos en el mundo de las rocas máficas y conozcamos sus ejemplos, características y consejos para encontrarlas.

Ejemplos de rocas máficas

Las rocas máficas también se conocen como rocas basálticas, y una de las más conocidas es el basalto. El basalto es una roca volcánica que suele encontrarse cerca de la superficie de la Tierra. Suele ser de color oscuro con una textura de grano fino, conocida por su durabilidad y resistencia a la intemperie. Otro ejemplo de roca máfica es el gabro, una roca intrusiva que suele encontrarse a mayor profundidad en la corteza terrestre. Suele utilizarse como material de construcción por su resistencia y durabilidad.

El gabro es un ejemplo de roca máfica [57]

Características de las rocas máficas

Las rocas máficas se caracterizan por sus altos niveles de magnesio y hierro. Tienen una densidad elevada, un color oscuro y un bajo contenido en sílice. Las rocas máficas también son conocidas por su capacidad para conducir el calor y la electricidad, lo que las hace útiles en diversas aplicaciones industriales. Pueden formarse por debajo y por encima de la superficie terrestre y presentan una amplia gama de texturas, desde grano fino a grano grueso.

Consejos para encontrar rocas máficas

Las rocas máficas pueden encontrarse en diversos entornos, como regiones volcánicas, corteza oceánica e incluso algunas cadenas montañosas. Una de las mejores formas de encontrarlas es buscar zonas con actividad volcánica. Las erupciones de lava procedentes de los volcanes suelen estar formadas por rocas máficas como el basalto. Otra forma de encontrar rocas máficas es buscar zonas de lecho rocoso expuesto, especialmente donde se produce erosión. Busque rocas de color oscuro y textura gruesa; suelen ser indicios de rocas máficas.

Usos de las rocas máficas

Las rocas máficas tienen muchos usos, como la construcción, la construcción de carreteras y las aplicaciones industriales. El basalto, por ejemplo, se utiliza a menudo como material de construcción para estructuras residenciales y comerciales. También se emplea en la construcción de carreteras y puentes por su durabilidad y resistencia. El gabro se utiliza en encimeras, suelos, lápidas y marcadores por su resistencia al desgaste. Las rocas máficas también se utilizan en la producción de acero, ya que pueden añadirse al metal fundido para aumentar su resistencia.

Puede que las rocas máficas no tengan la misma popularidad que su primo, el granito, pero son igual de cruciales. Los altos niveles de magnesio y hierro de las rocas máficas las hacen útiles en diversas aplicaciones, desde la construcción hasta los usos industriales. Así que, la próxima vez que se encuentre con una roca oscura y densa, fíjese bien y puede que esté ante una magnífica roca máfica.

Rocas ultramáficas

La naturaleza está llena de sorpresas, y explorar rocas y minerales es una de las mejores formas de descubrir lo que ofrece nuestro planeta. Las rocas ultramáficas son un tipo particular de roca cuyo estudio resulta fascinante por sus características únicas. Si le gusta la geología y siente curiosidad por las rocas ultramáficas, siga leyendo y aprenda todo sobre estas increíbles rocas.

Ejemplos de rocas ultramáficas

Las rocas ultramáficas son un grupo de rocas ígneas y metamórficas compuestas principalmente por minerales con un alto contenido en magnesio y hierro. Algunos ejemplos comunes de rocas ultramáficas son la peridotita, la dunita, la piroxenita y la serpentinita. La peridotita es el tipo más abundante de roca ultramáfica y suele encontrarse en el manto terrestre. La dunita es un tipo de peridotita compuesta casi en su totalidad por olivino. La piroxenita se compone principalmente de minerales de piroxeno como la augita y la enstatita, mientras que la serpentinita se forma por la alteración de rocas ultramáficas bajo la influencia del agua.

La peridotita es un ejemplo de roca ultramáfica[68]

Características de las rocas ultramáficas

Las rocas ultramáficas tienen varias características que las distinguen de otros tipos de rocas. En primer lugar, son ricas en magnesio y hierro, lo que les confiere un característico color entre verde oscuro y negro. También tienen una densidad elevada, lo que las hace más pesadas que la mayoría de los demás tipos de roca. Las rocas ultramáficas también son conocidas por su resistencia a la meteorización, la erosión y la descomposición química, debido a la gran estabilidad de su contenido mineral. Por eso suelen encontrarse en afloramientos expuestos y a veces se utilizan en la construcción como materiales de construcción duraderos.

Consejos para encontrar rocas ultramáficas

Una de las mejores formas de encontrar rocas ultramáficas es buscarlas en zonas con procesos tectónicos geológicamente activos. En concreto, las zonas con afloramientos del manto o zonas de actividad geológica pasada, como los complejos ofiolíticos, pueden ser lugares ideales para encontrar rocas ultramáficas. Estas rocas suelen estar más cerca de la superficie terrestre, a lo largo de fallas y fracturas, por lo que puede ser útil buscar zonas en las que las rocas estén expuestas o sean accesibles. Las rocas ultramáficas son también valiosas fuentes de minerales como la cromita y el níquel, por lo que resultan interesantes para las empresas mineras. Por ello, realizar una excursión minera también puede ofrecer la oportunidad de ver de cerca las rocas ultramáficas.

Usos de las rocas ultramáficas

Las rocas ultramáficas son ricas en materias primas y pueden utilizarse para diversos fines. Constituyen la sección más gruesa del manto terrestre y albergan valiosos yacimientos de hierro, magnesio, cromo, oro y platino. Las rocas ultramáficas son ideales para fabricar artículos de primera necesidad, como teléfonos móviles y televisores, porque contienen minerales de silicato ferromagnesiano con grandes cantidades de magnesio y hierro.

Las rocas ultramáficas son también una excelente fuente de metales refractarios como titanio, wolframio, cromo, molibdeno, cobalto y berilio, que ayudan a proteger equipos sensibles cuando se exponen a temperaturas o condiciones extremas. Además de sus usos industriales, las rocas ultramáficas desempeñan un papel importante en la ciencia medioambiental porque contienen minerales que absorben los contaminantes de las aguas de escorrentía o de los incendios forestales. ¡Son recursos naturales de incalculable valor!

Las rocas ultramáficas son fascinantes maravillas geológicas que merece la pena explorar si le interesa la geología. Gracias a sus características únicas, nos permiten echar un vistazo al funcionamiento interno de nuestro planeta y comprender cómo surgió. Si dedica algún tiempo a estudiarlas y explorarlas, podrá comprender y apreciar mejor el mundo natural que nos rodea.

Identificación de rocas ígneas

Con sus interesantes texturas y vibrantes colores, las rocas ígneas son un verdadero espectáculo para la vista. Desde la sedosa obsidiana hasta el granito granulado, cada roca ígnea es producto de su propio proceso de formación. Aunque la identificación de estas rocas puede parecer desalentadora al principio, una vez que empiece a notar las sutiles diferencias de textura y aspecto, empezará a comprender las fascinantes historias que tienen que revelar. He aquí algunos consejos que le ayudarán a identificar y clasificar las rocas ígneas.

- **Contenido mineral:** Las rocas ígneas están formadas por diferentes minerales, y cada tipo tiene su propia composición mineral. Por ejemplo, las rocas félsicas suelen contener cuarzo, feldespato, mica y otros componentes silicatados. Las rocas máficas, en cambio, contienen más minerales oscuros, como olivino y piroxeno.

- **Textura:** Las rocas ígneas presentan diversas texturas, desde lisas y brillantes hasta gruesas y granulosas. La obsidiana es un ejemplo de roca ígnea lisa y brillante, mientras que el granito tiene una textura gruesa y granulada.

- **Color:** Las rocas ígneas presentan una gran variedad de colores, desde el gris oscuro hasta el amarillo y el rosa. Preste atención al tono general de la roca y a cualquier variación en el color.

- **Estructuras cristalinas visibles:** La mayoría de las rocas ígneas contienen al menos algunas estructuras cristalinas de gran tamaño que pueden verse a simple vista. Observe los patrones o formas de estos cristales para identificar el tipo de roca.

Cuando se trata de identificar rocas ígneas, la práctica hace al maestro. Cuanto más manipule y observe estas rocas, más familiarizado estará con sus propiedades y características únicas. Además, no tema buscar recursos como libros, guías en línea o compañeros entusiastas de las rocas que puedan ayudarle.

Las rocas ígneas se clasifican en extrusivas o volcánicas e intrusivas o plutónicas. Las rocas extrusivas se enfrían rápidamente en la superficie terrestre o cerca de ella, mientras que las rocas intrusivas se enfrían lentamente en las profundidades de la corteza terrestre. Las rocas ígneas también se clasifican en función de su composición mineral y su textura, y pueden ir desde el basalto de grano fino hasta el granito de grano grueso.

En conclusión, las rocas ígneas son una parte esencial de la geología de la Tierra, y comprender sus propiedades y características es crucial en campos como la geología, la minería y la construcción. Aunque este capítulo sólo ha arañado la superficie de lo que sabemos sobre las rocas ígneas, esperamos que haya despertado su interés y curiosidad por el mundo natural. La geología es un campo apasionante y en constante evolución, así que siga explorando y descubriendo, y quién sabe qué cosas asombrosas podría encontrar.

Capítulo 3: Rocas sedimentarias

¿Alguna vez se ha preguntado por las rocas que forman la superficie terrestre de nuestro planeta? Quizá le sorprenda saber que la mayoría de ellas se denominan rocas sedimentarias. Desde la arenisca hasta el esquisto y la caliza, las rocas sedimentarias existen desde hace millones de años. Son algo más que impresionantes formaciones geológicas. También contienen pistas vitales sobre la historia geológica de nuestro planeta. El estudio de estas extraordinarias rocas puede abrirte los ojos a historias inéditas sobre la evolución de la Tierra.

En este capítulo se explican los conceptos básicos de las rocas sedimentarias, como su composición y características. También se tratarán las tres categorías de rocas sedimentarias: clásticas, orgánicas y químicas. Tras conocer estas categorías, se tratarán tipos específicos de rocas sedimentarias, como la caliza, la arenisca, la limolita y el esquisto. Este capítulo finalizará con un resumen y los beneficios de conocer las rocas sedimentarias.

Introducción a las rocas sedimentarias

Las rocas sedimentarias a menudo se dan por sentadas, sobre todo porque parecen muy comunes y sencillas y se ven por todas partes. Sin embargo, estas rocas no sólo son abundantes, sino que contienen un extenso registro de la historia de la Tierra. Esto es lo que hace que el estudio de las rocas sedimentarias resulte fascinante. Descubramos el asombroso esplendor que encierran las rocas sedimentarias y profundicemos en su cautivador mundo.

Formación de rocas sedimentarias

Las rocas sedimentarias se forman cuando se acumulan y amalgaman partículas diminutas y materia orgánica. A continuación, estos materiales se comprimen y cementan para formar una roca sólida. Existen tres tipos principales de rocas sedimentarias: clásticas, químicas y orgánicas. Las rocas sedimentarias clásticas se forman cuando se combinan pequeños trozos de rocas y minerales. Las rocas sedimentarias químicas se forman por la precipitación de minerales a partir de una solución. Las rocas sedimentarias orgánicas se forman por la acumulación de conchas, huesos y restos vegetales.

Capas y formación

Las rocas sedimentarias se forman en capas y cada una de ellas nos cuenta una historia sobre el pasado. El grosor, la composición y el color de cada capa nos dan pistas sobre cómo se formó la roca y cómo cambió el entorno a lo largo del tiempo. La capa más antigua se encuentra en la parte inferior, mientras que la más reciente está en la parte superior. Las capas también revelan cómo ha cambiado el paisaje, incluida la presencia de ríos, océanos y desiertos durante distintos periodos. A través de las rocas sedimentarias podemos conocer la historia del clima, la geografía y la vida en la Tierra.

Rocas sedimentarias comunes

La arenisca, la caliza y el esquisto son algunas de las rocas sedimentarias más comunes. Cada una de estas rocas tiene propiedades y usos únicos. La arenisca está formada por granos de arena cementados en una roca sólida. Suele utilizarse como material de construcción. La caliza está formada por carbonato cálcico, a menudo depositado por conchas y restos de organismos marinos. Es un material de construcción popular y también se utiliza en la agricultura y la industria. El esquisto está formado por arcilla y a menudo contiene fósiles. Se utiliza como fuente de petróleo y gas natural.

Usos de las rocas sedimentarias

Las rocas sedimentarias tienen una amplia gama de usos. Se utilizan como materiales de construcción, como la arenisca, la caliza y la pizarra. También se emplean en la agricultura. Por ejemplo, la caliza se utiliza para elevar el pH de los suelos ácidos. Las rocas sedimentarias también se utilizan en la industria. Por ejemplo, la roca de esquisto se utiliza como fuente de petróleo y gas natural. Además, estas rocas también tienen un gran valor en geología, ya que permiten conocer la historia de nuestro planeta y cómo ha cambiado a lo largo del tiempo.

Rocas sedimentarias clásticas

¿Alguna vez se ha preguntado cómo se formaron las Montañas Rocosas y otros cañones? ¿O cómo producen los volcanes sus características rocas? Probablemente la respuesta esté en el mundo de las rocas sedimentarias. De los tres tipos principales de rocas, las sedimentarias constituyen la mayor parte de la corteza terrestre. Entre las subclasificaciones de las rocas sedimentarias se encuentran las rocas clásticas. El conocimiento de las rocas clásticas permite comprender la historia de la Tierra y su evolución a lo largo de millones de años.

Formación de rocas clásticas

Las rocas clásticas se forman a partir de la acumulación de partículas de roca o minerales u otros fragmentos pequeños, como conchas o fósiles, que son transportados y luego depositados por el agua, el hielo o el viento. El nombre *clástico* procede de la palabra griega *klastos*, que significa "roto". Existen numerosos tipos de rocas clásticas en función de su composición y del tamaño de las partículas. Un ejemplo común es la arenisca, formada por la acumulación de granos del tamaño de la arena cementados entre sí. Las lutitas, las limolitas y los conglomerados son otros ejemplos de rocas clásticas que se forman por la compactación y cementación de granos o clastos sedimentarios.

Limolita[69]

Características de las rocas clásticas

Este tipo de roca comparte algunas características comunes, como las capas o estratificación, que se desarrollan debido al proceso de sedimentación. También son porosas y permeables, lo que significa que pueden retener y transmitir fluidos. Su color puede variar de claro a oscuro en función de su origen y composición. Las rocas clásticas pueden ser duras o blandas, según el grado de cementación, y pueden meteorizarse o erosionarse con facilidad. Algunas rocas clásticas contienen fósiles, que proporcionan pistas sobre el entorno, el clima y la formación de la roca en el pasado.

Consejos para identificar rocas clásticas

Identificar rocas clásticas puede ser un reto, pero con algunos consejos podrá empezar a diferenciarlas de otros tipos. Una de las características más notables es la presencia de diferentes tamaños de grano o texturas, que pueden observarse a simple vista o con una lupa. Otra pista es su densidad y peso. Las rocas clásticas suelen ser más ligeras que otras rocas, como las ígneas o las metamórficas. También puede comprobar su dureza arañando su superficie con un cuchillo o un clavo. Si la superficie se raya con facilidad, probablemente se trate de una roca clástica más blanda, como el esquisto.

Comprender el mundo de las rocas sedimentarias clásticas puede aportar muchos conocimientos sobre la geología y la historia de la Tierra. Al conocer sus características y rasgos identificativos, puede empezar a reconocerlas en diferentes entornos geológicos. Las rocas clásticas ofrecen una ventana al pasado geológico, desde las formaciones de arenisca de los parques nacionales de Utah hasta las capas de esquisto expuestas en las paredes del Gran Cañón. Así que la próxima vez que vaya de excursión o visite una maravilla natural, acuérdese de buscar pistas en las rocas que le rodean y descubra el asombroso mundo de las rocas sedimentarias clásticas.

Rocas sedimentarias orgánicas

Las rocas sedimentarias son creaciones realmente asombrosas formadas a lo largo de millones de años en diferentes condiciones geológicas. Una de las categorías de este tipo de rocas es la roca sedimentaria orgánica, que se forma por acumulación de restos orgánicos. Estas rocas están llenas de belleza e intriga, y en esta sección exploraremos los distintos tipos de rocas sedimentarias orgánicas, sus características y cómo identificarlas.

Ejemplos de rocas orgánicas

Las rocas sedimentarias orgánicas se forman a partir de la acumulación de materia orgánica, como el carbón, la caliza y el cuarzo. El carbón se forma a partir de los restos de una antigua vegetación sometida a presión y calor durante millones de años. La caliza se forma a partir de la acumulación de pequeñas conchas y esqueletos de organismos marinos en el agua de mar. El cuarzo se forma a partir de la acumulación de restos duros de antiguas esponjas y ascidias marinas.

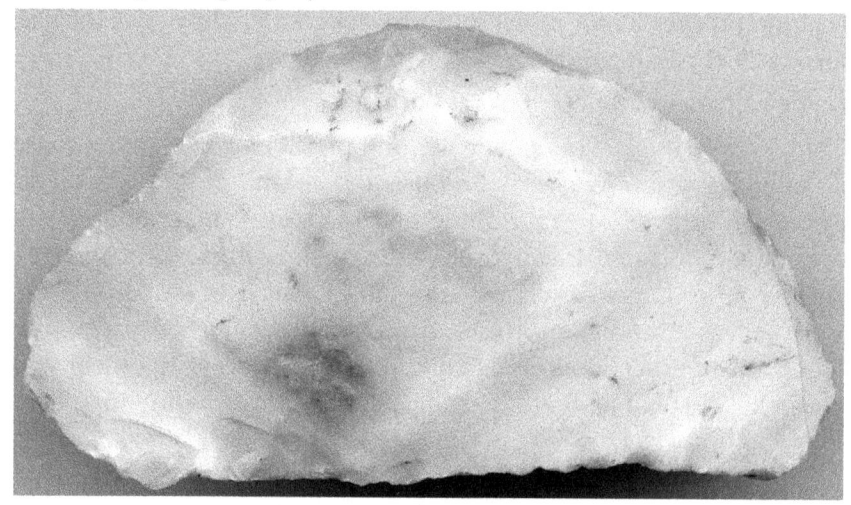

Cuarzo[60]

Características de las rocas orgánicas

Las rocas sedimentarias orgánicas presentan características que las distinguen de otras rocas sedimentarias. Están compuestas de materia orgánica, lo que les confiere un color oscuro y un olor a tierra. También contienen fósiles y otros restos orgánicos a menudo visibles a simple vista. Cuando se analizan al microscopio, las rocas orgánicas tienen una textura granular o cristalina debido a su composición orgánica.

Consejos para identificar rocas orgánicas

La identificación de rocas orgánicas requiere ciertos conocimientos de geología y paleontología. Para identificar una roca orgánica, es fundamental examinar su color, textura y olor. Las rocas orgánicas suelen ser de color oscuro y tienen un olor a tierra característico debido a su composición orgánica. Su textura puede ser granular, cristalina o nodular, dependiendo del tipo de materia orgánica que se haya acumulado. También se pueden identificar las rocas orgánicas buscando fósiles u otros restos orgánicos, como conchas o esqueletos.

Otro consejo útil es examinar el entorno en el que se encontró la roca. Por ejemplo, la caliza suele encontrarse cerca del océano, mientras que el carbón se halla en zonas terrestres donde crecía la antigua vegetación. Esto puede proporcionar pistas sobre el tipo de roca orgánica con la que se está tratando.

Las rocas orgánicas sedimentarias son una categoría fascinante de rocas que cuentan una historia sobre el antiguo entorno en el que se formaron. La acumulación de materia orgánica a lo largo de millones de años puede crear una roca hermosa y única llena de sorpresas. Examinando su color, textura y entorno de origen, podrá identificar y apreciar la belleza de las rocas orgánicas.

Rocas sedimentarias químicas

¿Alguna vez ha paseado por una playa o por una costa rocosa y se ha fijado en lo variadas que pueden ser las formaciones rocosas? No hay dos formaciones rocosas iguales. Algunas son blandas y quebradizas, mientras que otras son duras e inflexibles. Algunas se forman a partir de capas de arena y limo, mientras que otras han sido moldeadas por la fuerza de la naturaleza, como el viento y el agua. Pero ¿sabía que algunas rocas se forman por reacciones químicas bajo nuestros pies? Puede que las rocas sedimentarias químicas no sean tan glamurosas como sus homólogas ígneas y metamórficas, ¡pero no por ello son menos fascinantes!

Ejemplos de rocas químicas

Algunas rocas sedimentarias químicas son la caliza, la dolomita, la sal gema y el cuarzo. La caliza es probablemente la más conocida y utilizada. Lo forman sobre todo calcita, un mineral compuesto por carbonato cálcico. La dolomita es similar a la caliza, pero tiene un mayor contenido en magnesio. La sal gema, como su nombre indica, se compone de halita, un mineral formado por la evaporación del agua de mar. El cuarzo es una roca dura y densa formada por la acumulación de fósiles microscópicos y conchas.

Dolomita[61]

Características de las rocas químicas

¿Qué diferencia a las rocas sedimentarias químicas de otros tipos de rocas? En primer lugar, se forman por procesos químicos y no por erosión o fusión. Esto significa que suelen formarse en lugares como lagos poco profundos u océanos con altas concentraciones de minerales disueltos. También suelen ser cristalinas, lo que significa que tienen una estructura y composición distintas. Por último, las rocas químicas se caracterizan a menudo por presentar capas o bandas de diferentes colores y texturas, que reflejan las distintas condiciones en las que se formaron.

Consejos para identificar rocas químicas

Si siente curiosidad por estas rocas y quiere saber cómo identificarlas, hay algunas cosas que debe tener en cuenta. Para empezar, las rocas químicas suelen ser bastante duras y densas, con un aspecto cristalino o granular. También suelen estar compuestas por minerales relativamente fáciles de reconocer, como la calcita, la halita o el yeso. Además, las rocas químicas suelen presentar capas o bandas diferenciadas que reflejan cambios en la composición química o en las condiciones ambientales de una época a otra.

Las rocas sedimentarias químicas son una parte del paisaje geológico a menudo ignorada, pero fascinante. Desde los brillantes cristales de halita hasta las densas capas de cuarzo, estas rocas representan la compleja interacción de factores químicos y ambientales que dan forma a nuestro mundo. Tanto si es un geólogo profesional como un aficionado a las rocas, ¡explorar y comprender estas formaciones únicas puede ayudarle a apreciar mejor el mundo natural que le rodea!

Piedra caliza

La caliza es una roca sedimentaria muy popular por su versatilidad, belleza y durabilidad. Se ha utilizado para diversos fines durante miles de años y sigue siendo muy utilizada en la actualidad. Desde la construcción hasta las piezas ornamentales, la caliza es un recurso natural de enorme importancia.

Definición de piedra caliza

La caliza se forma a partir del mineral carbonato cálcico. Está compuesta por conchas, corales y otros restos marinos que se han asentado en el fondo del océano y se han compactado y cementado con el paso del tiempo. La caliza puede variar en color y textura, desde el blanco al gris pasando por el tostado, y puede presentar diferentes dibujos y marcas en función de los minerales presentes en los sedimentos que componen la roca.

Estructura de la caliza

La caliza tiene una estructura única caracterizada por su porosidad y permeabilidad. Es una roca blanda que se puede tallar y moldear con facilidad, pero también es lo suficientemente duradera como para resistir la intemperie y la erosión. La caliza puede comprender varias capas o lechos, que pueden tener diferentes composiciones, grosores y orientaciones. Algunos yacimientos calizos pueden contener fósiles, que pueden aportar valiosos datos sobre la historia de la vida y el medio ambiente.

Piedra caliza[63]

Usos de la piedra caliza

La piedra caliza se ha utilizado con fines muy diversos, desde la construcción a la agricultura, pasando por el arte. Es un material popular para la construcción y el paisajismo, ya que es fácil de trabajar, se puede pulir o texturizar y tiene un aspecto clásico y elegante. La caliza también se utiliza para fabricar cemento, ya que contiene altos niveles de calcio y magnesio. Además, la piedra caliza es un ingrediente habitual en los fertilizantes, ya que es rica en nutrientes esenciales para las plantas.

Consejos para identificar la piedra caliza

Si está interesado en identificar la piedra caliza, debe fijarse en varios aspectos. En primer lugar, la caliza suele ser de color claro, aunque puede presentar varias tonalidades. Puede ser blanca, gris o tostada y presentar marcas y dibujos naturales propios de cada yacimiento. La caliza también es algo blanda y se puede rayar con un cuchillo o una uña. Por último, la caliza suele encontrarse en zonas que en su día estuvieron cubiertas por mares poco profundos, como playas, acantilados o canteras.

La caliza es una roca intrigante y versátil que se ha utilizado durante siglos para diversos fines. Su estructura y características únicas la convierten en un recurso popular para la construcción, la agricultura, el arte y mucho más. Tanto si le gusta la geología como si es constructor, escultor o simplemente siente curiosidad por el mundo que le rodea, aprender sobre la piedra caliza puede ser una experiencia valiosa y gratificante. Con estos consejos para identificar la caliza, podrá explorar las maravillas de esta hermosa roca y descubrir sus múltiples usos y aplicaciones.

Piedra arenisca

Cuando hablamos de rocas y minerales, la arenisca destaca por sus bellos colores, texturas y durabilidad. Esta roca sedimentaria se ha utilizado durante siglos en la construcción, el arte y diversos usos prácticos. Para entender mejor la arenisca, exploremos su estructura distintiva, varios de sus diversos usos y trucos para reconocerla.

Definición de arenisca

La arenisca es un tipo de roca compuesta por pequeños granos de arena y minerales como el feldespato o el cuarzo. Los granos se compactan y cementan entre sí, formando una roca sólida y dura. La arenisca se encuentra en varios colores, desde el beige claro y el amarillo hasta marrones más oscuros, rojos e incluso verdes.

Arenisca[68]

Estructura de la arenisca

La arenisca tiene una estructura única que la diferencia de otras rocas sedimentarias. Se compone de pequeños granos de arena visibles a simple vista. Estos granos varían de tamaño y pueden ser angulosos, redondeados o incluso estar parcialmente fundidos debido al calor y la presión extremos. El cemento que une estos granos puede estar formado por minerales de sílice, carbonato o arcilla. Algunas areniscas presentan estratificación o planos de estratificación, que son líneas visibles que separan las distintas capas formadas a lo largo del tiempo.

Usos de la arenisca

La arenisca se ha utilizado durante siglos en la construcción debido a su durabilidad y atractivo aspecto. Muchos edificios y monumentos históricos, como el Taj Mahal, Petra y el Gran Cañón, están hechos de arenisca. También se utiliza como piedra decorativa, ya que puede tallarse y esculpirse en diversas formas y diseños. La arenisca se utiliza en paisajismo y diseño de jardines por su aspecto natural y rústico. También se utiliza como material de pavimentación, revestimiento de paredes y suelos.

Consejos para identificar la arenisca

Una de las mejores formas de identificar la arenisca es por su textura. La arenisca tiene una superficie áspera y granulada debido a los granos de arena visibles. Debido a su densidad, también es más pesada que otras rocas del mismo tamaño. También puede identificar la arenisca por su aspecto. Tiene una textura visiblemente estratificada, y muchas areniscas tienen un aspecto oxidado debido al contenido de hierro en los minerales. Por último, puede confirmar que ha encontrado arenisca realizando una sencilla prueba ácida. Si la roca tiene un efecto efervescente al dejar caer unas gotas de vinagre, es probable que se trate de arenisca.

La arenisca es una roca que destaca por su estructura única, sus bellos colores y su durabilidad. Se ha utilizado durante siglos en la construcción, el arte y con fines prácticos, y sigue siendo popular hoy en día. Si se encuentra con una roca de superficie rugosa, granos de arena visibles y aspecto estratificado, es posible que se trate de arenisca. Así que, la próxima vez que vea un edificio antiguo hecho de arenisca o una formación natural de arenisca, dedique un momento a apreciar esta roca que resiste el paso del tiempo.

Limolita

¿Ha oído hablar alguna vez de la limolita? Puede que esta roca sedimentaria no sea tan conocida como algunos de los tipos de roca más populares, pero desempeña un papel importante en nuestra vida cotidiana. La limolita es una roca versátil con diversos usos, desde materiales de construcción hasta fines decorativos.

Definición de limolita

La limolita es una roca sedimentaria compuesta por partículas de tamaño limo, más pequeñas que la arena y más grandes que la arcilla. Este tipo de roca se forma por acumulación de sedimentos, en particular partículas de grano fino como el limo y la arcilla. La limolita está en capas y puede presentar una gama de colores que incluyen gris, verde, marrón y rojo.

Estructura de la limolita

La limolita tiene una estructura de grano fino con capas estrechamente empaquetadas de partículas del tamaño del limo. La roca tiene una textura suave y puede tener una apariencia plateada o en bloques, dependiendo de cómo se formó. La limolita no es muy porosa y tiene una permeabilidad relativamente baja, lo que significa que no permite el paso del agua con facilidad. Debido a estas características, la limolita se utiliza a menudo como material de construcción de estructuras que requieren cimientos fuertes y estables.

Usos de la limolita

La limolita tiene una variedad de usos en aplicaciones de construcción, decorativas e industriales. A menudo se usa como material de construcción para paredes, pisos y cimientos. La limolita también se utiliza en paisajismo y como piedras decorativas en jardines y espacios exteriores. En la industria, la roca se utiliza como materia prima para la producción de cemento y otros materiales de construcción. Además, la limolita se puede triturar y utilizar como enmienda del suelo para mejorar el drenaje y la aireación en los lechos de jardín.

Consejos para identificar la limolita

Si desea identificar la limolita, hay algunas características clave que debe buscar. La limolita tiene una textura de grano medio a fino y, a menudo, tiene capas o laminaciones visibles. La roca es densa y dura, con una superficie lisa que se puede rayar con un cuchillo o un clavo. La limolita a menudo tiene un color gris o marrón, pero también puede ser verde, rojo u otros tonos. En el campo, la limolita se puede identificar por su apariencia en bloques o placas, y a menudo se rompe en fragmentos planos y lisos.

Puede que la limolita no sea el tipo de roca más conocido, pero es importante con diversos usos en aplicaciones de construcción, decorativas e industriales. Su estructura de grano fino y su textura densa y dura lo convierten en un material de construcción fuerte y estable para estructuras que requieren una base sólida. Tanto si es un entusiasta de la geología como si simplemente siente curiosidad por las rocas que le rodean, la limolita es un tipo de roca fascinante para aprender y apreciar.

Esquisto

Lo más seguro es que, si ha escuchado la palabra "esquisto" antes, probablemente se trate del controvertido proceso de extracción de gas natural y petróleo conocido como fracturación hidráulica. Pero el esquisto no es solo una fuente de combustible. Es una roca sedimentaria con una estructura compleja y una amplia gama de usos potenciales. En esta sección se analizarán los diferentes aspectos del esquisto, desde su definición y estructura hasta sus diversas aplicaciones y consejos para identificarlo en el campo.

Definición de esquisto

El esquisto es una roca sedimentaria de grano fino compuesta por minerales de arcilla y otros minerales inorgánicos y orgánicos como cuarzo, calcita, feldespato y mica. Se forma a través de la compactación y cementación de arcilla, limo y otras rocas de grano fino. Este proceso puede ocurrir en tierra (esquisto terrestre) y bajo el agua (esquisto marino). El esquisto suele ser muy delgado, con un espesor de menos de dos pulgadas, y se puede encontrar en capas dentro de formaciones de roca más grandes.

Esquisto[64]

Estructura del esquisto

El esquisto es una roca estratificada que se caracteriza por su fiscalidad, o capacidad de dividirse ordenadamente a lo largo de planos paralelos. Esta característica distintiva es el resultado de los minerales arcillosos que constituyen la mayor parte de la roca. Estos minerales tienden a alinearse en placas delgadas y planas que pueden deslizarse fácilmente entre sí. Las capas de esquisto también pueden exhibir una variedad de otras características, como marcas de ondulación, organismos marinos fosilizados y pequeñas grietas y fallas. Estas características son clave para comprender el entorno de deposición del esquisto y sus usos potenciales.

Usos del esquisto

El esquisto tiene una variedad de aplicaciones en industrias que van desde la construcción hasta la producción de energía y la agricultura. El esquisto se utiliza a menudo como materia prima para la fabricación de ladrillos, baldosas y otros productos cerámicos en la industria de la construcción. También se utiliza para la construcción de carreteras y como material de relleno en hormigón. El esquisto también puede ser una valiosa fuente de gas natural y petróleo, como se mencionó anteriormente. En la agricultura, el esquisto se utiliza como acondicionador del suelo, ya que ayuda a mejorar el drenaje y la aireación del suelo.

Consejos para identificar el esquisto

Identificar el esquisto en el campo puede ser un desafío porque a menudo parece similar a otras rocas sedimentarias de grano fino como la limolita, la lutita y el primo del esquisto, la pizarra. Sin embargo, algunas características clave pueden ayudarle a diferenciar el esquisto de estas otras rocas. Una forma de identificar el esquisto es buscar su fiscalidad distintiva. Si una roca se divide claramente a lo largo de planos paralelos, es probable que sea esquisto. Otra forma de identificar el esquisto es realizar una prueba de rayado con un cuchillo. El esquisto suele ser más blando que la pizarra y dejará una marca cuando se raye. Además, el esquisto a menudo tiene una apariencia opaca y plana en comparación con la superficie brillante y reflectante de la pizarra.

El esquisto puede haber ganado notoriedad como fuente de gas natural y petróleo a través del polémico proceso de fracturación hidráulica, pero su compleja estructura y sus diversas aplicaciones la convierten en una roca intrigante y valiosa para una variedad de industrias. Desde su composición de grano fino hasta su fiscalidad distintiva, el esquisto ofrece oportunidades únicas para la exploración y explotación. Ya sea un geólogo, un constructor o simplemente un sabueso casual, comprender el esquisto y sus muchas facetas puede profundizar su apreciación por el intrincado y en constante evolución mundo de las rocas y los minerales.

Las rocas sedimentarias son un grupo diverso de rocas formadas a través de la compactación y cementación de sedimentos sueltos. Estas rocas se pueden dividir en clásticas, orgánicas y químicas. Las rocas sedimentarias clásticas están compuestas por partículas de material descompuesto de rocas preexistentes. Ejemplos de este tipo de rocas sedimentarias incluyen arenisca, conglomerado, esquisto y piedra caliza. Las rocas sedimentarias orgánicas están compuestas de material orgánico de organismos vivos, como el carbón y la piedra caliza.

Las rocas sedimentarias químicas se forman a través de la precipitación de minerales disueltos en agua y pueden incluir evaporitas como halita y yeso. Las características únicas de las rocas sedimentarias, como su fiscalidad y su entorno de deposición, las hacen increíblemente valiosas en diversas industrias. Mientras explora el mundo de las rocas y los minerales, tómese el tiempo para apreciar y comprender todos los diferentes tipos de rocas sedimentarias. Desde la arenisca hasta el esquisto, estas extraordinarias rocas son un testimonio del poder de la naturaleza y su capacidad para dar forma a nuestro planeta.

Capítulo 4: Rocas metamórficas

¿Sabía que algunas rocas se transforman de un tipo a otro? Esta transformación se llama metamorfismo, ¡y el resultado de este proceso se conoce como roca metamórfica!

Las rocas metamórficas son algunas de las formaciones más interesantes y hermosas de la Tierra. De cuarcita a mármol, de esquisto a gneis, estas rocas se han transformado significativamente de su forma ígnea, sedimentaria o incluso metamórfica anterior. Este capítulo explorará más sobre qué son las rocas metamórficas y cómo se forman. También se discutirán los dos tipos principales de rocas metamórficas y algunos otros ejemplos notables. Al final de este capítulo, debería tener una buena comprensión de las rocas metamórficas y cómo identificarlas.

¿Qué son las rocas metamórficas?

La corteza terrestre es un laberinto fascinante lleno de una gran variedad de minerales, rocas y sedimentos que se han formado debido a diversos procesos geológicos a lo largo de millones de años. Las rocas metamórficas son uno de esos tipos de rocas y pueden describirse como cualquier roca que ha cambiado sustancialmente de su forma ígnea, sedimentaria o metamórfica anterior original.

Desde el mármol hasta la cuarcita, desde la filita hasta el esquisto y desde el gneis hasta la pizarra, cada una de estas rocas tiene una historia de origen única que se caracteriza por una intensa presión y/o calor.

Definición de rocas metamórficas

Las rocas metamórficas se han transformado de su estado original a través del calor, la presión y las reacciones químicas mientras aún se encuentran en estado sólido. Estas rocas se forman a partir de rocas preexistentes (conocidas como rocas madre o protolitos) sometidas a una intensa presión y calor por la proximidad del magma u otra fuente de calor. Las condiciones extremas de temperatura y presión alteran la composición mineral, las propiedades químicas y la apariencia física de la roca para formar rocas metamórficas.

Estructura de las rocas metamórficas

Las rocas metamórficas se presentan en diferentes composiciones y estructuras dependiendo de la intensidad de las condiciones de su formación. Tienen bandas distintas, capas o una combinación de ambas y pueden tener una variedad de orientaciones minerales. Su textura varía de gruesa a fina, dependiendo del grado de deformación y recristalización. En algunos casos, las rocas metamórficas conservan las características de la roca madre, como sus fósiles, pero en la mayoría de los casos, tienen un aspecto y una sensación completamente diferentes.

Formación de las rocas metamórficas

Las rocas metamórficas se forman a través de dos procesos: metamorfismo regional y metamorfismo de contacto. El metamorfismo regional ocurre cuando las rocas están sometidas a altas presiones y temperaturas causadas por la colisión de placas tectónicas o cuando las rocas profundas están expuestas a la superficie de la Tierra. El metamorfismo de contacto ocurre cuando las rocas entran en contacto con el magma o cualquier otra fuente de calor, lo que hace que cristalicen, recristalicen y formen nuevos minerales. El tipo de roca metamórfica formada depende de la composición de la roca madre, la duración e intensidad del calor y la presión, y la presencia de fluidos que contribuyen a la alteración de los minerales.

Las rocas metamórficas muestran los notables efectos de las enormes fuerzas de calor y presión sobre los materiales geológicos. Son una pieza fascinante de la historia de la Tierra y tienen un valor significativo en una variedad de áreas, incluida la arquitectura, la construcción y las esculturas. Comprender la formación y estructura de las rocas metamórficas ofrece información valiosa sobre cómo ha evolucionado la corteza terrestre, el papel de las placas tectónicas en la configuración de la superficie de la Tierra y el potencial de descubrimientos. Al explorar el mundo de las rocas metamórficas, obtenemos una nueva apreciación del planeta que habitamos y de las fuerzas que lo crearon y siguen trabajando para crearlo.

Rocas metamórficas foliadas

Si es un entusiasta de la geología, probablemente haya oído hablar de las rocas metamórficas foliadas. Estas rocas tienen características únicas que las distinguen de otros tipos de rocas. Pero ¿qué son y qué las hace especiales? Esta sección explorará las rocas metamórficas foliadas, sus características, sus diferentes tipos y consejos para identificarlas.

Definición

Las rocas foliadas son rocas metamórficas con una apariencia estratificada o bandeada creada por la exposición a alta presión y calor. Estas rocas comparten una propiedad llamada foliación. La foliación es la disposición de minerales en una roca metamórfica, que crea capas o láminas paralelas. Estas rocas se forman a través del proceso de metamorfismo, que ocurre cuando las rocas están sometidas a altas temperaturas y presiones causadas por actividades tectónicas como la formación de montañas, el metamorfismo de contacto y el metamorfismo regional.

Características de las rocas metamórficas foliadas

Una característica de las rocas metamórficas foliadas es la presencia de clivaje. Esto se refiere a la capacidad de una roca para romperse a lo largo de superficies planas y paralelas. Por ejemplo, un esquisto se puede romper fácilmente en láminas planas delgadas a lo largo de su hendidura. Otras características incluyen la disposición de minerales específicos como la mica, la clorita y la hornblenda en una estructura similar a una capa que crea una apariencia de bandas. Cuanto más intensa es la presión y el calor, más pronunciadas se vuelven las bandas. Los granos de estas rocas también tienden a ser alargados o aplanados, lo que hace que parezcan estirados.

Tipos de rocas metamórficas foliadas

Hay varios tipos de rocas metamórficas foliadas, y todas difieren en su composición y textura. La pizarra es uno de esos tipos, que tiene una textura de grano fino representada por minerales de arcilla microscópicos. La filita es otro tipo con un aspecto brillante con una textura entre pizarra y esquisto. El esquisto es el tipo más común y se caracteriza por grandes granos de mica, lo que le da un aspecto brillante. El gneis tiene una textura gruesa y es de grano más grueso que el esquisto. Por último, la migmatita es un tipo raro que se forma cuando una roca sufre una fusión parcial.

Filita[65]

Consejos para identificar rocas metamórficas foliadas

Si bien la identificación de rocas metamórficas foliadas puede parecer un desafío, hay ciertos indicadores a tener en cuenta. Una forma de identificarlos es buscar líneas paralelas o bandas en la roca. Otros factores para considerar incluyen el tipo de minerales presentes, la textura de la roca y la presencia de escisión. Algunas rocas también pueden tener una apariencia brillante o reflectante, lo que indica la presencia de mica u otros minerales.

Las rocas metamórficas foliadas ofrecen una visión fascinante de la historia geológica de nuestro planeta. Las características únicas y la composición de estas rocas son un testimonio de las poderosas fuerzas que han dado forma a nuestro mundo. Al comprender las características, los tipos y los factores de identificación de las rocas metamórficas foliadas, podemos apreciar la belleza y la complejidad de la geología de nuestro planeta. Así que, la próxima vez que se encuentre con una roca foliada, ¡tómese un momento para maravillarse con la maravilla natural de todo ello!

Rocas metamórficas no foliadas

Las rocas son algunos de los materiales más antiguos de nuestro planeta Tierra. Se les ha dado forma y remodelación a lo largo del tiempo debido a diversas fuerzas geológicas. Las rocas metamórficas transforman la forma y la composición con el tiempo debido al calor, la presión y otros factores. Las rocas metamórficas no foliadas son aquellas rocas que carecen de una alineación visible de minerales. En términos más simples, no tienen capas. Este tipo particular de roca metamórfica tiene varias características, tipos y consejos para identificarlas.

Definición

Las rocas metamórficas no foliadas son rocas que se han transformado sin producir una textura estratificada o bandeada. Esto significa que tienen una composición uniforme en toda la roca. Por lo general, cristalizan en condiciones de alta presión y baja temperatura. Debido a su composición uniforme, a menudo se utilizan para fines de edificación y construcción.

Características de las rocas metamórficas no foliadas

Las rocas metamórficas no foliadas tienen varias características que las diferencian de otras formas. Por un lado, estas rocas tienden a carecer de capas visibles o bandas de minerales. También suelen ser duras y duraderas, lo que las hace ideales para su uso en la construcción. Algunos ejemplos de rocas metamórficas no foliadas incluyen mármol, cuarcita y corneana.

Tipos de rocas metamórficas no foliadas

Hay varios tipos de rocas metamórficas no foliadas, cada una con una composición y características únicas. El mármol, por ejemplo, es una roca metamórfica no foliada compuesta casi en su totalidad de calcita, un mineral que la hace ligeramente más dura que la piedra caliza. Por otro lado, la cuarcita es una roca metamórfica compuesta casi en su totalidad por granos de cuarzo. Y corneana es una roca metamorfoseada de grano fino compuesta por varios minerales diferentes, como cuarzo, feldespato y mica.

Cuarcita[66]

Consejos para identificar rocas metamórficas no foliadas

Hay algunas cosas a tener en cuenta para identificar rocas metamórficas no foliadas. Una de las cosas más notables de estas rocas es que, a diferencia de las rocas metamórficas foliadas, no tienen una estratificación o banda visible de minerales. También suelen ser bastante duras y duraderas, lo que las hace útiles para la construcción. Por último, a menudo hay una textura uniforme en toda la roca.

Las rocas metamórficas no foliadas son una parte esencial de nuestra historia geológica que ha dado forma a nuestro planeta. Estas rocas son increíblemente duras y duraderas, gracias a la transformación que sufren. No tienen minerales en capas, lo que ofrece una textura uniforme en toda la roca. Esto los hace útiles para la construcción y la edificación. Conocer las características, los tipos y los consejos para identificarlos puede ser útil para los geólogos, los trabajadores de la construcción o cualquier persona interesada en la historia geológica de la Tierra.

Ejemplos notables de rocas metamórficas

Las rocas metamórficas proporcionan una visión única del pasado geológico del planeta, ya que su identidad original ha sido alterada parcial o totalmente. Ejemplos notables de rocas metamórficas incluyen pizarra, esquisto, mármol, cuarcita y gneis. Todas estas rocas metamórficas poseen una resistencia increíble debido a los cambios que sufren durante su formación. Las cualidades duras y duraderas de estas rocas las hacen ideales para diversos fines de construcción y edificación. También son populares entre los coleccionistas y se pueden encontrar en muchos hogares, oficinas y museos.

Mármol

El mármol es una piedra hermosa y versátil ampliamente utilizada con fines arquitectónicos, escultóricos y decorativos. Las características únicas del mármol lo convierten en una opción popular para propietarios de viviendas, diseñadores y constructores de todo el mundo. Esta roca metamórfica se forma por la transformación de la piedra caliza o dolomita a través del calor y la presión. La piedra hecha de piedra caliza o dolomita tiene pequeños cristales de calcita. Se ve diferente según el material de la roca original.

Historia

El mármol se ha utilizado desde la antigüedad para simbolizar la riqueza, el poder y la belleza. Los antiguos griegos y romanos construyeron magníficos templos, estatuas y edificios con mármol, y su legado artístico y arquitectónico sigue siendo visible hoy en día. Las mundialmente famosas canteras de mármol de Carrara, Italia, han funcionado desde la época romana y han proporcionado el material precioso para obras maestras como el David de Miguel Ángel y el Panteón de Roma. Hoy en día, el mármol todavía se extrae en muchos países como Italia, España, Grecia, Turquía, Brasil y Estados Unidos. La rica variedad de colores, texturas y patrones de mármol lo convierte en uno de los favoritos entre diseñadores y arquitectos.

Mármol[67]

Propiedades

Las propiedades del mármol lo convierten en una excelente opción para muchas aplicaciones. El mármol es una piedra duradera y resistente al calor que puede soportar un alto tráfico en áreas como baños, cocinas y pisos. Su superficie lisa hace que sea fácil de limpiar y mantener y no atrae bacterias ni alérgenos. El mármol es una opción popular para encimeras, tocadores y salpicaderos por su resistencia a las manchas y los arañazos. Puede durar décadas y mejorar con la edad, desarrollando una pátina natural que se suma a su belleza si se cuida adecuadamente.

Usos

Uno de los principales atractivos del mármol es su singularidad. No hay dos piezas de mármol iguales, y las variaciones en el color, el patrón y las vetas le dan a cada losa su carácter. Desde los clásicos mármoles blancos y grises hasta las exóticas variedades verdes, rojas y rosas, el mármol puede agregar elegancia y refinamiento a cualquier espacio. La popularidad del mármol también ha llevado al desarrollo de nuevos acabados y tratamientos que potencian su versatilidad. Los acabados apomazados o mate son ideales para un aspecto sutil y sofisticado, mientras que los acabados pulidos o brillantes dan un brillo irresistible.

Cuidado

El cuidado del mármol es esencial para mantener su belleza y longevidad. El mármol es susceptible al grabado causado por sustancias ácidas como el vinagre, el jugo de limón o el vino, por lo que es esencial evitar el contacto con estos líquidos. Se recomienda limpiar el mármol con un limpiador de pH neutro y un paño suave o una esponja. Evite el uso de limpiadores abrasivos o estropajos que puedan rayar la superficie de la piedra. También se recomienda sellar el mármol para evitar manchas y daños por agua. Si nota grietas o astillas en el mármol, es esencial abordarlas con prontitud para evitar daños mayores.

El mármol es un material asombroso y fascinante que ha superado la prueba del tiempo. Desde sus orígenes antiguos hasta sus aplicaciones modernas, el mármol simboliza la belleza, el lujo y la elegancia. Sus propiedades únicas, su versatilidad y su variedad lo convierten en uno de los materiales favoritos de arquitectos, diseñadores y propietarios de viviendas de todo el mundo. El cuidado del mármol es esencial para garantizar su durabilidad y belleza durante años. Tanto si elige el clásico mármol blanco como el exótico mármol verde, no se puede negar que el mármol es una elección exquisita y atemporal.

Cuarcita

Cuando se trata de rocas que la gente conoce y ama, la cuarcita no suele ser la primera que viene a la mente. La mayoría de la gente ni siquiera ha oído hablar de ella. Sin embargo, esta roca metamórfica merece cierta atención por su belleza oculta y sus características únicas.

¿Qué es exactamente la cuarcita?

La cuarcita es una roca metamórfica que se forma cuando la arenisca de cuarzo se expone a altas temperaturas y presiones en las profundidades de la corteza terrestre. Este proceso hace que las partículas de arena de la roca se recristalicen y fusionen, creando una roca más densa y dura que la arenisca original. La cuarcita suele confundirse con el mármol o el granito por su superficie brillante y sus vivos colores.

Características

Una de las características más notables de la cuarcita es su durabilidad. La cuarcita es resistente al desgaste, a diferencia de otras piedras naturales vulnerables a arañazos, manchas y marcas. Esto la hace ideal para encimeras de cocina, suelos y pavimentos exteriores. También es resistente al calor, por lo que puede colocar ollas y sartenes calientes directamente sobre la superficie sin temor a que se dañen. Con los cuidados y el mantenimiento adecuados, la cuarcita puede durar toda la vida.

Ventajas

La cuarcita es muy apreciada por su impresionante gama de colores y diseños, que ofrecen infinitas posibilidades de diseño. Debido a la variedad de minerales que pueden estar presentes en la arenisca original, la cuarcita puede presentar una gran variedad de colores, como blanco, gris, rosa y amarillo. Algunas incluso tienen colores inesperados como el azul y el verde. Los diseños de la roca pueden variar desde sutiles granos a atrevidos remolinos y vetas. Esto significa que la cuarcita puede utilizarse en cualquier estilo de diseño, desde el tradicional al moderno.

A pesar de sus muchas ventajas, la cuarcita suele pasarse por alto en favor de piedras naturales más conocidas, como el granito y el mármol. La razón principal es la idea errónea de que la cuarcita es difícil de trabajar. La cuarcita requiere cierta habilidad y experiencia para su fabricación e instalación, pero con la ayuda de un proveedor de piedra profesional, puede ser un proceso fácil y sin estrés.

En general, la cuarcita es una roca metamórfica única que merece más atención en el mundo de la piedra natural. Con su durabilidad, gama de colores y belleza oculta, la cuarcita es una gran opción para cualquier proyecto de renovación del hogar. No tenga miedo de explorar esta joya oculta y descubrir cómo puede mejorar su espacio vital.

Filita

La naturaleza nunca deja de sorprendernos con su espectacular producción. La evolución de las rocas es un ejemplo vivo de cómo cada centímetro de nuestro planeta tiene una historia única que contar. Una de ellas es la filita, que se ha hecho un hueco entre las rocas metamórficas. La filita, que se encuentra en varias partes del mundo, es una roca que ha sufrido una notable transformación de roca sedimentaria o ígnea a su forma metamórfica.

Formación

La filita es una roca metamórfica formada a partir de la metamorfosis continua por presión y calor de la pizarra, una de las muchas rocas sedimentarias. El proceso de metamorfosis de la filita ha pasado por varias fases, lo que ha dado como resultado su textura distintiva y su bello aspecto. Se puede experimentar la belleza de la filita examinándola de cerca, tocando su superficie lisa y observando sus cristales de mica. Los cristales de mica son los responsables del lustre y el brillo, mientras que los cristales de clorita le confieren su hermoso color verde.

Características

La textura única de las rocas filíticas radica en su aspecto, que se asemeja a formas en abanico estrechamente apiladas, formadas debido a sus frecuentes capas. Estas capas son el resultado de la compresión y aplanamiento repetidos de la roca sedimentaria al metamorfosearse en filita. Debido a su textura, se ha convertido en un excelente material de construcción en países como Alemania, donde ha encontrado su aplicación en estructuras de renombre.

La roca filita desempeña un papel crucial en los estudios químicos, físicos y geológicos de la historia antigua de la Tierra. Contiene minerales esenciales como granate, estaurolita y biotita, que ayudan a estudiar el pasado de la Tierra. Los científicos pueden determinar qué grupo de rocas estaba presente durante la formación de la filita, lo que puede proporcionar información sobre el momento en que se crearon varias rocas en esa región.

Usos

La durabilidad y dureza de la filita la convierten en un excelente material de construcción y para suelos, sobre todo cuando se presenta en capas. Además de como material de construcción, también se utiliza en ingeniería eléctrica, fabricación de diamantes sintéticos y productos cosméticos.

La belleza de la filita habla por sí sola y su importancia en la historia natural de la Tierra. Es un producto de la magia y la evolución de la naturaleza. La textura y composición únicas de la filita la convierten en una excelente opción para diversas aplicaciones, desde azulejos decorativos hasta la investigación científica. Su encanto y relevancia siguen asombrando por igual a geólogos, arqueólogos y gente corriente. Así que, la próxima vez que tropiece con una roca de filita, tómese un momento para reconocer su magia y su maravilla.

Esquisto

La naturaleza es una gran artista, y algunas de sus mejores obras maestras son las rocas metamórficas. El esquisto es una de esas rocas que ha despertado el interés de geólogos, coleccionistas y aficionados por igual. Las rocas de esquisto son algunos de los especímenes geológicos más bellos por su aspecto brillante y sus intrincados dibujos.

Esquisto[68]

Formación

El esquisto es una roca metamórfica que se forma a partir de rocas preexistentes debido al calor y la presión. Cuando las rocas se someten a altas presiones y temperaturas, los minerales de su interior empiezan a recristalizar y a alinearse en planos paralelos. Este proceso da lugar a la formación de las bandas y foliaciones características del esquisto. Los niveles de calor y presión necesarios para la formación del esquisto son superiores a los de la pizarra, pero inferiores a los del gneis.

Tipos

El esquisto se presenta en varios tipos, en función de la roca de la que se forma y de los minerales que contiene. Los tipos más comunes de esquisto son el esquisto de mica, el esquisto de granate y el esquisto de talco. El esquisto de mica es el más reconocible por su característico aspecto brillante debido a la presencia de minerales de mica. La esquisto-granate es otro tipo reconocible por la presencia de granate, que le confiere un color rojizo. La esquisto-talco, por su parte, se crea a partir del metamorfismo de rocas ultramáficas, y tiene una textura grasienta debido a la elevada presencia de talco.

Usos

El esquisto es una roca muy codiciada por coleccionistas y aficionados debido a su belleza y rareza. Sus variados tipos y patrones la convierten en un deleite visual y en el sueño de cualquier coleccionista. Además, el esquisto se utiliza para varias aplicaciones prácticas. Su estructura en bandas y foliada lo convierte en una piedra decorativa muy popular, mientras que su gran resistencia al desgaste lo hace ideal para suelos, encimeras y tejados.

El esquisto es una roca impresionante y versátil que puede apreciarse por sus características estéticas y prácticas. Su aspecto brillante y sus formaciones ilustran las extraordinarias capacidades de los procesos naturales de nuestro planeta. La utilidad y la belleza del esquisto lo han convertido en objeto de fascinación humana durante siglos, y su atractivo sigue encantando a la gente hoy en día. Así que, la próxima vez que admire una formación de esquisto, podrá maravillarse ante los fascinantes procesos geológicos que dieron forma y origen a estas impresionantes joyas de la Tierra.

Gneis

Las rocas nos rodean desde hace millones de años, y las metamórficas, en particular, son fascinantes porque se forman mediante la transformación de rocas. Uno de esos tipos de roca que merece atención es el gneis. El gneis es una roca metamórfica con una estructura en capas compuesta por diferentes minerales.

Gneis[69]

¿Qué es el gneis?

El gneis es una roca metamórfica formada mediante el proceso de metamorfismo. Se trata de una combinación de diferentes minerales comprimidos en condiciones de alta presión y alta temperatura, que modifican la estructura original de la roca. La fuerte foliación o estratificación del gneis lo distingue de otras rocas metamórficas.

¿Cómo se forma el gneis?

El gneis se forma por metamorfismo, en el que las rocas se someten a un calor y una presión inmensos. Las rocas madre del gneis suelen ser rocas ígneas o sedimentarias sometidas a procesos metamórficos. Estos procesos incluyen metamorfismos regionales y de contacto, en los que las rocas experimentan altas temperaturas y presión debido a los movimientos de la corteza terrestre. Esto hace que los minerales de la roca cambien y se combinen para formar el gneis.

Diferentes tipos de gneis

El gneis es una roca compleja, lo que significa que presenta distintos tipos en función de los minerales presentes. El tipo más común es el gneis de biotita, que tiene una capa de mineral de biotita intercalada entre dos capas de feldespato. Otro tipo es el gneis granítico, compuesto por minerales de granito como cuarzo, feldespato y mica. Del mismo modo, el gneis máfico se compone de minerales oscuros como hornblenda y piroxeno.

Usos del gneis

El gneis tiene muchos usos debido a sus propiedades únicas. A menudo se utiliza en la construcción como piedra decorativa por sus diferentes colores y diseños. El gneis puede pulirse hasta obtener un brillo intenso, lo que lo hace atractivo como material de construcción. Además, el gneis se utiliza como piedra dimensional, por lo que es ideal para el corte y el diseño. Dada su durabilidad y resistencia, el gneis también puede utilizarse para crear hermosas encimeras, baldosas para suelos y paredes. El gneis se utiliza habitualmente para pasarelas, esculturas de exterior y parterres de jardín. Además, esta roca puede triturarse y utilizarse como balasto, agregado de hormigón o material para vías de ferrocarril.

El gneis es una roca metamórfica fascinante con una estructura única y diversos usos. Su composición y propiedades lo convierten en una roca valiosa en diversas industrias, y su belleza lo convierte en un material de elección para la construcción. Por su durabilidad y propiedades decorativas, el gneis no es sólo una roca, sino una obra de arte creada por el tiempo y la presión.

Las rocas metamórficas son un recordatorio muy visible del poder de la naturaleza y de la capacidad de la Tierra para transformar lo que antes se creía que no era nada en algo bello y valioso. Los tipos de rocas metamórficas que se analizan en este capítulo se han convertido en un elemento básico en muchas industrias, ya que la gente ha encontrado formas de utilizar sus propiedades únicas. Desde la construcción hasta el paisajismo, estas rocas merecen reconocimiento y admiración. Con su increíble resistencia y belleza, no es de extrañar que las rocas metamórficas se hayan hecho tan populares.

Capítulo 5: Minerales y sistemas de cristales

Los minerales son sustancias extraordinarias que pueden adoptar muchas formas y tamaños. Lo que es aún más asombroso es su estructura subyacente, que los científicos llevan mucho tiempo estudiando en detalle. Los minerales siguen patrones organizados conocidos como sistemas cristalinos, cada uno con características únicas. Por ejemplo, el sistema cúbico tiene longitudes iguales en cada lado para formar un cubo perfecto, mientras que otros sistemas presentan formas menos perfectas, como hexágonos y prismas.

Tanto si está empezando a aprender como si ya es un experto en identificarlos, los minerales ofrecen algo que todo el mundo puede explorar a través de los sistemas cristalinos. En este capítulo se explica cómo se clasifican los minerales, los distintos tipos y sus sistemas cristalinos asociados. También se tratarán algunas de las propiedades de los minerales y cómo utilizarlas para su identificación. Al final, será capaz de observar un espécimen mineral e identificar su sistema cristalino.

Minerales y cristales

En cuanto a la geología y la mineralogía, los minerales y los cristales son los componentes básicos de todo lo que vemos a nuestro alrededor. Son los componentes naturales de la corteza terrestre y constituyen la base de los procesos geológicos. Los minerales presentan una gran variedad de estructuras y propiedades físicas, y su importancia en diversos campos, como las aplicaciones industriales, la medicina y la nanotecnología, no puede ser exagerada. En esta sección exploraremos el mundo de los minerales y los cristales y comprenderemos su importancia en la geología y la mineralogía.

Los minerales y su formación

Los minerales son sólidos inorgánicos naturales con una composición química definida y una estructura cristalina definida. Se forman a través de diversos procesos geológicos, como la precipitación de cristales a partir de lava fundida o soluciones de agua subterránea, una reacción química entre diferentes minerales y cambios metamórficos resultantes del calor y la presión. Entre las principales propiedades de los minerales se incluyen el color, la dureza, la división y el brillo, que ayudan a los geólogos a identificar y clasificar los minerales.

Tipos de cristales y sus propiedades

Los cristales son la estructura repetitiva de átomos de un mineral, lo que le confiere su forma y propiedades distintivas. Los distintos tipos de cristales presentan diferentes niveles de simetría y complejidad. Los siete sistemas cristalinos (cúbico, tetragonal, ortorrómbico, monoclínico, triclínico, hexagonal y romboédrico), se basan en la longitud axial y el ángulo de la estructura cristalina. Cada sistema tiene sus características particulares, como propiedades ópticas, magnéticas y piezoeléctricas.

Importancia de los minerales

Los minerales tienen una amplia gama de aplicaciones industriales, desde la fabricación de materiales como cerámica, vidrio y cemento hasta dispositivos electrónicos como transistores, baterías y superconductores. También son esenciales para tecnologías avanzadas como paneles solares, turbinas eólicas y baterías de vehículos eléctricos. Algunos minerales, como el oro, el hierro y el cobre, se han utilizado como moneda y han sido objeto de comercio durante miles de años.

Exploración y extracción de minerales

La exploración minera consiste en encontrar e identificar depósitos minerales en la corteza terrestre. Los geólogos utilizan diversas técnicas, como la cartografía geológica, el análisis geoquímico y la teledetección, para localizar minerales. Una vez descubiertos los yacimientos minerales, pueden explotarse, lo que implica extraer el mineral del suelo y procesarlo para extraer el mineral de interés. La minería puede tener importantes repercusiones en el medio ambiente, por lo que las prácticas mineras sostenibles son esenciales para minimizarlas.

Importancia de la conservación y la sostenibilidad

Dado el carácter finito de los recursos minerales, las prácticas mineras sostenibles son cada vez más esenciales para minimizar el impacto de la minería en el medio ambiente y las comunidades circundantes. Sin embargo, las prácticas de conservación son igualmente cruciales, ya que ayudan a preservar los recursos naturales de la Tierra y garantizan su disponibilidad para las generaciones futuras.

Los minerales y cristales son la base de la geología y la mineralogía, y su importancia en diversos campos no puede exagerarse. Comprender sus propiedades y estructuras es esencial para su identificación, clasificación y uso en una amplia gama de aplicaciones, al tiempo que se garantiza que las prácticas mineras sostenibles y los esfuerzos de conservación ayudarán a preservar estos recursos naturales para el futuro.

Tipos de minerales

Los minerales son elementos esenciales de la corteza de nuestro planeta, formados a lo largo de millones de años por diferentes procesos geológicos. Desempeñan un papel crucial en la formación de rocas, suelos y recursos naturales, además de ser vitales para nuestra salud y bienestar. Con más de 5.000 minerales identificados, hemos recopilado los ocho tipos principales de minerales que se encuentran habitualmente en la Tierra. Acompáñenos a descubrir las características únicas de cada mineral y su importancia en nuestra vida cotidiana.

1. **Silicatos:** Este tipo de mineral es el más abundante y flexible de todos los minerales, siendo el silicio y el oxígeno los componentes más destacados. Los silicatos constituyen más del 90% de la corteza terrestre, siendo el cuarzo el mineral más común. Se utilizan en una amplia gama de aplicaciones, como la construcción, la electrónica y los chips de silicio, y son esenciales para la salud humana.

2. **Óxidos:** Los óxidos combinan el oxígeno con metales como el hierro, el cobre y el aluminio para crear recursos valiosos como el mineral de hierro y el mineral de aluminio. Estos minerales son cruciales en industrias como la construcción y la fabricación. El óxido más común es el corindón, el mineral base de rubíes y zafiros. En la naturaleza, suele encontrarse en forma de polvo o arena.

3. **Sulfatos:** Los sulfatos son minerales que contienen azufre, agua y metales como cobre, zinc y hierro. El yeso es un ejemplo de mineral sulfatado y se utiliza comúnmente en la industria de la construcción para crear yeso y paneles de yeso. Los minerales sulfatados también desempeñan un papel importante en la formación del suelo y la calidad del agua. El mineral de sulfato más común es la barita, que puede encontrarse en grandes yacimientos en todo el mundo. Además, se utiliza en una amplia gama de aplicaciones industriales.

4. **Sulfuros:** Los sulfuros son minerales que contienen azufre y metales como plomo, oro, plata y cobre. Estos minerales son la fuente primaria de muchos minerales metálicos, como el mineral de zinc y el mineral de cobre, y tienen un valor económico significativo. Aunque los sulfuros son esenciales para extraer metales valiosos, también pueden ser tóxicos y peligrosos para el medio ambiente. El mineral sulfurado más común es la pirita, también conocida como el oro de los tontos.

5. **Haluros:** Los haluros son minerales que se forman cuando elementos halógenos como el cloro, el flúor y el yodo se combinan con metales como el sodio, el potasio y el calcio. La halita o sal gema es un mineral halogenado habitual en la industria alimentaria y puede encontrarse en depósitos naturales de sal. Su alto contenido en cloro también se utiliza en procesos industriales como el tratamiento de aguas y la gestión de aguas residuales. El mineral de haluro más común es la fluorita, una valiosa fuente de flúor para la salud dental.

6. **Carbonatos:** Los carbonatos contienen carbono y oxígeno, y minerales como la calcita y la dolomita son los más comunes. Estos minerales son importantes en la formación de hábitats naturales como cuevas y arrecifes de coral, además de ser un ingrediente esencial del hormigón y el cemento. El mineral carbonatado más común es la calcita, que se compone de calcio y magnesio. Por su alto contenido en calcio, suele utilizarse como suplemento dietético en forma de piedra caliza. El mineral también se utiliza en la producción de mármol y vidrio.

7. **Fosfatos:** Los fosfatos son minerales que contienen fosfato y oxígeno, siendo la apatita el ejemplo más común. Los fertilizantes fosfatados se utilizan mucho en la agricultura para potenciar el

crecimiento de las plantas, y los minerales fosfatados también desempeñan un papel crucial en la formación de los huesos humanos. El fosfato también se utiliza en detergentes y dentífricos para ayudar a eliminar las manchas de comida. El mineral de fosfato más común es la monacita, que contiene elementos raros de la Tierra y se utiliza en la producción de productos electrónicos.

8. **Elementos nativos:** Los elementos nativos son minerales que existen de forma natural sin combinarse con otros elementos, como el oro, el platino y la plata. Estos minerales tienen un valor económico significativo en la industria de la joyería y se han utilizado ampliamente a lo largo de la historia como una forma de moneda. Algunos elementos nativos, como la plata y el oro, también se utilizan en electrónica y odontología. El elemento nativo más común es el cuarzo, compuesto de silicio y oxígeno. El cuarzo se utiliza a menudo en relojes y microchips.

El mundo de los minerales es fascinante y diverso, y desempeñan un papel esencial en nuestra vida cotidiana. Los ocho tipos principales de minerales ofrecen recursos cruciales que han dado forma a nuestra civilización, desde los materiales de construcción a los ingredientes alimentarios y desde la electrónica a la joyería. Comprender la importancia de los minerales y sus usos puede ayudarnos a apreciar su valor y a fomentar su uso sostenible. Cada día se descubren nuevos minerales, por lo que es de esperar que aprendamos más sobre las características únicas y la importancia de estos valiosos recursos.

Sistemas de cristales

Mirar y sostener cristales es fascinante. Desde su exquisita belleza hasta sus propiedades únicas, los cristales se han utilizado con fines decorativos y espirituales durante siglos. Una de las cosas que hace que los cristales sean tan intrigantes son las distintas formas en que pueden crecer y formarse. En esta sección exploraremos los seis tipos diferentes de sistemas cristalinos: isométrico, tetragonal, ortorrómbico, hexagonal, monoclínico y triclínico. ¡Entremos en materia!

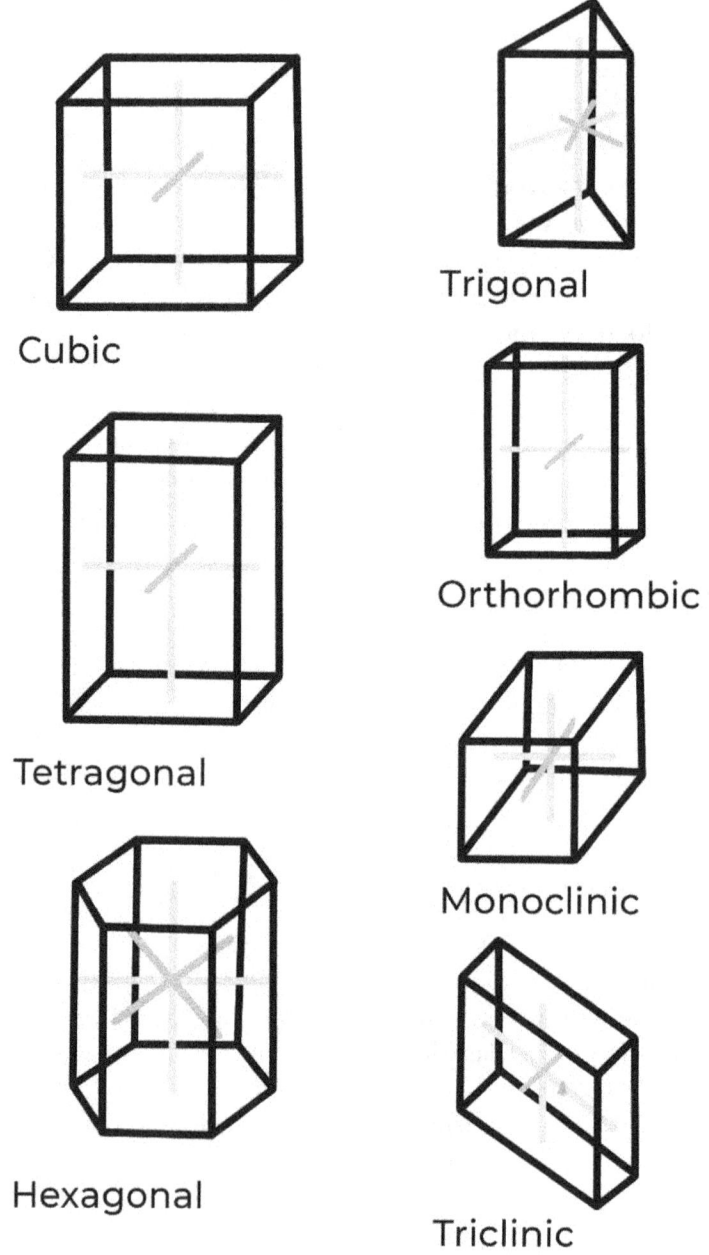

Los 6 principales sistemas de cristales

1. **Sistema isométrico.** El sistema isométrico, también conocido como sistema cúbico, se caracteriza por cristales con tres ejes que se cruzan a 90 grados, de igual longitud y perpendiculares entre sí. El ejemplo más común de este sistema es el diamante. Otros ejemplos son la galena, la pirita, la fluorita y el granate. El funcionamiento de este sistema se basa en que todas las caras y ángulos son iguales. Verá un patrón idéntico independientemente de la dirección en la que mire el cristal.
2. **Sistema tetragonal.** Este sistema se parece al sistema isométrico, excepto en que un eje es más largo o más corto que los otros dos. Los cristales del sistema tetragonal se caracterizan por tener tres ejes, dos de ellos perpendiculares y uno inclinado. Ejemplos de este sistema son el circón, la casiterita y la calcopirita. Caracterizado por el alargamiento en una dirección, el sistema tetragonal es asimétrico. Esto significa que las caras de un cristal de este sistema no tienen todas el mismo tamaño.
3. **Sistema ortorrómbico.** Los cristales del sistema ortorrómbico se caracterizan por tener tres ejes de diferentes longitudes que forman ángulos rectos entre sí. No tienen la misma longitud, sino que un eje es más corto y los otros dos más largos. Ejemplos de este sistema son el topacio, la barita y el aragonito. Este sistema también se caracteriza por la falta de simetría. Verá diferentes caras y ángulos cuando mire un cristal de este sistema.
4. **Sistema hexagonal.** Los cristales que pertenecen al sistema hexagonal tienen cuatro ejes que definen su estructura. De ellos, tres tienen la misma longitud y están a 120 grados entre sí, y un cuarto eje es perpendicular a los otros tres. Ejemplos de este sistema son el cuarzo, el berilo y la turmalina. Debido a la presencia de cuatro ejes, los cristales de este sistema tienen forma hexagonal. Este sistema también se caracteriza por la simetría, lo que significa que, al observar el cristal, verá caras y ángulos idénticos independientemente de la dirección en que lo mire.
5. **Sistema monoclínico.** Este sistema tiene tres ejes de longitudes diferentes, dos de los cuales se cruzan en un ángulo oblicuo, mientras que el tercero es perpendicular a ambos. Los cristales de este sistema suelen tener una inclinación característica que los hace fácilmente identificables. Ejemplos de este sistema son el yeso, la azurita y la epidota. Este sistema tiene la característica

distintiva de tener dos ejes de diferentes longitudes, dando a los cristales de este sistema una asimetría característica.

6. **Sistema triclínico.** Los cristales de este sistema son los más irregulares, con tres ejes de longitud desigual que se cruzan en ángulos oblicuos. A menudo se les llama *pinacoides* porque su forma irregular parece que ha sido pellizcada en la parte superior. Ejemplos de este sistema son los feldespatos, la cianita y la labradorita. Aparte de su forma asimétrica, los cristales de este sistema también se caracterizan por el hecho de que nunca dos caras del cristal serán paralelas. En otras palabras, todas las caras y ángulos del cristal en este sistema serán únicos.

Comprender los distintos sistemas cristalinos y cómo se forman es importante para cualquier persona interesada en trabajar o coleccionar cristales. Sabiendo a qué sistema pertenece un cristal, podemos entender mejor cómo puede formarse y qué propiedades puede poseer. Desde el sistema isométrico de los diamantes hasta el sistema triclínico de los feldespatos y la labradorita, cada tipo de sistema cristalino ofrece una forma única de entender la belleza y la magia de los cristales.

Propiedades de los minerales

Los minerales son los componentes básicos de la Tierra y conocer sus propiedades es vital para estudiar geología, mineralogía y gemología. Un mineral se define como un sólido inorgánico natural con una estructura cristalina y una composición química específica. Cada mineral posee un conjunto de propiedades exclusivas de su composición química y estructura cristalina. En esta sección se analizarán cuatro propiedades fundamentales de los minerales: dureza, diafanidad, clivaje y piezoelectricidad.

Dureza

La dureza de un mineral es su capacidad para resistir el rayado. La escala de dureza de Mohs, que debe su nombre al mineralogista alemán Friedrich Mohs, es el método más utilizado para medir la dureza de un mineral. La escala va del 1 al 10, siendo 1 el mineral más blando, el talco, y 10 el más duro, el diamante. Entre medias, minerales como el cuarzo, el feldespato y el topacio se sitúan en distintos niveles de dureza. La dureza es una propiedad esencial para la identificación de minerales, y esta información es crucial en campos como la minería y la exploración minera.

Diafanidad

La diafanidad se refiere a la capacidad de un mineral para transmitir la luz. Los minerales pueden clasificarse en transparentes, translúcidos u opacos. Los diamantes son un excelente ejemplo de mineral con alta diafanidad, ya que transmiten la mayor parte del espectro de luz visible. Los minerales translúcidos, como el ágata, dejan pasar algo de luz, mientras que los opacos, como la hematites, no. La diafanidad afecta al valor de un mineral, especialmente en la industria de las piedras preciosas, donde la transparencia y la claridad son muy codiciadas.

Clivaje

El clivaje es la tendencia de un mineral a romperse a lo largo de planos de debilidad, lo que deja un corte limpio en superficies lisas. El número y el ángulo de estos planos de debilidad son específicos de cada mineral. Por ejemplo, la mica tiene un clivaje perfecto, lo que significa que se rompe fácilmente a lo largo de láminas finas y planas. Por otro lado, el feldespato tiene dos planos de clivaje en ángulo recto, lo que da lugar a una forma de bloque cuando se rompe. Comprender el clivaje es fundamental para identificar un mineral, ya que puede proporcionar pistas sobre su estructura cristalina y su composición química.

Piezoelectricidad

La piezoelectricidad se refiere a la capacidad de un mineral de generar una carga eléctrica cuando se somete a una tensión mecánica, como la presión. Algunos minerales pueden producir un campo eléctrico cuando se someten a tensión, y viceversa, debido a la disposición asimétrica de los átomos en su estructura cristalina. El cuarzo es uno de esos minerales que presenta fuertes propiedades piezoeléctricas, lo que lo hace útil en dispositivos electrónicos como relojes y osciladores.

Comprender las propiedades de los minerales es crucial en muchos campos, desde la minería a la joyería. La dureza, la diafanidad, el clivaje y la piezoelectricidad son propiedades fundamentales a la hora de estudiar los minerales. Para los principiantes, el conocimiento de las propiedades de los minerales abre todo un mundo de maravillas, sobre todo al explorar los numerosos y bellos minerales que se encuentran en todo el mundo.

La magia de los minerales y los sistemas cristalinos

Si alguna vez le han fascinado la belleza y el misterio de los cristales y los minerales, seguro que no es el único. Durante miles de años, culturas de todo el mundo han venerado estas maravillas geológicas por sus propiedades místicas y curativas. Pero aparte de su encanto e intriga, los minerales y cristales también se utilizan como herramientas científicas para comprender la historia de la Tierra y sus procesos. ¡Adentrémonos en el mundo de los minerales y los sistemas cristalinos y descubramos la magia que se esconde tras estas asombrosas sustancias!

Propiedades estéticas

Uno de los aspectos más interesantes de los minerales y cristales es su capacidad para reflejar la luz. Esto se conoce como propiedades ópticas y puede revelar mucho sobre su estructura y composición. Una propiedad, conocida como birrefringencia, hace que los minerales dividan la luz en dos rayos, revelando patrones y colores asombrosos cuando se observan al microscopio. Otras propiedades, como la fluorescencia y la fosforescencia, hacen que los minerales emitan luz cuando se exponen a determinadas longitudes de onda, creando un efecto brillante que parece casi mágico.

Propiedades curativas

Aparte de sus propiedades estéticas, a muchos minerales y cristales también se les atribuyen propiedades curativas. Esta práctica, conocida como curación con cristales, se basa en la idea de que cada cristal emite una energía o vibración única que puede interactuar con el campo energético del cuerpo para promover el bienestar físico y emocional. Aunque aún no hay pruebas científicas que avalen esta práctica, muchas personas juran por los efectos transformadores de la sanación con cristales.

Los minerales y los sistemas cristalinos son entidades fascinantes que encierran un gran significado científico y cultural. Tanto si le atrae su belleza estética como sus propiedades metafísicas o su valor científico, es innegable la magia y la maravilla de estas asombrosas maravillas geológicas. Así que la próxima vez que se encuentre con un cristal brillante o un mineral único, dedique un momento a apreciar su belleza y todo lo que representa. ¿Quién sabe qué misterios y secretos puede esconder?

Capítulo 6: El cuarzo

Si le interesa la geología, seguramente habrá oído que el cuarzo es uno de los minerales más abundantes de la corteza terrestre. Se calcula que el cuarzo ocupa alrededor del 12% de la superficie terrestre. Pero ¿qué es exactamente el cuarzo? ¿dónde se encuentra y por qué es tan común? El cuarzo es un mineral compuesto por átomos de silicio y oxígeno cuya fórmula química es SiO2. Existe en muchas variedades diferentes, como el cuarzo transparente, el cuarzo rosa, la amatista y el citrino, por nombrar algunas. En este capítulo exploraremos todo lo que necesita saber sobre este fascinante mineral. Al final, conocerá mejor el cuarzo y sus múltiples aplicaciones.

Un dato curioso: Los cristales de cuarzo pueden generar electricidad cuando se les aplica presión. Esto se conoce como efecto piezoeléctrico.

La abundancia del cuarzo

Entonces, ¿por qué es tan común el cuarzo? Una de las razones es que se forma en una amplia gama de condiciones. Es uno de los pocos minerales que puede formarse a todas las temperaturas y presiones dentro de la corteza terrestre. El cuarzo se forma más comúnmente en rocas ígneas y metamórficas, pero también se puede encontrar en rocas sedimentarias. Además, el cuarzo es resistente a la intemperie y la erosión, lo que significa que puede sobrevivir durante largos períodos y ser transportado largas distancias por el viento o el agua. Todos estos factores hacen que el cuarzo sea uno de los minerales más ampliamente distribuidos de la Tierra.

Otra razón para la abundancia del cuarzo son sus usos industriales. Las propiedades únicas del cuarzo, como su dureza, estabilidad química y piezoelectricidad, lo hacen útil en diversas industrias. Por ejemplo, el cuarzo se utiliza para fabricar vidrio, cerámica, semiconductores e incluso relojes. También se usa comúnmente como abrasivo en papel de lija y otros materiales.

El cuarzo se encuentra en todo el mundo, pero ciertas regiones son particularmente conocidas por su abundancia de cuarzo. Una de las más famosas son las montañas Ouachita en Arkansas, donde se pueden encontrar cristales de cuarzo transparentes de hasta un pie de largo. Brasil también es una importante fuente de cuarzo, con grandes depósitos de amatista y citrino. Otras áreas donde se puede encontrar cuarzo incluyen Madagascar, Namibia y los Alpes en Europa.

Cuarzo transparente: la piedra más versátil

El cuarzo transparente es una opción perfecta si busca una piedra versátil que añada belleza, equilibrio y armonía a su vida. Este cristal encantador es el mineral más común en la Tierra y se puede encontrar en diferentes lugares del mundo. El cuarzo transparente tiene una gran cantidad de beneficios maravillosos y es atesorado en el mundo de la metafísica. No es de extrañar que los espiritistas y sanadores de cristales de todo el mundo amen esta piedra.

Características

El cuarzo transparente es un cristal incoloro, transparente, de seis lados con una estructura similar a un prisma. Se le conoce como el "maestro sanador" y amplifica las vibraciones a su alrededor. El cuarzo transparente es un excelente conductor de energía. Por lo tanto, es una piedra que mejora la conciencia espiritual y la claridad de pensamiento. La energía del cuarzo transparente fomenta la claridad del pensamiento, la transformación espiritual y el bienestar general. También diluye la negatividad y la transmuta en energía positiva.

Estructura

Los cristales de cuarzo transparente tienen una estructura hexagonal, lo que significa que cada cara del cristal tiene seis lados. Debido a la consistencia de su simetría de seis lados, es fácil reconocer este cristal. Los cristales de cuarzo transparentes tienen átomos cuidadosamente dispuestos, formando una cuadrícula de celosía, que es la forma en que la energía vibratoria viaja a través de ellos. Los arreglos de cuadrícula reticular permiten que el cuarzo transparente almacene, transmita, amplifique y transforme energías.

Dureza

El cuarzo transparente tiene una calificación de dureza de 7 en la escala de dureza de Mohs, lo que lo hace bastante duradero. Esta escala va del uno al 10, siendo uno el más suave y 10 el más duro. La durabilidad del cuarzo transparente es esencial cuando se usa para el uso diario y es perfecto para hacer anillos, collares y otras joyas de cristal.

Maneras de identificarlo

El cuarzo transparente es relativamente fácil de identificar, ya que es transparente e incoloro. No es magnético y no conduce la electricidad, por lo que no interferirá con los imanes ni conducirá la electricidad. Cuando se sostiene bajo una luz brillante, el cuarzo transparente puede proyectar un arco iris de colores, lo que lo hace aún más cautivador.

Los cristales de cuarzo transparentes son un regalo extraordinario para la humanidad desde el vientre de la Tierra. Sus propiedades curativas lo hacen popular para el despertar espiritual y elevar las vibraciones. El cuarzo transparente es simple pero poderoso y puede ayudar en gran medida a la concentración y la claridad mental. En general, el amor del mundo por el cuarzo transparente no es sin razón, ya que es una piedra versátil en sus propiedades vibratorias, resistencia y belleza que la convierten en una de las piedras más queridas en el reino de cristal.

Cuarzo rosa: una piedra preciosa con muchos beneficios

El cuarzo rosa es una hermosa piedra semipreciosa que se encuentra en abundancia en todo el mundo. Tiene muchas cualidades que lo hacen muy buscado por su belleza y poderes curativos. Desde su encantador color rosa hasta su energía reconfortante, el cuarzo rosa es una piedra que se ha utilizado durante siglos de diversas maneras.

Cuarzo rosa[70]

Características

El cuarzo rosa varía en color desde el rosa pálido hasta el rosa intenso. Su color proviene de trazas de titanio, hierro o manganeso. El tono más deseable es un color puro, ligeramente rosado, libre de tonos anaranjados o grises. Tiene un brillo vítreo o vítreo y es translúcido a opaco. La piedra es muy apreciada por su color, asociado con el amor y la pasión. A menudo se usa en joyería, especialmente en collares y pulseras.

Estructura

El cuarzo rosa es un miembro de la familia de minerales del cuarzo, que incluye otras piedras conocidas como la amatista, el citrino y el cuarzo ahumado. Es un mineral de dióxido de silicio, un sistema cristalino hexagonal y una terminación piramidal. Contiene pequeñas inclusiones de fibras o agujas rosadas, que le dan un aspecto único.

Dureza

El cuarzo rosa tiene una dureza de siete en la escala de Mohs, lo que significa que es relativamente duro y duradero. Se puede rayar con minerales más duros como el topacio, el zafiro y el diamante. Recuerde que, si bien el cuarzo rosa es duro, aún puede astillarse o dañarse si se expone al calor o la presión extremos.

Maneras de identificarlo

El color y la estructura son las formas en que se identifica esta piedra. Debe ser de color rosa pálido a intenso sin inclusiones grises o naranjas. También debe tener forma hexagonal y terminación piramidal. También puede usar una lupa para buscar inclusiones en la piedra. Vale la pena señalar que el cuarzo rosa sintético también está disponible en el mercado, por lo que comprar a un distribuidor de confianza es crucial.

Beneficios

El cuarzo rosa es conocido por abrir el corazón y sanar heridas emocionales. A menudo se usa en la meditación para promover el amor, la compasión y la paz. También se cree que tiene beneficios físicos, como mejorar la circulación, reducir las arrugas y aliviar los dolores de cabeza tensionales. El cuarzo rosa es una piedra versátil que puede ayudar a promover la salud emocional y física.

El cuarzo rosa es una hermosa piedra preciosa con muchos beneficios. Tiene un hermoso color rosa y una energía conmovedora que lo hacen muy apreciado en el mundo de la joyería. Su estructura hexagonal y su terminación piramidal hacen que sea fácil de identificar, y su dureza asegura que durará muchos años. Ya sea que esté buscando curación emocional o beneficios para la salud física, el cuarzo rosa es una piedra que puede ayudarlo a lograr sus objetivos.

La magia de la amatista

La amatista es una de las piedras más fascinantes conocidas por el hombre. Su color púrpura único y sus asociaciones espirituales le han dado un lugar especial en la historia mística como piedra decorativa y cristal curativo. Se pueden encontrar en todo el mundo, pero algunos de los especímenes más antiguos y venerados provienen del sur de Brasil, Uruguay, Madagascar y Zambia.

Amatista[71]

Características

La amatista pertenece al grupo de los minerales cuarzo. A veces se le llama la "Piedra del Espíritu" debido a sus propiedades espirituales y calmantes. El color puede variar desde el lila pálido hasta el púrpura intenso, y a menudo presenta una zonificación de color natural. La amatista es conocida por su alta pureza y no contiene inclusiones ni impurezas visibles. También es un mineral relativamente común, con depósitos considerables que se encuentran en todo el mundo.

Estructura

La amatista tiene un sistema cristalino trigonal, que forma prismas de seis lados con puntas puntiagudas. Tiene una estructura de celosía hexagonal en forma de prisma que le da su aspecto único e icónico. Esta estructura hace que sea fácil de identificar, y una vez que haya visto una, no tendrá problemas para reconocer la amatista nunca más.

Dureza

La dureza de la amatista es de siete en la escala de dureza de Mohs. Esto significa que es una piedra relativamente duradera que resistirá los arañazos y el desgaste normalmente. Sin embargo, sigue siendo vulnerable a los golpes más extremos y a los arañazos de los materiales más duros. Por lo tanto, si está buscando usar un anillo o colgante de amatista, lo mejor es evitar actividades que puedan ponerlo en riesgo.

Maneras de identificarla

Una de las formas más fáciles de identificar una amatista es por su color. Si ve un cristal púrpura que es translúcido u opaco, entonces vale la pena investigar más. Algunas otras características que debe buscar en una amatista incluyen su índice de refracción, birrefringencia y su pleocroísmo. La amatista también tiene una gravedad específica de 2,66, que se puede utilizar para distinguirla de otros minerales.

La amatista es una piedra hermosa y muy codiciada que ha fascinado a la gente durante siglos. Su color púrpura único y sus propiedades espirituales lo han convertido en una opción popular para la joyería, la decoración del hogar y la meditación. Con suerte, la exploración en profundidad de las características, la estructura, la dureza y las formas de identificarla de la amatista le han brindado una mayor comprensión y un nuevo respeto por esta increíble piedra. Si nunca antes ha tenido una amatista, tal vez sea hora de darse un capricho y experimentar su magia por sí mismo.

Cuarzo ahumado

¿Está buscando un cristal que pueda ayudarlo a mantenerse conectado a tierra y concentrado y, al mismo tiempo, brindarle protección? No busque más allá del cuarzo ahumado. Este hermoso cristal es conocido por su color único y sus poderosas propiedades. En esta sección, exploraremos las características, la estructura y la dureza del cuarzo ahumado y las formas de identificarlo. Al final, apreciará mejor los muchos beneficios de este cristal especial.

Cuarzo ahumado[72]

Características

El cuarzo ahumado es una variedad de cuarzo macrocristalino que varía en color desde un gris claro hasta un marrón intenso y profundo. Su color proviene de la presencia de impurezas de aluminio en la estructura cristalina. El cuarzo ahumado es conocido por su transparencia y, a menudo, se encuentra en racimos o como cristales individuales. También se dice que tiene una poderosa energía de conexión a tierra.

Estructura

El cuarzo ahumado tiene un sistema cristalino hexagonal y está compuesto de dióxido de silicio. Su fórmula química es SiO_2. La estructura cristalina del cuarzo ahumado está formada por la disposición ordenada de átomos y moléculas que componen la red cristalina. Este sistema cristalino es lo que le da al cuarzo ahumado sus propiedades y energía únicas.

Dureza

En la escala de Mohs de dureza mineral, el cuarzo ahumado tiene una calificación de siete. Esto significa que es relativamente duro y duradero, lo que lo hace adecuado para muchos usos diferentes. El cuarzo ahumado se usa a menudo en joyería debido a su belleza y durabilidad. También se utiliza en diversas aplicaciones industriales, como en óptica de alta precisión.

Maneras de identificarlo

El cuarzo ahumado se identifica por su color característico, transparencia y estructura cristalina. A menudo se encuentra en racimos o como cristales individuales. El cuarzo ahumado también se puede distinguir de otros tipos de cuarzo por su color gris parduzco y sus propiedades energéticas únicas. Cuando se sostiene, se dice que el cuarzo ahumado proporciona una sensación de calma y conexión a tierra.

Usos

El cuarzo ahumado tiene muchos usos diferentes, desde joyería hasta aplicaciones industriales. También se usa a menudo en la meditación para ayudar a promover una sensación de calma y concentración. También se cree que proporciona protección contra la energía negativa y conecta a tierra al usuario. El cuarzo ahumado también se utiliza en varias modalidades de curación, como la curación con cristales y el Reiki.

El cuarzo ahumado es un cristal potente y versátil que ofrece muchos beneficios a sus usuarios. Desde su color y estructura únicos hasta sus poderosas propiedades energéticas, es una excelente opción para aquellos que buscan mantenerse con los pies en la tierra y concentrados y, al mismo tiempo, protegerse de la energía negativa. Ya sea que se use en joyería, meditación o curación, el cuarzo ahumado seguramente le brindará los beneficios que está buscando.

Diamante Herkimer: Una gema rara

El diamante Herkimer es un mineral único que se encuentra en el condado de Herkimer, Nueva York. Estas raras piedras preciosas no son diamantes, sino cristales de cuarzo que se asemejan a los diamantes. Se utilizan a menudo en joyería y se han hecho muy populares en los últimos años.

Diamante Herkimer[78]

Características

Una de las características más significativas del diamante Herkimer es su claridad. Estos cristales de cuarzo son conocidos por ser muy claros, y a menudo se encuentran en parejas con formas perfectamente simétricas. Los diamantes Herkimer son también de doble terminación, lo que significa que tienen dos terminaciones, o puntas, en cada extremo. Esta característica los hace únicos en comparación con otros cristales de cuarzo.

Estructura

La estructura del diamante Herkimer es una de las cosas que diferencian a este mineral de otros cristales de cuarzo. Tiene un sistema cristalino hexagonal y pertenece a la clase de cristales trigonales. La red cristalina del diamante Herkimer también es única porque es estructuralmente perfecta. La ausencia de cualquier inclusión o impureza los convierte en uno de los cristales más bellos de la naturaleza.

Dureza

El diamante Herkimer tiene una dureza de siete y medio a ocho en la escala de dureza de Mohs. Esto lo convierte en un mineral muy duradero y resistente a los arañazos. También significa que puede utilizarse en joyería para uso diario con un cuidado mínimo. La durabilidad del diamante Herkimer también lo convierte en una opción popular para aplicaciones industriales como los dispositivos ópticos.

Formas de identificación

Hay varias formas de identificar los diamantes Herkimer. La primera es su forma de doble terminación, única en comparación con otros cristales de cuarzo. Otra forma es la claridad del cristal. Los diamantes Herkimer son conocidos por su excelente transparencia y a menudo se utilizan como sustitutos de los diamantes. Por último, los diamantes Herkimer son específicos del condado de Herkimer en Nueva York. Por lo tanto, si usted descubre un cristal de cuarzo claro de doble terminación fuera de esta región, es poco probable que sea un diamante Herkimer.

El diamante Herkimer es un mineral único y raro con varias características que lo distinguen de otros cristales de cuarzo. Su claridad, estructura perfecta y forma de doble terminación lo convierten en una piedra preciosa muy codiciada para la fabricación de joyas. El hecho de que sea exclusiva de una sola región de Nueva York también aumenta su atractivo para los coleccionistas de rocas. Hay varias formas de identificar los diamantes Herkimer, como su característica doble terminación y su claridad cristalina. Si alguna vez tiene la oportunidad de poseer un diamante Herkimer, lo apreciará por su belleza, rareza e historia.

El resplandeciente mundo de la aventurina

La aventurina, de una belleza radiante, es una gema brillante que despierta los sentidos de todo aquel que la contempla. Tanto si es usted coleccionista de gemas como amante de la joyería, la aventurina es una gema irresistible por la que se sentirá atraído. Por sus características brillantes, su estructura y su dureza, la aventurina se ha convertido en una de las piedras preciosas más valoradas y codiciadas del mundo.

Aventurina[74]

Características

La aventurina pertenece a la familia del cuarzo y es conocida por su brillo resplandeciente y sus cautivadores destellos. La piedra se asemeja al mármol y tiene un brillante color arco iris. Esto se debe a que contiene pequeños trozos de fucsita o mica. Estos minerales refractan la luz, lo que confiere a la aventurina su brillo característico. Dependiendo del número de depósitos minerales, la aventurina se presenta en una gama de colores que incluye el verde, el amarillo, el naranja, el azul y el rojo. También es frecuente encontrarla con dibujos negros, grises y blancos.

Estructura

La estructura de la aventurina es cristalina y su retículo es hexagonal. Su forma de prisma de seis caras le confiere un aspecto geométrico distintivo que la hace fácilmente reconocible. La estructura reticular de la aventurina le confiere dureza y durabilidad, lo que la hace perfecta para tallar y crear joyas. La disposición hexagonal de los átomos confiere a la aventurina su resistencia, lo que significa que puede soportar el desgaste diario sin agrietarse ni romperse.

Dureza

La aventurina es una gema de dureza moderada, con una escala de dureza Mohs de seis y medio a siete. Sin embargo, su dureza puede variar ligeramente en función del color y la calidad de la piedra. Por ejemplo, la aventurina con más escamas de mica o depósitos minerales tiende a ser ligeramente más blanda que la que tiene menos depósitos. No obstante, la aventurina sigue siendo una de las piedras preciosas más duraderas de la familia del cuarzo.

Formas de identificación

Para reconocer con precisión la aventurina, hay que fijarse en su color único, inspeccionar la estructura de la piedra y calibrar su dureza. Su brillo y destello característicos indican que se trata de aventurina. Al mirarla al trasluz, también debe ser translúcida, con sus inclusiones internas y depósitos minerales visibles. Además, su densidad relativamente alta puede diferenciar la aventurina de las piedras de vidrio o plástico.

La aventurina es una piedra preciosa que añade un toque de brillo a cualquier joya o colección. Con su brillo resplandeciente, sus características únicas y su durabilidad, no es de extrañar que la aventurina se haya convertido en la elección favorita de los entusiastas de las gemas. Su estructura hexagonal enrejada y su entramado cristalino la hacen innovadora y adaptable. Además, las inclusiones y depósitos minerales tienden a darle un aspecto natural y orgánico. Al identificar una aventurina, fíjese en su brillo único y su estructura hexagonal. Si busca una piedra preciosa que posea un esplendor sin igual y una durabilidad notable, la aventurina es una elección perfecta.

Explorando el fascinante mundo del citrino

Si le gustan las piedras preciosas, seguro que ha oído hablar del citrino. Este cristal dorado es adorado por su belleza y sus propiedades curativas. Pero, ¿qué es exactamente el citrino? ¿De dónde procede? ¿Cómo se identifica? Desde las características del citrino hasta su estructura, pasando por las formas de identificarlo. Sumerjámonos en el fascinante mundo del citrino.

Citrino[75]

Características

El citrino, una popular variedad del cuarzo, es una gema de color amarillo a dorado anaranjado. El color único del citrino se debe al hierro presente en su estructura cristalina. Se encuentra en muchos países del mundo, como Brasil, Rusia, Madagascar y Estados Unidos. El citrino totalmente natural es poco frecuente, y la mayoría de los citrinos disponibles en el mercado se someten a tratamiento térmico para realzar su color. El citrino es conocido como la "piedra del mercader", ya que se cree que trae prosperidad y éxito.

Estructura

La estructura del citrino es similar a la de otras variedades de cuarzo. Tiene un sistema cristalino hexagonal y suele encontrarse en grupos de cristales, geodas y drusas. El citrino se distingue de otras gemas, como la amatista, el cuarzo ahumado y el topacio, por su color entre naranja y marrón. El citrino es conocido por su singular estructura reticular, que puede facilitar la concentración, aumentar la claridad mental y promover la paz interior.

Dureza

El citrino es un mineral duro, de dureza siete en la escala de Mohs, lo que significa que es relativamente duro y difícil de romper. Sin embargo, a pesar de su dureza, puede rayarse con minerales más duros como el diamante y el corindón. Por lo tanto, es aconsejable mantener el citrino alejado de materiales abrasivos que puedan rayarlo o dañarlo.

Formas de identificación

Identificar el citrino es relativamente fácil, ya que la gema se distingue por su color y estructura. Por su color y claridad, el citrino suele confundirse con el topacio o el berilo dorado. Sin embargo, se puede diferenciar el citrino de otras gemas examinando su estructura y color. El topacio suele tener una estructura cristalina diferente y es más transparente, mientras que el berilo dorado es un tono más claro de amarillo. Además, la presencia de inclusiones en el citrino lo distingue de otras piedras preciosas.

Usos

Además de adornar joyas, el citrino se utiliza mucho en prácticas de sanación energética. Entre sus propiedades curativas están la positividad, la autoestima y el equilibrio interior. El citrino también puede ser útil en prácticas de feng shui para atraer riqueza y abundancia a su vida. Si le interesa la meditación, la energía del citrino puede ayudarle a alcanzar una mayor conciencia espiritual.

En resumen, el citrino es una hermosa gema con propiedades distintivas que la diferencian de otros cristales. Tanto si es un entusiasta de la metafísica como un coleccionista de piedras preciosas, poseer un citrino puede ser una valiosa adición a su colección. No olvide manipular el citrino con cuidado y evitar exponerlo a condiciones adversas que puedan afectar a su belleza y propiedades. En general, se puede decir que el citrino es una gema fantástica con mucho que ofrecer, ¡así que añádala a su colección hoy mismo!

El cuarzo no sólo es interesante por su abundancia o sus usos industriales. Se ha valorado durante siglos por su belleza y sus propiedades metafísicas. Al cuarzo transparente, en particular, se le atribuyen propiedades curativas y la capacidad de mejorar la claridad mental y la concentración. El cuarzo rosa se utiliza para fomentar el amor y la compasión, mientras que la amatista ayuda al crecimiento espiritual y a aliviar el estrés. Puede que estas creencias no tengan respaldo científico, pero sin duda aumentan el atractivo de este fascinante mineral.

El cuarzo es un mineral increíblemente común e infinitamente fascinante. Las propiedades únicas del cuarzo y su amplia gama de usos lo convierten en una parte importante de nuestra vida cotidiana, nos demos cuenta o no. Así que la próxima vez que se encuentre con un cristal de cuarzo o una pieza de joyería de cuarzo, tómese un momento para apreciar la belleza y la maravilla de este asombroso mineral.

Capítulo 7: Calcedonias y ágatas

Las ágatas y la calcedonia son piedras asombrosas apreciadas desde hace siglos. Ambas clases de rocas forman parte de una familia mayor, la del majestuoso cuarzo. Aunque las ágatas y las calcedonias son similares, cada una tiene su encanto y atractivo únicos. El ágata es una hermosa piedra bandeada, a menudo con cautivadores remolinos o dibujos. Por otro lado, la calcedonia suele ser de un color sólido, que va desde un rosa casi pastel a un azul oscuro intenso. A pesar de tener características diferentes, ambas piedras son muy codiciadas.

Los joyeros valoran la durabilidad y las interesantes características que aportan a accesorios y obras de arte. Con elementos naturales tan impresionantes con los que trabajar, no es de extrañar que la gente haya disfrutado durante tanto tiempo de gemas como el ágata y la calcedonia. En este capítulo se ofrece una introducción a las dos piedras, sus propiedades, ejemplos de ambos tipos y consejos sobre cómo cuidarlas. Al final, ¡se habrá convertido en un experto en ágatas y calcedonias!

Introducción a las calcedonias

La calcedonia es una de las gemas más impresionantes del mundo de la joyería. La piedra preciosa viene en diferentes variaciones de colores, incluyendo azul, blanco, gris, rosa y melocotón. Es popular por sus diversas propiedades curativas, que la convierten en una excelente adición a cualquier régimen de curación con cristales.

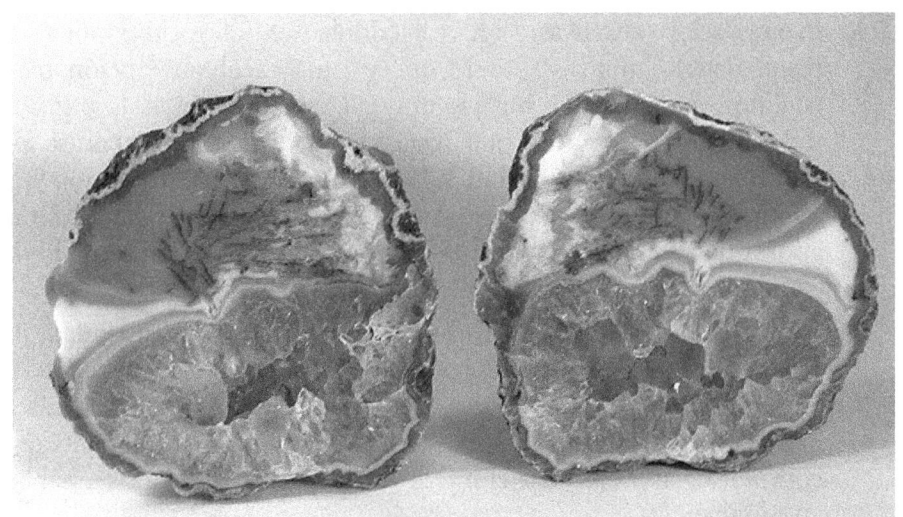
Calcedonia[76]

¿Qué es la calcedonia?

La calcedonia es un mineral que pertenece a la familia del cuarzo y está formado por cristales microscópicos. Generalmente se encuentra en el interior de rocas volcánicas, y sus variaciones de color dependen de los minerales que contenga el entorno de su formación. Se considera uno de los minerales más antiguos utilizados con fines decorativos y ha sido una piedra preciosa muy popular a lo largo de la historia.

Propiedades de la calcedonia

1. **Color:** La calcedonia se presenta en varios colores, como azul, blanco, gris, rosa y melocotón. La calcedonia azul es la más popular. Es un color hermoso, sereno y tranquilizador que ayuda a aportar paz y calma a quien lo lleva.

2. **Dureza y durabilidad:** La calcedonia tiene una dureza de seis a siete en la escala de Mohs, lo que la convierte en una gema relativamente duradera. Es esencial tener en cuenta que la piedra preciosa puede fracturarse con facilidad, por lo que es importante manipularla con cuidado.

3. **Bandas:** La calcedonia en bandas es una hermosa variante de la piedra preciosa que presenta patrones y remolinos únicos. Estos patrones se producen cuando la calcedonia se forma junto a otro mineral, creando líneas y remolinos de color dentro de la piedra.

4. **Propiedades curativas:** La calcedonia es conocida por sus propiedades curativas, por lo que es una excelente opción para cualquier persona que busque el equilibrio emocional, la paz y la tranquilidad. Se cree que esta gema ayuda a superar los sentimientos de inferioridad y hace aflorar la fuerza interior y la confianza de quien la lleva. Además, se cree que la calcedonia aporta beneficios físicos como la mejora de la salud intestinal y la circulación sanguínea.

5. **Propiedades metafísicas:** En el mundo de la espiritualidad, la calcedonia se asocia con el chakra de la garganta, que rige la comunicación y la autoexpresión. Se cree que esta gema ayuda a quien la lleva a decir su verdad, mejorar sus habilidades comunicativas y eliminar el miedo y la ansiedad asociados a hablar en público.

Tipos de calcedonia

La calcedonia, con sus bellas y especiales características, es realmente uno de los minerales más fascinantes que existen. Este tipo de mineral pertenece a la familia del cuarzo y puede presentarse en varios tipos. Una de las características más asombrosas de la calcedonia es que puede presentarse en una amplia gama de colores, cada uno con propiedades únicas. En esta sección exploraremos algunos de los tipos más populares de gemas de calcedonia. Desde la cornalina hasta el ónice, le invitamos a descubrir estos maravillosos tipos de calcedonia.

A. Cornalina

La cornalina es un precioso mineral de color entre naranja y marrón rojizo. Es una piedra semipreciosa y una de las variedades de calcedonia más buscadas. Su característico color marrón rojizo se debe a la presencia de óxido de hierro en el mineral. Entre sus propiedades destacan la fuerza interior, el valor y la creatividad. Al llevar cornalina, las personas pueden aprovechar su intuición natural y manifestar sus deseos con mayor facilidad. Se sabe que activa los chakras segundo y tercero, lo que aumenta la vitalidad física y mental, renueva la energía, incrementa la creatividad y mejora la autoestima.

B. Crisoprasa

La crisoprasa tiene un delicado color verde que recuerda al follaje fresco de la primavera. Es conocida por sus propiedades curativas y se considera una poderosa piedra limpiadora. Llevar crisoprasa puede ayudarle a liberarse de pensamientos y emociones negativas y a enraizar su viaje espiritual. La energía curativa de la crisoprasa también puede recargar su campo energético, atrayendo abundancia, prosperidad y buena suerte.

C. Heliotropo

El heliotropo, también conocido como piedra de sangre, es un llamativo mineral verde con vetas rojas que pueden recordar a una salpicadura de sangre. Se considera una poderosa piedra curativa, que ayuda a purificar la sangre y relajar la mente. También es una piedra popular para quienes intentan superar dolores emocionales como la tristeza, el estrés y la ansiedad. El heliotropo puede equilibrar las emociones y promover la paz interior.

D. Calcedonia cromada

Una de las variedades más singulares de calcedonia es la calcedonia cromada. Tiene un impresionante color verde y puede ser transparente o translúcida. Entre sus propiedades está la de calmar la mente y aumentar la intuición y el equilibrio emocional. Al llevarla, uno puede sentir cómo se abre su chakra del tercer ojo y cómo su centro emocional se alinea con su viaje espiritual. Puede ayudar a liberar traumas emocionales del pasado y aportar claridad y concentración al presente.

E. Ojo de tigre

El ojo de tigre es de un intenso color marrón dorado con vetas amarillas y rojas. Es una piedra poderosa que aumenta la confianza y la autoestima y puede ayudar a alcanzar el éxito en la vida personal o profesional. Sus propiedades incluyen un efecto calmante de la mente que equilibra emociones negativas como la ansiedad y la inseguridad. El ojo de tigre es una piedra práctica que puede ayudar a manifestar los objetivos deseados de quien la lleva.

F. Jaspe

El jaspe puede presentarse en varios colores, cada uno con propiedades únicas. Se considera una piedra estabilizadora que puede ayudar a equilibrar los aspectos físico, emocional y espiritual. Al llevarlo, el jaspe transmite una energía nutritiva que fomenta el confort y la seguridad. Puede ayudar a liberar bloqueos energéticos, fomentando la positividad y atrayendo la abundancia a la vida.

G. Ónix

El ónix es un mineral negro de acabado brillante. Representa la fuerza, la protección y la confianza en uno mismo. Se dice que ayuda a controlar y concentrar la energía y a liberar emociones negativas como la ansiedad, la depresión y la ira. Llevar ónix puede dar fuerza en situaciones de estrés mental o físico, por lo que es una elección popular entre quienes trabajan en entornos de ritmo rápido o de mucho estrés.

Los distintos tipos de calcedonia son bellos y significativos a su manera. Cada piedra tiene propiedades que pueden ayudar a mejorar la energía y el bienestar. Cornalina, crisoprasa, heliotropo, calcedonia cromada, ojo de tigre, jaspe y ónix son sólo algunos de los muchos tipos de calcedonia. Tómese su tiempo para descubrir cuál resuena con usted y le ayuda en su viaje espiritual. Recuerde que la calcedonia tiene algo que ofrecer a todo el mundo, lo que la convierte en un mineral atemporal y esencial que explorar.

El maravilloso mundo de las ágatas

Las ágatas son unos de los cristales más impresionantes, coloridos e intrigantes. Puede que haya oído hablar de ellas antes, o puede que no. Pero, ¿se ha preguntado alguna vez qué son estas rocas y cómo se forman? Pues bien, esta sección le introducirá en el encantador mundo de las ágatas, desde sus propiedades básicas hasta sus intrincadas formaciones y cómo son atesoradas por coleccionistas, fabricantes de joyas y entusiastas de la geología.

Ágata[77]

¿Qué es un ágata?

Las ágatas son un tipo de mineral calcedonia, que se compone de cuarzo microcristalino formado a partir de rocas volcánicas o sedimentarias. Este mineral esconde muchos secretos que confieren a cada ágata su personalidad única, desde llamativas bandas de colores, sutiles tonalidades o incluso variaciones translúcidas u opacas. Los diseños coloridos y detallados de las rocas proceden de minerales como el hierro, el manganeso y el sílice. Estos minerales penetran en la roca a través de pequeños agujeros y grietas. La mezcla de estos minerales crea un entramado de bandas u otras formas de inclusiones que hacen que cada ágata sea única.

Propiedades de las ágatas

1. **Color:** Las ágatas presentan una amplia gama de colores, desde rojos, naranjas y amarillos ardientes a verdes, azules y morados serenos, pasando por grises, blancos y marrones sutiles. Algunas ágatas son de color sólido, mientras que otras muestran intrincados dibujos que recuerdan paisajes, ojos, marinas y muchos más. Los expertos lapidarios y joyeros suelen utilizar el color y los dibujos de las ágatas para crear piezas asombrosas que resaltan la belleza natural de estas piedras.

2. **Dureza y durabilidad:** Las ágatas son minerales relativamente duros, con una clasificación de seis y medio a siete en la escala de dureza de Mohs. Esto las convierte en una elección popular para su uso en joyería, objetos decorativos e incluso esculturas debido a su durabilidad y resistencia a los arañazos o astillamientos. También tienen una gran resistencia a la corrosión química, lo que las hace ideales para su uso en aparatos químicos, como tubos de ensayo, matraces y morteros.

3. **Bandas:** El bandeado de las ágatas es uno de los rasgos más distintivos que las hacen tan apreciadas por coleccionistas y aficionados. Se trata de una serie de capas alternas de minerales que crean un dibujo ondulado o rectilíneo que atraviesa el ágata. Los patrones pueden ser asimétricos, simétricos o radiales, y a menudo se asemejan a paisajes naturales, olas u otros fenómenos naturales. A veces, inclusiones más pequeñas, como un "ojo" o una "hinchazón" (donde quedaron atrapadas burbujas de gas durante la formación del ágata), rompen el dibujo en algunos lugares.

4. **Variedades:** Hay muchos tipos de ágatas, cada uno con sus propias propiedades, colores y diseños. Algunos de los tipos más populares son el ágata de fuego, que muestra una brillante gama de tonos naranjas y rojos; el ágata de encaje azul, conocida por su delicado diseño de encaje entre azul y blanco; y la de Botsuana, que presenta un marcado bandeado entre gris y gris más oscuro. Otros tipos notables de ágatas son el encaje loco y el paisaje. Las ágatas penacho también son impresionantes y codiciadas por coleccionistas y aficionados.

Tipos de ágatas

Si es usted un amante de las piedras preciosas o un creyente en las propiedades curativas de los cristales, es posible que ya esté familiarizado con la mística ágata. Este mineral único es muy popular por sus ricos colores, intrincados dibujos y propiedades metafísicas. Pero, ¿sabía que hay varios tipos de ágata con características y significados distintos?

A. Ágata encaje azul

El ágata encaje azul es una impresionante variedad de ágata que se caracteriza por su delicado patrón de rayas azules y blancas. Este cristal es venerado por su energía calmante y edificante, que ayuda a aliviar el estrés, la ansiedad y la agitación emocional. También se cree que el ágata azul mejora la comunicación, la claridad y la creatividad, por lo que es una piedra ideal para artistas, escritores y oradores. Este cristal se utiliza a menudo en la meditación, la curación espiritual y el equilibrio de los chakras, ya que puede ayudar a calmar la mente y promover la paz interior.

B. Ágata de fuego

El ágata de fuego es una fascinante variedad de ágata que muestra una iridiscencia similar a la del arco iris y un brillo ardiente. Este cristal es conocido por sus propiedades enraizantes y protectoras, que ayudan a estabilizar la energía, fomentar el valor y alejar las energías negativas. El ágata de fuego también se considera una piedra de creatividad y manifestación que puede ayudar a amplificar los deseos y hacer realidad los sueños. Este cristal es popular entre joyeros y coleccionistas de cristales por su aspecto único y su poderosa energía.

C. Ágata musgosa

El ágata musgo es una variedad distintiva de ágata con hermosos patrones verdes parecidos al musgo en su superficie. Este cristal es muy apreciado por su conexión con la naturaleza y su capacidad para promover el crecimiento, la abundancia y la armonía. Se cree que el ágata musgo facilita la comunicación con plantas y animales, ya que encarna el espíritu del mundo natural. Este cristal es popular entre jardineros, ecologistas y entusiastas de las actividades al aire libre que buscan alinearse con la energía de la Tierra y fomentar el equilibrio ecológico.

D. Ágata dendrítica

El ágata dendrítica es una cautivadora variedad de ágatas con exclusivas inclusiones dendríticas marrones o negras que recuerdan a helechos, árboles u otras formas orgánicas. Este cristal simboliza el crecimiento, la estabilidad y el equilibrio, ya que encarna la esencia del poder creativo de la naturaleza. El ágata dendrítica se utiliza a menudo para mejorar la visualización, la intuición y la conexión con el mundo natural. Este cristal es ideal para los amantes de la naturaleza, los sanadores y los ecologistas que buscan promover la curación personal y planetaria.

Ágatas vs. Calcedonias: ¿En qué se diferencian?

Las ágatas y las calcedonias pueden confundirse fácilmente. Ambas son asombrosamente bellas y tienen colores impresionantes, pero ¿qué las diferencia exactamente? Entender la diferencia entre estas dos gemas puede ayudarle a elegir la perfecta para su colección.

Diferencias en la estructura

Una de las principales diferencias entre ágatas y calcedonias es su estructura interna. Las ágatas tienen un patrón de bandas distintivo que se debe a la deposición de minerales en capas o anillos alrededor de las paredes de la cavidad hueca donde se formó la piedra. Las calcedonias, en cambio, no presentan este patrón de bandas, pero suelen tener estructuras microcristalinas que crean una superficie cerosa.

Variaciones de color

Las ágatas y las calcedonias se presentan en una amplia gama de colores, pero los colores y patrones de cada piedra difieren. Las ágatas tienen distintos dibujos, como marcas en forma de ojo, rayas y anillos concéntricos de distintos colores, desde marrones y verdes terrosos hasta rojos, azules y morados intensos. En cambio, las calcedonias suelen ser de colores sólidos, como el azul claro, el gris y el blanco.

Diferentes usos

Las ágatas se utilizan a menudo para abalorios, cantos rodados y gemas talladas en cabujón por sus características bandas de colores. También se emplean en artículos decorativos como sujetalibros, posavasos y jarrones. Las calcedonias se utilizan a menudo para tallas, camafeos y calcomanías por su estructura densa y su brillo ceroso. También se utilizan para cuentas, colgantes y otras piezas de joyería.

El cuidado de las calcedonias y las ágatas

Cuidar las calcedonias y las ágatas es tan sencillo como gratificante. Lo más importante es mantenerlas limpias para que conserven sus colores y dibujos únicos. Lo más seguro es limpiarlas con un paño suave y húmedo, ya que los detergentes fuertes pueden dañarlas. Evite utilizar cualquier tipo de exposición química, como soluciones de limpieza o limpiadores de vapor, cuando cuide su colección. Cuando las guarde, asegúrese de mantenerlas en un lugar fresco y seco, lejos de la luz solar directa, para proteger la belleza de estas piedras preciosas. Siempre que lleve joyas que contengan ágatas o calcedonias, asegúrese de quitárselas antes de participar en actividades que puedan resultar demasiado agotadoras para los delicados metales utilizados en los engarces. Seguir estos pocos pasos es todo lo que se necesita para que estas gemas, que presumen de una increíble variedad de colores y brillo, duren muchos años.

La calcedonia es una piedra preciosa impresionante, rica en belleza y poder curativo. Tanto si busca equilibrio emocional, fortaleza personal o una forma de mejorar su bienestar general, hay mucho que ganar con esta piedra preciosa. Con tantas variaciones y beneficios, no es de extrañar que las calcedonias hayan seguido siendo una opción popular entre los entusiastas de la joyería a lo largo de la historia. Así pues, si busca una piedra preciosa que sea tan bella como beneficiosa, la calcedonia es sin duda la elección perfecta para usted.

El ágata es un mineral fascinante que presenta una gran variedad de diseños, colores y propiedades metafísicas. Tanto si le atrae la energía calmante del ágata encaje azul, la energía protectora del ágata de fuego, la energía armonizadora del ágata musgo o la energía orientada al crecimiento del ágata dendrítica, hay una variedad de ágata que puede satisfacer sus necesidades y mejorar su vida. Así que, la próxima vez que se encuentre con una piedra de ágata o una pieza de joyería de ágata, mírela de cerca e intenta descubrir su tipo y significado. Quién sabe, puede que encuentre el cristal perfecto para apoyar su viaje espiritual y su crecimiento personal.

Capítulo 8: Piedras preciosas

Las piedras preciosas se han atesorado desde la antigüedad y son admiradas tanto por sus deslumbrantes colores como por su rareza. A lo largo de los siglos, estas gemas han sido un símbolo de estatus, se han intercambiado como regalos de amor o se han llevado para atraer la buena suerte. Tanto si aprecia la belleza de un profundo zafiro azul, un alegre topacio amarillo o un elegante diamante rosa, hay algo intemporal y mágico en las piedras preciosas que sigue cautivándonos hoy en día. Su lujoso encanto las convierte en objetos deseables que merecen la pena invertir en cualquier colección de joyas.

En este capítulo hablaremos de las cuatro piedras preciosas. Se tratarán sus características, cómo identificarlas y las técnicas de extracción y pulido. Por último, se explicará por qué estas piedras son tan preciosas. Al final de este capítulo, comprenderá mejor estas gemas raras y valiosas.

Piedras preciosas: El resplandeciente mundo de la elegancia

Las piedras preciosas han formado parte de la civilización humana durante siglos. Desde la realeza hasta los plebeyos, todos han sentido fascinación por las piedras preciosas. Estos coloridos, brillantes y finísimos ejemplos de la Madre Naturaleza simbolizan la elegancia, el lujo y el estatus. Cada piedra preciosa tiene su belleza, su origen y su significado cultural.

Origen de las piedras preciosas

Las piedras preciosas se forman en las profundidades de la Tierra, bajo una presión y un calor extremos durante millones de años. Cada piedra preciosa tiene una historia de origen única. Por ejemplo, las esmeraldas se forman en las rocas metamórficas de Colombia, mientras que los zafiros proceden de los depósitos aluviales de Sri Lanka. La rareza y el origen de las piedras preciosas determinan su valor.

Clasificación de las piedras preciosas

Las piedras preciosas se clasifican según su composición química y sus propiedades ópticas. Las cuatro categorías de piedras preciosas son diamantes, esmeraldas, rubíes y zafiros. Otras piedras preciosas, como la turquesa, la amatista y el granate, se consideran semipreciosas, pero tienen un valor significativo en la industria joyera.

Significado de las piedras preciosas

Las piedras preciosas tienen un significado cultural y se consideran una expresión de la personalidad. Por ejemplo, los zafiros se consideran símbolo de sabiduría, lealtad y verdad. Del mismo modo, los rubíes representan el valor y la pasión, las esmeraldas la fertilidad y la prosperidad, y los diamantes el amor y el compromiso. Las piedras preciosas también se asocian a propiedades astrológicas y se les atribuyen poderes curativos.

Precio de las piedras preciosas

El precio de una piedra preciosa depende de varios factores, como su rareza, su calidad, su tamaño y su procedencia. Los diamantes son las piedras preciosas más caras y valiosas, seguidas de las esmeraldas, los zafiros y los rubíes. La calidad de una piedra preciosa se juzga en función de las cuatro C: talla, claridad, quilates y color.

Cuidado de las piedras preciosas

Las piedras preciosas son delicadas y requieren un cuidado adecuado para mantener su brillo y valor. El calor, los productos químicos o una manipulación brusca pueden dañarlas. Es crucial guardarlas en un lugar fresco y seco y evitar llevarlas puestas durante actividades extenuantes como el ejercicio, la natación o la jardinería. La limpieza y el mantenimiento periódicos son esenciales para que las gemas conserven su mejor aspecto.

Esmeraldas: la piedra preciosa de la realeza

Las esmeraldas son conocidas desde hace siglos como una de las piedras preciosas más exquisitas y codiciadas. La vitalidad de su color verde rinde homenaje a la vida, la naturaleza y el crecimiento. Llevar una esmeralda puede aportar felicidad, paz y prosperidad. En esta sección hablaremos de las características y la identificación de las esmeraldas para que pueda comprender y apreciar el valor y el lujo de poseerlas.

Características

Las esmeraldas pertenecen a la familia de los berilos y se caracterizan por su vivo color verde, su transparencia y su brillo. El color de las esmeraldas se debe a la presencia de iones de cromo en ellas. Estas piedras pueden tener inclusiones visibles llamadas "jardin", que en francés significa *jardín*, y pueden verse como formaciones parecidas al musgo dentro de la gema. Las inclusiones no disminuyen necesariamente la belleza de la esmeralda, ya que pueden realzar su carácter único.

Identificación

Identificar una piedra preciosa esmeralda requiere un poco de experiencia y conocimientos técnicos. A continuación se indican algunas formas comunes de identificar una piedra esmeralda:

1. **Color:** Las esmeraldas son conocidas por su marcado color verde. Sin embargo, no es simplemente verde, así que asegúrese de buscar su tono, saturación y matices. El color más buscado es un verde intenso con toques de azul.

2. **Claridad:** Las inclusiones son típicas en las esmeraldas, pero asegúrese de que no sean demasiado prominentes para que se vean a simple vista. Los profesionales pueden utilizar lupas para observar la claridad de la gema.

3. **Talla:** Las esmeraldas son delicadas, por lo que deben tallarse para realzar su belleza natural. La talla esmeralda es la más habitual, ya que revela la claridad de la piedra y le confiere un aspecto distinguido y elegante.

4. **Quilate:** Una esmeralda se mide en quilates, con buena calidad, y una esmeralda más pequeña vale más que una piedra más grande y de calidad inferior. Tenga en cuenta el peso en quilates, el color, la claridad y la talla a la hora de comprar una esmeralda.

Las esmeraldas han sido admiradas durante mucho tiempo por la realeza y siguen considerándose una de las piedras preciosas más valiosas. Su belleza, rareza y significado son innegables. Si tiene intención de comprar una esmeralda, sea prudente y busque asesoramiento profesional para asegurarse de la autenticidad de la piedra. Poseer una esmeralda realza el aura y aporta a quien la lleva felicidad, paz y prosperidad.

Diamantes

Los diamantes han simbolizado el amor y la devoción durante siglos, y es fácil entender por qué. Su deslumbrante brillo, durabilidad y rareza los convierten en una de las piedras preciosas más codiciadas del mundo. Pero, ¿qué es exactamente lo que hace que un diamante sea tan especial? Exploremos las características y la identificación de los diamantes, para que pueda aprender todo lo que necesita saber sobre estas impresionantes piedras preciosas.

Características de los diamantes

Los diamantes se crean en el manto terrestre bajo una presión y un calor extremos y están formados por un único elemento: el carbono. Son la sustancia natural más dura de la Tierra, por lo que son muy resistentes al rayado y la rotura. Además, los diamantes tienen una capacidad única para refractar la luz, lo que les confiere su brillo y fuego característicos.

Cómo identificar un diamante

Para identificar un diamante hay que tener en cuenta algunas características fundamentales. Las "cuatro Cs" (peso del quilate, corte, color, y claridad) son lo primero. El "peso en quilates" se refiere al peso del diamante; un quilate equivale a 0,2 gramos. El término "talla" describe cómo se ha tallado el diamante e influye significativamente en su valor y brillo. El color del diamante describe su aspecto incoloro o amarillo, siendo los diamantes perfectamente incoloros los más caros. La presencia de imperfecciones o defectos en el diamante se denomina claridad; un menor número de inclusiones se traduce en un mayor valor.

Además de las cuatro C, hay otras formas de identificar los diamantes. Una de ellas es utilizar una lupa, una lente de aumento especializada que permite ver el diamante de cerca. También puede utilizar un comprobador de diamantes, que utiliza la conductividad térmica para comprobar si una piedra preciosa es un diamante auténtico. Sin embargo, la mejor manera de asegurarse de que se trata de un diamante auténtico es comprarlo a un joyero de confianza que haya certificado su autenticidad.

No todos los diamantes son iguales. Algunos diamantes son tratados con calor o radiación para mejorar su color o claridad, lo que puede afectar a su valor. Además, los diamantes pueden proceder de fuentes éticas o de zonas en conflicto, por lo que es fundamental investigar y comprar a un joyero que obtenga sus diamantes de forma responsable.

Los diamantes son piedras preciosas realmente especiales, con características únicas y una rica historia. Conocer las cuatro C y otros métodos de identificación puede ayudarle a asegurarse de que adquiere un diamante de alta calidad. Y cuando compre un diamante, elija siempre un joyero de confianza que lo obtenga de forma ética. Con estos conocimientos, ya está preparado para explorar el mundo de los diamantes y encontrar la joya perfecta que atesorará durante años.

Rubíes

El rubí es una de las piedras preciosas más codiciadas del mundo. Una piedra preciosa ardiente, apasionada y cautivadora en todos los sentidos. Los rubíes han sido apreciados por su vibrante color, su rareza y su historia durante miles de años. Desde la realeza hasta los plebeyos, los rubíes siempre han sido venerados y codiciados.

Características

Los rubíes son conocidos sobre todo por su llamativo color rojo. Pero no todos los rubíes son iguales. El color de los rubíes puede variar desde el rojo intenso al rojo rosado e incluso al rojo púrpura. El color de los rubíes se debe a la presencia de cromo en su estructura cristalina. Cuanto más cromo, más profundo y rico es el color rojo del rubí.

Identificación de los rubíes

Los rubíes son una de las piedras preciosas más duras y muy resistentes. Ocupan el noveno lugar en la escala de dureza de Mohs, lo que indica su gran resistencia. Esto hace que los rubíes sean perfectos para la joyería de uso diario, incluidos los anillos de compromiso u otras piezas de uso frecuente. Los rubíes suelen encontrarse en rocas metamórficas, pero también pueden hallarse en rocas sedimentarias o ígneas.

Significado

¿Sabía que los rubíes tienen una rica historia? El primer rubí del que se tiene constancia se remonta a la antigua India, donde se utilizaban como talismanes para ahuyentar a los malos espíritus. Hoy en día se siguen considerando un símbolo de amor y pasión, y suelen regalarse en ocasiones románticas como aniversarios, San Valentín o regalos de compromiso. Además, a lo largo de la historia, los rubíes se han asociado con la prosperidad, la paz y el poder.

Los rubíes también son increíblemente raros, y su escasez es otra de las razones de su alto valor. En la actualidad, el suministro más importante procede de Birmania, Sri Lanka y Tailandia. Sin embargo, hay que tener en cuenta que no todos los rubíes son naturales. Muchos se crean en laboratorios, y puede ser difícil distinguir entre rubíes naturales y de laboratorio. El rubí sintético se fabrica para que sea igual que el natural y tiene una claridad excelente, por lo que algunas personas lo prefieren a los rubíes naturales porque no es tan caro.

Zafiros: La belleza intemporal

Cuando se trata de piedras preciosas, los zafiros están entre las favoritas. Conocidos por su impresionante belleza y durabilidad, los zafiros son populares para anillos de compromiso, regalos de aniversario y otras ocasiones especiales. Pero, ¿qué son exactamente los zafiros y qué los hace tan especiales? En esta sección analizaremos los zafiros, sus características y cómo identificarlos correctamente.

Características

Los zafiros son un tipo de mineral de corindón cuya dureza sólo es superada por la de los diamantes. Existen en varios colores, pero el más conocido es el azul. Los zafiros suelen ser sinónimo de azul, pero pueden tener otros colores como rosa, amarillo, naranja, verde e incluso blanco. El color del zafiro se debe a diferentes impurezas o a la presencia de minerales específicos, como el hierro o el titanio.

Identificación de los zafiros

Algo que hace únicos a los zafiros es su capacidad para cambiar de color en función de las condiciones de iluminación. Un zafiro que parece azul con luz natural puede parecer púrpura o violeta con luz incandescente. Este fenómeno se denomina pleocroísmo, y es una característica que sólo presentan ciertas piedras preciosas, como los zafiros. Otra forma de identificar un zafiro es por su brillo, que es la forma en que refleja la luz. Los zafiros tienen un lustre brillante o vítreo, lo que significa que brillan intensamente bajo la luz. Sin embargo, esto no es exclusivo de los zafiros, ya que muchos otros minerales tienen un brillo similar.

La forma más eficaz de distinguir un zafiro es su claridad y su talla. Los zafiros de alta calidad tienen una claridad excelente, sin inclusiones ni imperfecciones que puedan afectar a su destello y brillo. La talla del zafiro también puede afectar a su belleza general, ya que puede realzar o disminuir el color y el brillo de la piedra. El peso en quilates de un zafiro no determina necesariamente su valor, ya que otros factores como el color, la claridad y la talla desempeñan un papel esencial en la determinación de su valor. Sin embargo, los zafiros de más de cuatro quilates son raros y pueden alcanzar un precio elevado.

Los zafiros son intemporales y siguen siendo una de las piedras preciosas favoritas de los aficionados. Sus características únicas, incluidos sus impresionantes colores, pleocroísmo, brillo, claridad y talla, los convierten en una elección popular para la fabricación de joyas. Tanto si busca un anillo de compromiso como un regalo especial, los zafiros son siempre una excelente opción. Recuerde, al comprar un zafiro, compruebe siempre su color, claridad, talla y brillo para asegurarse de que está obteniendo el máximo valor por su dinero.

Extracción, corte y pulido

Las piedras preciosas son fascinantes y ocupan un lugar especial en el corazón de todos. Llevamos siglos utilizando estas impresionantes gemas en joyería, decoración e incluso con fines medicinales. Pero, ¿se ha preguntado alguna vez cómo se obtienen, tallan y pulen estas gemas para hacerlas tan deslumbrantes?

Extracción

Las piedras preciosas se encuentran en diversos lugares del mundo. Pueden excavarse en la tierra, extraerse de yacimientos submarinos e incluso encontrarse en meteoritos.

Existen cuatro métodos de extracción de piedras preciosas:

Minería aluvial.

Explotación a cielo abierto.

Extracción del fondo marino.

Minería subterránea.

La minería a cielo abierto se utiliza para acceder a depósitos poco profundos de piedras preciosas que pueden extraerse fácilmente. La minería de aluvión consiste en extraer piedras semipreciosas de los sedimentos depositados en el lecho de los ríos. La minería subterránea consiste en extraer gemas de las profundidades de la Tierra. Por último, la minería de los fondos marinos se utiliza para extraer gemas de los sedimentos oceánicos.

Corte

Una vez extraídas las piedras preciosas, se envían a un taller de tallado. Allí, artesanos expertos utilizan diversas herramientas para dar a las gemas la forma y el tamaño deseados. Las herramientas más comunes para cortar piedras preciosas son las sierras, las muelas y los discos de pulir. Se necesitan años de formación y experiencia para convertirse en un experto tallador de piedras preciosas.

Pulido

Una vez cortadas las gemas, se entregan a los pulidores. El objetivo del pulido es dar a las gemas un acabado de espejo. Los pulidores utilizan una serie de materiales abrasivos, como polvo de diamante, para eliminar los arañazos y crear una superficie lisa en la piedra preciosa. Por último, se utiliza la rueda de pulido para dar a la gema el acabado final de espejo.

La importancia de un abastecimiento ético

Ante la creciente preocupación por las prácticas mineras poco éticas, debemos asegurarnos de que las piedras preciosas que compramos proceden de fuentes éticas. El Sistema de Certificación del Proceso de Kimberley (KPCS) es un sistema de certificación internacional que garantiza que los diamantes en bruto se extraen, tallan y exportan de forma ética. Además, muchas empresas de piedras preciosas se han unido para crear iniciativas de abastecimiento responsable que aborden cuestiones medioambientales y sociales.

Extraer, tallar y pulir piedras preciosas es un proceso arduo, pero que produce gemas hermosas e intemporales. Se necesita un equipo experimentado de mineros, cortadores y pulidores para crear la gema perfecta. Conocer el abastecimiento ético es crucial para garantizar que las piedras preciosas que compramos están libres de conflictos. El mundo de las piedras preciosas es fascinante, y comprender el proceso de extracción, corte y pulido nos hace apreciar aún más estas bellas gemas.

Las piedras preciosas son una fascinante creación de la naturaleza que ha sido admirada y atesorada a lo largo de la historia. Su belleza, rareza y significado cultural las convierten en posesiones valiosas y preciadas. Desde las piedras de nacimiento hasta los anillos de compromiso, las piedras preciosas ocupan un lugar especial en nuestros corazones y se han convertido en parte integrante de la industria joyera. Sin embargo, su valor va más allá de lo monetario, ya que nos recuerdan nuestras emociones, creencias y aspiraciones. Por eso, la próxima vez que admire una piedra preciosa brillante, recuerde que no es sólo una pieza de joyería, sino un símbolo de elegancia, lujo e individualidad.

Capítulo 9: Gemas semipreciosas

Las gemas semipreciosas son algunos de los objetos más raros y bellos de la Tierra, y suelen encontrarse en preciosos azules, rosas, morados y otros tonos. Las piedras semipreciosas ofrecen una intrigante visión del mundo de la geología, ya que cada piedra es única en su composición y forma. Las piedras semipreciosas no sólo son piezas llamativas para joyería, sino que también aportan un maravilloso elemento de lujo y clase a cualquier espacio. Utilizadas como parte de la decoración del hogar, estas piedras pueden añadir un aire de sutil sofisticación realmente especial.

Este capítulo tratará sobre los distintos tipos de piedras semipreciosas. Analizaremos las distintas familias de piedras preciosas, desde el cuarzo hasta la turquesa, y explicaremos sus características, estructura e identificación. Se incluirán imágenes de las distintas piedras de cada familia para que pueda ver de cerca su belleza. Al final de este capítulo, comprenderá mejor las diferentes piedras semipreciosas y será capaz de distinguirlas entre sí.

Descripción de las gemas semipreciosas

Hay algo en las piedras preciosas que siempre nos ha fascinado. Pocas cosas se acercan al encanto de estas gemas naturales brillantes e iridiscentes que nunca parecen perder su encanto. Entre estas joyas se encuentran las piedras semipreciosas, a menudo infravaloradas, pero no por ello menos bellas. Aunque no tengan el precio de las piedras preciosas, son espléndidas.

¿Qué son las piedras semipreciosas?

Las piedras semipreciosas son piedras preciosas naturales que no entran en la categoría de "preciosas", que comprende diamantes, esmeraldas, rubíes y zafiros. Estas piedras también se llaman coloquialmente "piedras preciosas" o "gemas semipreciosas". Sin embargo, pueden ser tan hermosas, brillantes y valiosas como sus homólogas preciosas. El mercado de las piedras semipreciosas es amplio y variado, por lo que hay una gran variedad de piedras para elegir de todos los precios.

Tipos de piedras semipreciosas

A diferencia de las piedras preciosas, limitadas a unos pocos elegidos, las semipreciosas ofrecen una amplia gama de colores y variedades. La mayoría de las piedras semipreciosas proceden de depósitos minerales de la corteza terrestre, mientras que otras son orgánicas o artificiales. La variedad de piedras semipreciosas es asombrosa, desde aguamarina, amatista, topacio y jade hasta turmalina, citrino, granate y muchas más.

Simbolismo y significado de las piedras semipreciosas

A lo largo de la historia, las piedras semipreciosas han adquirido significados y propiedades simbólicas y místicas asociadas a ellas. Estos significados suelen basarse en creencias espirituales, culturales y personales. Por ejemplo, el granate simboliza la paz y la prosperidad, mientras que se cree que la amatista ofrece protección contra las influencias negativas. Otras piedras tienen un simbolismo más específico, como el cuarzo rosa, que representa el amor, y la piedra lunar, que se cree que trae buena suerte.

¿Cómo cuidar las gemas semipreciosas?

Al igual que ocurre con las piedras preciosas, el cuidado de las gemas semipreciosas es importante para preservar su belleza durante años. Mientras que algunas de estas piedras son resistentes y pueden soportar el uso diario, otras son más delicadas y requieren un cuidado adecuado. Aquí tiene algunos consejos para cuidar bien sus piedras semipreciosas:

Manipule las piedras preciosas con un paño limpio o guantes para evitar que el aceite de sus dedos se adhiera a su superficie.

Guárdelas por separado en sus bolsitas o cajas forradas para evitar que se rayen o dañen con otras joyas.

Evite exponerlas al calor intenso o a la luz solar.

Evite someterlas a productos químicos o de limpieza agresivos.

Las gemas semipreciosas son un mundo vibrante y fascinante en sí mismas. Son portadoras de una plétora de simbolismo y están disponibles en tantas variedades que es imposible elegir sólo una favorita. Así que, tanto si es un coleccionista experimentado como un novato a la caza de su primera pieza de joyería con gemas, tenga en cuenta las muchas posibilidades que ofrecen las piedras semipreciosas. En pocas palabras, el esplendor de estas gemas es suyo para explorar y disfrutar.

Gemas de la familia del berilo

Si le gustan las piedras preciosas, es posible que ya haya oído hablar de la hermosa y exótica familia de los berilos. De colores amarillo, verde, azul, rosa y blanco, estas gemas son famosas por sus propiedades y características únicas. Si quiere saber más sobre las gemas de la familia del berilo, sus características, estructura y cómo identificarlas, siga leyendo para explorar información fascinante sobre ellas y por qué son piezas de joyería ideales.

Características

El berilo es una familia mineral formada por diversas variedades de piedras preciosas. Aunque la piedra preciosa de berilo más famosa es la esmeralda, también se sabe que otras piedras preciosas, como la aguamarina, la morganita, el heliodoro y la goshenita, pertenecen a la familia del berilo. Las propiedades físicas y químicas de las gemas de berilo varían, y propiedades como la dureza, el color, la claridad y la transparencia dependen de la variedad de berilo. Por ejemplo, mientras que la esmeralda pertenece a la familia del berilo y suele presentar un color verde causado por la presencia de cromo o vanadio, las gemas de berilo como el aguamarina tienen un marcado color azul.

Estructura

En términos de estructura, las gemas de la familia del berilo son cristales hexagonales compuestos principalmente de silicato de berilio y aluminio. Se caracterizan por su alto índice de refracción de más de uno y medio y su capacidad para dividir la luz en dos cuando entra en el cristal. Estas propiedades confieren a las gemas de la familia del berilo un aspecto chispeante y brillante, lo que las convierte en la opción ideal para los diseñadores que buscan piezas de joyería radiantes y vivas. Además, las gemas de berilo son conocidas por su excelente dureza y resistencia a los arañazos, lo que las hace perfectas para el uso diario en joyería.

Identificación

La identificación de las gemas de la familia del berilo suele realizarse mediante un proceso estándar de pruebas gemológicas. Normalmente, se utilizan la dureza y las propiedades químicas y físicas de las gemas para identificarlas con precisión. Las gemas de berilo suelen tener una dureza de siete y medio a ocho, lo que significa que son difíciles de rayar. Dependiendo de la variedad, las gemas de la familia del berilo también pueden identificarse por su color característico, que varía del verde intenso al amarillo claro o rosa. Además, las gemas de berilo tienen una estructura cristalina distintiva que las diferencia de otros minerales.

Usos

Cuando se trata de joyería, las gemas de la familia del berilo ofrecen una excelente opción para crear piezas únicas que son a la vez bellas y duraderas. Desde anillos, collares y pulseras, las gemas de berilo vienen en diferentes colores y tonos que pueden complementar cualquier atuendo o tono de piel. Tanto si prefiere una esmeralda de talla clásica como una morganita de talla cojín contemporánea, las gemas de la familia del berilo son perfectas para crear joyas que cuenten una historia y sean toda una declaración de intenciones.

Gemas de la familia del corindón

Como aficionado a las piedras preciosas, es posible que haya encontrado el término "familia del corindón". Pero, ¿sabe lo que significa, sus características y cómo identificar los distintos tipos? Las gemas de la familia del corindón son un grupo de minerales que pertenecen a la familia de los óxidos, y su característica distintiva es su gran dureza. La dureza del corindón oscila entre 9 y 10 en la escala de Mohs; el único mineral más duro que el corindón es el diamante. Algunas de las piedras preciosas más famosas de la familia del corindón son los zafiros y los rubíes, muy codiciados por sus impresionantes colores, durabilidad y rareza.

Estructura

La estructura del corindón es hexagonal, y su patrón cristalino suele ser plano y tabular. El color del corindón suele oscilar entre transparente y opaco; en algunos casos, puede contener pequeñas inclusiones o imperfecciones superficiales. El color del corindón viene determinado principalmente por pequeñas cantidades de impurezas en la red cristalina. Por ejemplo, el corindón rojo, la variedad más valiosa del corindón, se debe a la presencia de cromo.

Identificación

Identificar las gemas de la familia del corindón puede ser un poco complicado, sobre todo cuando no están facetadas. Se pueden utilizar varios factores para identificar el corindón, como su dureza, densidad y color. Uno de los métodos más sencillos para identificar el corindón es utilizar un refractómetro que mide el índice de refracción de la luz cuando atraviesa la gema. Debido a su estructura cristalina única, cada gema tiene su propio índice de refracción, que puede utilizarse para identificar su tipo.

Otra característica fundamental de las gemas de la familia del corindón es su pleocroísmo, es decir, que presentan diferentes colores cuando se miran desde distintos ángulos. Este rasgo es especialmente notable en los zafiros, que pueden parecer azules desde un ángulo, pero morados desde otro. Los rubíes también presentan un fenómeno similar, pero tienden a mostrar tonalidades rojas a rojo rosado desde la mayoría de los ángulos.

Gemas de la familia de la turmalina

La turmalina es una piedra preciosa fascinante que se presenta en toda una gama de colores y es conocida por sus propiedades únicas. Su estructura cristalina la convierte en una especie mineral compleja que se ha popularizado en joyería. Pero, con tantos colores y variedades, puede resultar difícil diferenciarlos.

Características

La familia de la turmalina comprende 12 especies minerales diferentes que van del negro al rosa, verde, azul, amarillo e incluso bicolor o tricolor. Debido al pleocroísmo de la turmalina, el color puede variar en función del ángulo de visión. Una de las variedades más apreciadas es la turmalina Paraiba, descubierta en Brasil en la década de 1980 y de un color azul verdoso único y vivo. La turmalina también es conocida por mostrar propiedades eléctricas, creando piroelectricidad y piezoelectricidad. Esta característica única significa que cuando se frota una turmalina, se carga eléctricamente y puede atraer el polvo o incluso pequeños trozos de papel.

Estructura

La estructura cristalina de la turmalina es bastante interesante, ya que está clasificada como un mineral ciclosilicato. Esto significa que la estructura cristalina está compuesta por anillos de tetraedros de $SiO4$. Cada cristal de turmalina es un prisma largo, delgado y de tres caras, con surcos y protuberancias a lo largo de los lados. Las inclusiones minerales y la presencia de otros elementos químicos pueden alterar la forma de estos prismas, lo que da como resultado una apariencia única para cada turmalina.

Identificación

Cuando se trata de identificar la turmalina, puede ser todo un reto, ya que cada especie puede tener características físicas y químicas diferentes. Una de las herramientas más útiles para identificar la turmalina son sus características de color intenso, que pueden revelar la presencia de elementos específicos. Además, el uso de un polariscopio puede ayudar a distinguir entre diferentes tipos de turmalina, ya que algunas pueden mostrar birrefringencia o incluso zonación del color.

Otro aspecto destacable de la turmalina es su uso en medicina alternativa. Se cree que esta gema posee diversas propiedades curativas, como claridad mental, alivio de la ansiedad y equilibrio energético. Se cree que ayuda a liberar iones negativos y a absorber la radiación electromagnética de los dispositivos electrónicos. Muchas personas llevan joyas de turmalina durante la meditación o colocan turmalina bajo la almohada para favorecer un sueño tranquilo.

Gemas de la familia de la espinela

Estas gemas a menudo se pasan por alto, pero encierran una belleza inigualable, igual a la de cualquier otra familia de gemas, y están esperando a ser descubiertas.

Características

Las gemas de la familia de la espinela tienen una base mineral y pertenecen a un grupo de gemas formadas por varios elementos. Estas gemas se pueden encontrar en muchos colores, como azul, verde, rosa y amarillo. Las gemas espinela son conocidas por su durabilidad y dureza, que oscila entre siete y medio y ocho en la escala de Mohs. La familia de las espinelas está formada por aluminato de magnesio, un mineral que forma cristales cúbicos.

Estructura

Las gemas de la familia de la espinela presentan estructuras únicas que las diferencian de otras gemas. La estructura cristalina de las gemas espinela consiste en una serie de octetos octaédricos, lo que significa que hay ocho iones en cada octaedro. Esta estructura hace que las gemas sean más densas y robustas que muchos otros tipos. Las gemas de la familia de la espinela también contienen grandes cantidades de cromo, que contribuye a la coloración de las gemas.

Identificación

Ahora que conocemos la estructura de la familia de las espinelas y lo que las compone, veamos cómo identificarlas. Puede ser difícil identificar las gemas espinela, ya que a menudo se confunden con otras gemas, como el rubí o el zafiro. Sin embargo, algunas características únicas distinguen a la espinela de otras piedras preciosas. Una de ellas es su refracción única, que las diferencia de las gemas con refracción doble. Las gemas espinela también registran cristales de espinela maclados o interpenetrados, una característica que les es propia.

Además de sus características únicas, las gemas de la familia de las espinelas tienen una historia fascinante. Estas gemas deben su nombre a la palabra latina *spina*, que significa "espina". En la antigüedad, se creía que las gemas espinela tenían propiedades como curar enfermedades y proteger de daños a su portador. Estas gemas también han desempeñado un papel importante en muchas piezas de joyería de la realeza a lo largo de la historia, como la gema central de las joyas de la corona británica.

Otras gemas semipreciosas

El mundo está lleno de bellas piedras preciosas que nunca dejan de sorprendernos por su exquisita belleza y sus características únicas. Entre las más bellas y enigmáticas se encuentran el granate, el ópalo, la turquesa y el peridoto. Estas piedras preciosas tienen una rica historia y su popularidad en joyería sigue en constante aumento. A continuación, le ofrecemos más detalles sobre cada una de estas gemas preciosas.

Gemas de la familia del granate

El granate existe en una variedad de colores, incluyendo rojo, verde y amarillo. Esta piedra preciosa es un mineral de silicato con seis variantes: grossular, espesartina, andradita, uvarovita, piropo y almandino. Estas variantes confieren a los granates distintas composiciones químicas y, por tanto, distintas tonalidades. Los granates se identifican fácilmente por su estructura cristalina y suelen encontrarse en las rocas metamórficas de la corteza terrestre. Además, no se raya con facilidad, lo que lo convierte en una elección perfecta para joyería.

Gemas de la familia del ópalo

Los ópalos se presentan en distintos colores, del blanco al negro. La mayoría de los ópalos presentan un juego de colores similar al del arco iris, lo que los hace muy codiciados en el mundo de la joyería. Estas gemas se forman a partir de gel de sílice que se filtra en las grietas y hendiduras de las rocas, endureciéndose con el tiempo. Los ópalos no son piedras preciosas duraderas porque contienen mucha agua, lo que las hace más propensas a agrietarse y astillarse. Para identificar un ópalo, fíjese en su singular juego de colores y su brillo nacarado.

Gemas de la familia de la turquesa

La turquesa es una gema azul verdosa muy apreciada por su color azul medio. Es una gema relativamente blanda, justo por debajo del cuarzo en la escala de dureza de Mohs. La turquesa se da en regiones áridas y suele estar asociada a yacimientos de cobre. La piedra preciosa tiene una estructura granular y es fácilmente identificable por su brillo ceroso.

Gemas de la familia del Peridoto

El peridoto es una piedra preciosa de color verde amarillento. Es un mineral que se encuentra en rocas ultramáficas como la peridotita y los meteoritos. El peridoto es relativamente duro, de seis y medio a siete en la escala de dureza de Mohs. Se identifica fácilmente por su alto índice de refracción y su doble refracción.

Las gemas granate, ópalo, turquesa y peridoto son una representación de la belleza y la diversidad de la Tierra. Cada piedra preciosa tiene características únicas que la hacen destacar en el mundo de la joyería. Mientras que los granates son conocidos por sus ricos colores y su exquisita belleza, los ópalos son adorados por su singular juego de colores. Las turquesas son apreciadas por su singular color azul verdoso, y los peridotos por su color amarillo verdoso. Tanto si es usted un amante de las piedras preciosas como si acaba de iniciarse en su coleccionismo, estas gemas no pueden faltar en su lista.

Las gemas semipreciosas son algunas de las más buscadas en el mundo de la joyería. Cada gema tiene unas características únicas que las distinguen unas de otras y las hacen aún más especiales. Tanto si busca una joya con un toque de color como algo clásico y atemporal, estas piedras preciosas serán sin duda el complemento perfecto para su colección. Con su belleza, durabilidad y características únicas, estas piedras preciosas le aportarán un destello de alegría a usted y a sus seres queridos. ¡No dude en añadir hoy mismo estas preciosas gemas semipreciosas a su colección!

Capítulo 10: Meteoritos y tectitas

Los meteoritos y las tectitas son dos características espaciales asombrosas que fascinan al mundo moderno. Los meteoritos están compuestos por trozos de roca o metal que viajaron desde el espacio y aterrizaron en la superficie de la Tierra. Por el contrario, las tectitas son generalmente rocas y guijarros redondeados que se crearon cuando los meteoritos impactaron contra la superficie de la Tierra y derritieron parte de la corteza del planeta. Los elementos individuales que se encuentran en estos dos tipos de sucesos cósmicos permiten a los científicos comprender mejor cómo funciona nuestro universo.

Comprender más sobre los meteoritos y las tectitas abre una ventana única a un mundo invisible y es realmente una perspectiva emocionante para quienes buscan más conocimientos sobre nuestro tiempo en el cosmos. Este capítulo se centrará en la definición de meteoritos y tectitas, los distintos tipos de cada uno y las formas de identificarlos. También se discutirán ejemplos de especímenes conocidos de meteoritos y tectitas. Al final de este capítulo, estará más familiarizado con el fascinante mundo de los meteoritos y las tectitas.

Definición de meteoritos y tectitas

Los meteoritos y las tectitas son dos componentes de la *meteorítica*, el estudio de los objetos que se originan en el espacio. Los meteoritos son pedazos de material sólido que han caído a la Tierra desde el espacio exterior y generalmente se forman cuando un asteroide o un cometa ingresa a la atmósfera.

Las tectitas son objetos vítreos que se encuentran en la Tierra y que, se especula, han resultado del impacto entre la Tierra y objetos extraterrestres. Si bien los meteoritos vienen en varios tamaños y formas, desde pequeñas piedras hasta grandes trozos de roca, las tectitas son generalmente de color verdoso oscuro o marrón con una apariencia brillante. Tanto los meteoritos como las tectitas son valiosas fuentes de conocimiento. Estudiarlos puede darnos una idea del origen de nuestro sistema solar y ayudar a los científicos a comprender el impacto de las colisiones entre asteroides en el espacio.

Tipos de meteoritos

Los meteoritos se han registrado desde la antigüedad. Estos trozos sólidos de escombros del espacio exterior han viajado a través de la vasta extensión de nuestro universo antes de terminar finalmente en nuestro planeta. El estudio de los meteoritos nos ha aportado información valiosa sobre la formación y evolución de nuestro sistema solar.

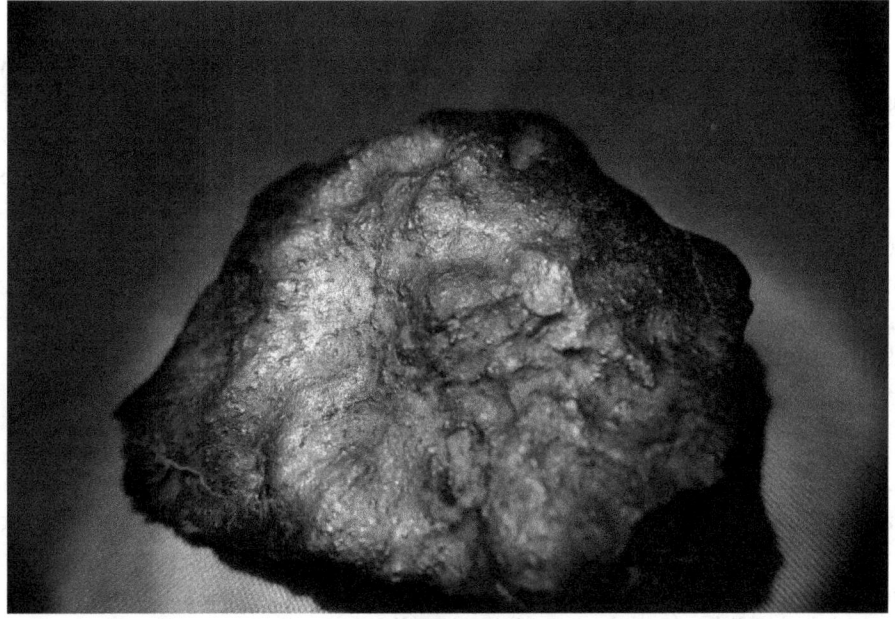

Meteorito[78]

A. Meteoritos de hierro

Los meteoritos de hierro son los más fáciles de reconocer entre los tres tipos. Están compuestos por más del 90% de una aleación de hierro y níquel y tienen una apariencia metálica distintiva. Se cree que se formaron en el núcleo de un planetesimal, un pequeño protoplaneta formado a partir de polvo y gas en las primeras etapas del sistema solar. Los meteoritos de hierro son ricos en minerales como la kamacita y la taenita, que son responsables de los patrones de Widmanstätten que se pueden observar al cortar un meteorito de hierro pulido. Estos patrones son exclusivos de los meteoritos de hierro y pueden usarse para determinar su origen.

B. Meteoritos de hierro y piedra

Los meteoritos de hierro pedregoso, también conocidos como palasitas, son una combinación de minerales de hierro y silicatos. Se cree que se formaron en el límite entre el núcleo y el manto de un planetesimal. Los minerales de silicato en los meteoritos pétreos de hierro suelen ser olivino y piroxeno y se encuentran en la matriz metálica, lo que les da a los meteoritos su apariencia única. Las palasitas son uno de los tipos más raros de meteoritos y representan menos del uno por ciento de todos los meteoritos conocidos.

C. Meteoritos pedregosos

Los meteoritos pedregosos son los más abundantes de los tres tipos y representan más del 90% de todos los meteoritos jamás encontrados. Están compuestos por minerales de silicato como el olivino y el piroxeno, similares a los que se encuentran en el manto terrestre. Los meteoritos pedregosos se pueden clasificar en dos grupos: condritas y acondritas. Las condritas son los meteoritos más primitivos y se cree que son restos de las primeras etapas del sistema solar. Por otro lado, las acondritas han sufrido cierto grado de diferenciación, lo que significa que han experimentado algún tipo de procesamiento geológico.

Tipos de tectitas

Las tectitas son únicas, hermosas y visualmente impresionantes. Pero, ¿alguna vez se ha preguntado sobre su origen o tipos? Las tectitas se forman cuando un meteorito golpea la superficie de la Tierra y el impacto provoca una onda de presión que derrite las rocas circundantes. Este material fundido luego se enfría y solidifica en una estructura vítrea comúnmente conocida como tectita.

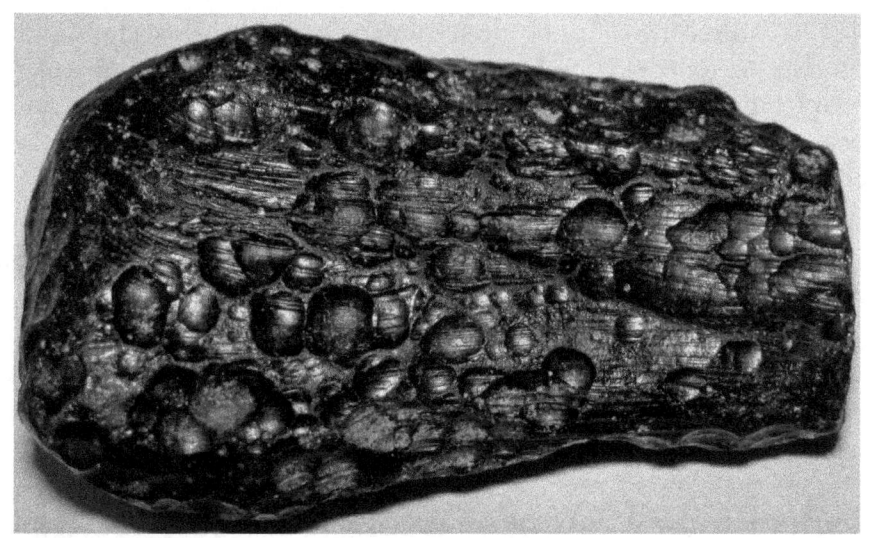

Tectita[79]

1. Microtectitas

Este tipo de tectita es increíblemente pequeña y normalmente mide menos de un milímetro de ancho. Las microtectitas se crean cuando se produce el impacto de un meteorito y envía pequeños fragmentos de vidrio a la atmósfera. Las microtectitas no se originan por el derretimiento de rocas u otros materiales en la superficie de la Tierra. Este tipo de tectita puede flotar en la atmósfera durante mucho tiempo, creando un fenómeno llamado lluvia de tectita. También nos recuerdan los acontecimientos catastróficos que han ocurrido en la historia de nuestro planeta.

2. Tectitas tipo Muong-Nong

Este tipo de tectita se descubrió por primera vez en Vietnam en 1938. Se encuentra principalmente en Indochina, Camboya y Laos. Las tectitas de tipo Muong-Nong son de color marrón oscuro o negro y tienen forma de gotas irregulares. Son aproximadamente diez veces más pesadas que un meteorito típico y comprenden varios elementos como aluminio, silicio, magnesio y más. Los científicos creen que las tectitas de tipo Muong-Nong podrían ser una de las formas de tectitas más antiguas que existen en nuestro planeta.

3. Tectitas en forma de salpicadura

Estas tectitas son la forma más abundante en todo el planeta. Las tectitas en forma de salpicadura se forman cuando un meteorito golpea la Tierra con tal fuerza que se crea vidrio fundido a partir del derretimiento de las rocas del suelo. El tipo de tectita en forma de salpicadura que se encuentra en todo el mundo se basa en la ubicación del impacto del meteorito. Por ejemplo, las tectitas de Costa de Marfil se encuentran en África occidental, mientras que las tectitas de América del Norte se pueden encontrar alrededor de la región de los Grandes Lagos.

4. Australitas

Las tectitas australitas son únicas porque se formaron por múltiples impactos de meteoritos que impactaron en varios lugares del sur de Asia y alrededor de Australia. Las tectitas australitas tienen una forma elegante y aerodinámica que es bastante diferente de los otros tipos de tectitas. Por lo general, son de color verde oscuro, negro o marrón y se encuentran esparcidos en campos de Australia y Laos.

Especímenes famosos de meteoritos y tectitas

El cielo nocturno siempre ha fascinado a los humanos, y siempre nos han cautivado las cosas asombrosas que caen de él. Uno de ellos son los meteoritos, que son trozos de asteroides o cometas que llegan a la superficie de la Tierra. Las tectitas, por otro lado, se forman a partir de eventos de impacto en la Tierra, lo que da como resultado rocas vítreas que son increíblemente raras y valiosas. Éstos son algunos de los meteoritos y tectitas más famosos que conocemos:

Meteorito Allende: El meteorito Allende es la condrita carbonosa más grande jamás encontrada y pesa más de dos toneladas. Fue descubierto por primera vez en 1969 en el desierto de Chihuahua, en el norte de México. Este meteorito es fascinante porque contiene granos presolares, que son granos de polvo de estrellas anteriores a nuestro Sistema Solar. Estos granos dan una idea de las condiciones del universo antes de la formación de nuestro propio Sistema Solar.

Meteorito Fukang: El meteorito Fukang fue descubierto en el año 2000 en el desierto de Gobi en China. Es un tipo de meteorito palasita, lo que significa que está formado por materiales de hierro-níquel y silicatos. Este meteorito es único porque contiene algunos de los cristales de olivino más grandes jamás encontrados, algunos de hasta 10 centímetros de diámetro. También es uno de los meteoritos más impresionantes visualmente, con una hermosa coloración verde y amarilla.

Meteorito Esquel: El meteorito Esquel fue descubierto en 1951 en Argentina y es uno de los pocos meteoritos compuestos íntegramente de metal níquel-hierro. También es un ejemplo fantástico del patrón

Widmanstätten de un meteorito, que es una estructura cristalina única que se forma debido al enfriamiento lento de una aleación de hierro y níquel. El patrón es un recordatorio visualmente impresionante del viaje del meteorito a través del espacio.

Moldavita Tectita: La Moldavita es una roca verde vidriosa que se cree que se formó hace unos 15 millones de años cuando un meteorito chocó contra la Tierra. Se encuentra principalmente en la República Checa y es una de las tectitas más valiosas del mundo. Lo que hace que la Moldavita sea tan fascinante es su composición única, que contiene elementos raros que no se encuentran en la Tierra. También se cree que tiene propiedades místicas y es valorada por coleccionistas y espiritistas.

Tectita de vidrio libia: La tectita de vidrio libia es un tipo de tectita que se formó hace unos 26 millones de años cuando un meteorito golpeó la Tierra en lo que hoy es Egipto occidental. Es un espécimen raro y valioso debido a su composición única y al hecho de que se cree que contiene evidencia de agua en la luna. También se ha descubierto que contiene altos niveles de helio tres, un isótopo raro que es muy valioso para la investigación científica.

Tectita de vidrio de Darwin: La tectita de vidrio de Darwin es un tipo de tectita que se encuentra en Tasmania, Australia. Lleva el nombre de Charles Darwin, quien descubrió por primera vez la roca vidriosa en 1838 durante su viaje en el HMS Beagle. Esta tectita es fascinante porque se cree que se formó a partir del impacto de un meteorito hace más de 800.000 años. También es una de las tectitas visualmente más impresionantes, con un color verde intenso y patrones de burbujas naturales que la hacen muy buscada por los coleccionistas.

Formas de identificar y probar un meteorito

1. **Forma:** Una de las formas más sencillas de identificar un meteorito es por su forma. Los meteoritos suelen tener una forma muy irregular y, a menudo, tienen una superficie picada o ranurada. Si encuentra una roca que tiene una forma suave y redondeada, probablemente no sea un meteorito.

2. **Color:** Otra forma de identificar un meteorito es por su color. Los meteoritos suelen tener un color más oscuro que otras rocas debido a su alto contenido de hierro. Si encuentra una roca de color muy claro, probablemente no sea un meteorito.

3. **Peso:** Los meteoritos también son mucho más pesados que otras rocas debido a su alta densidad. Si encuentra una roca que pesa muy poco, probablemente no sea un meteorito.
4. **Magnetismo:** Una forma de comprobar si una roca es un meteorito es mediante el uso de un imán. Los meteoritos son atraídos por los imanes debido a su alto contenido en hierro. Si la roca que está probando no es atraída por un imán, probablemente no sea un meteorito.
5. **Prueba de ácido:** Otra forma de comprobar si una roca es un meteorito es utilizando ácido. Los meteoritos contienen altos niveles de hierro, que reaccionarán con el ácido. Si la roca que está probando no reacciona con el ácido, probablemente no sea un meteorito.

Los meteoritos y las tectitas son restos fascinantes del pasado de nuestro sistema solar. Estas rocas son valiosas no sólo por su valor científico, sino también por su belleza estética. Los meteoritos proporcionan información sobre la formación de nuestros planetas y las tectitas proporcionan pistas sobre impactos antiguos en la Tierra. Al estudiar los meteoritos y las tectitas, podemos aprender más sobre la historia de nuestro sistema solar y comprender mejor las asombrosas fuerzas que le dieron forma. Desde el visualmente impresionante patrón de Widmanstätten hasta las propiedades místicas de la Moldavita, estas rocas ofrecen una ventana al pasado de nuestro universo.

Apéndice: A-Z de rocas, cristales, gemas y minerales

Ahora que se ha familiarizado con los conceptos básicos de rocas, cristales, gemas y minerales, profundicemos un poco más. A continuación, se muestra una lista alfabética de varios tipos con detalles de referencia rápida:

Ámbar: resina de árbol fosilizada que a menudo se encuentra en forma de piedra preciosa. Puede tener entre 30 y 90 millones de años.

Ágata: variedad de calcedonia con varios patrones y colores, a menudo formada en cavidades de otras rocas.

Amatista: un tipo de cuarzo, a menudo de color púrpura, que se utiliza para fabricar joyas y otros objetos decorativos.

Apatita: un mineral de fósforo que es el componente principal de los dientes y los huesos.

Azurita: un mineral de cobre cuyo color varía del azul intenso al verde.

Berilo: familia de minerales que incluye esmeraldas y aguamarina.

Calcedonia: una forma de cuarzo que se encuentra en una variedad de colores.

Diamante: un mineral duro y transparente que es la sustancia natural más dura conocida.

Fluorita: mineral compuesto de átomos de calcio y flúor con variedad de colores.

Granate: grupo de minerales que vienen en una variedad de colores y se utilizan en joyería.

Hematita: un mineral que suele ser negro o gris acero y se utiliza como pigmento en pintura.

Jade: piedra ornamental, generalmente verde, utilizada durante siglos para fabricar joyas y esculturas.

Cianita: un mineral azul o verde que se utiliza a menudo como piedra preciosa.

Labradorita: un mineral con una cualidad iridiscente, típicamente gris.

Lapislázuli: roca compuesta de varios minerales, como lazurita, pirita y calcita.

Malaquita: un mineral verde que a menudo se encuentra en las capas superiores de minerales que contienen cobre.

Ópalo: un tipo de mineraloide compuesto de sílice y moléculas de agua con una variedad de colores y cualidades iridiscentes.

Cuarzo: mineral compuesto de átomos de silicio y oxígeno con una variedad de formas y colores.

Zafiro: corindón en su forma más pura, típicamente azul, pero se puede encontrar en otros colores.

Ojo de tigre: una piedra preciosa irisada que se utiliza a menudo para joyería y ornamentación.

Topacio: un mineral que viene en muchos colores, incluidos el amarillo y el azul.

Turquesa: un mineral opaco de color verde azulado que se utiliza a menudo para joyería y ornamentación.

Circón: un mineral duro y duradero con una variedad de colores, como el amarillo y el rojo.

Esperamos que esta lista le haya proporcionado información de referencia útil sobre los distintos tipos de rocas, cristales, gemas y minerales disponibles. ¡Feliz coleccionismo!

Conclusión

Rocas, gemas y minerales son características geológicas intrincadas que han cautivado la imaginación de los humanos durante siglos. Nos maravillamos de su impresionante belleza, exquisita textura y compleja composición. Nos proporcionan una fuente inagotable de entretenimiento y al mismo tiempo nos educan informalmente sobre los procesos de creación y erosión. Hay algo especial en admirar un hermoso paisaje o una piedra preciosa. Todas estas maravillas geológicas revelan secretos de nuestro mundo natural a quienes tienen la curiosidad de encontrarlos.

La geología es una ciencia infinitamente fascinante con un mundo de maravillas naturales que nunca deja de sorprender. Ya sean las aparentemente infinitas variedades de rocas o las brillantes y deslumbrantes gemas y minerales, cada una es un espécimen único que requiere miles de años para formarse y crearse. Una sola roca puede contar multitud de historias sobre su recorrido. Cada cristal y gema tiene una belleza casi mágica. No sorprende que se les atribuyan poderes antiguos desde tiempos inmemoriales. Tomarse el tiempo para explorar la geología seguramente le brindará una experiencia educativa como ninguna otra.

Desde los conceptos básicos de por qué cada uno es importante hasta descubrir piedras preciosas y únicas de diferentes partes del mundo, no queda piedra sin remover. Realizamos un apasionante viaje a través de cada proceso geológico que nos lleva a descubrimientos de diferentes tipos de rocas, incluidas las ígneas, sedimentarias y metamórficas. Ya sea que se trate de investigación o simplemente de recopilar conocimientos por curiosidad, esta guía proporciona un camino completo para comprender más sobre las maravillas de nuestra Tierra con su valioso contenido.

Este libro es un tesoro de conocimientos que ofrece a los lectores una mirada en profundidad al fascinante mundo de los sistemas cristalinos y las formaciones de cuarzo. Con este recurso, hemos aprendido sobre las piedras preciosas y semipreciosas y hemos descubierto los misteriosos secretos enterrados que guardan las tectitas y los meteoritos. Por último, la útil guía A-Z al final de este libro facilita identificar qué rocas son minerales valiosos y cuáles no.

Explorar el mundo natural puede ser una excelente manera de encontrar rocas, gemas, cristales y minerales que pueden servir como tesoros especiales. Ya sea caminando por el bosque o hurgando en el mercado de agricultores local, nunca se sabe lo que puede encontrar. Las rocas y las piedras preciosas han sido apreciadas durante siglos como fuentes de belleza y poder. También se dice que los cristales tienen propiedades curativas y pueden servir como poderosos energizantes cuando se colocan en áreas específicas de su espacio vital. Por último, los minerales se pueden encontrar a menudo en elementos cotidianos inusualmente ricos en ciertos metales u otros elementos. ¡Diviértase explorando los reinos de cristal y descubra con qué descubrimientos mágicos puede tropezarse!

Vea más libros escritos por Mari Silva

Su regalo gratuito

¡Gracias por descargar este libro! Si desea aprender más acerca de varios temas de espiritualidad, entonces únase a la comunidad de Mari Silva y obtenga el MP3 de meditación guiada para despertar su tercer ojo. Este MP3 de meditación guiada está diseñado para abrir y fortalecer el tercer ojo para que pueda experimentar un estado superior de conciencia.

https://livetolearn.lpages.co/mari-silva-third-eye-meditation-mp3-spanish/

¡O escanee el código QR!

Bibliografía

Primera Parte: Rockhounding

(N.d.). Amnh.org. https://www.amnh.org/explore/ology/earth/if-rocks-could-talk2/three-types-of-rock

(N.d.). Mindat.org. https://www.mindat.org/article.php/1782/Tips+and+Tricks+For+Rockhounds

(N.d.). Usda.gov. https://www.fs.usda.gov/Internet/FSE_DOCUMENTS/stelprdb5385347.pdf

(N.d.-a). Johnbetts-fineminerals.com. http://www.johnbetts-fineminerals.com/jhbnyc/articles/minclean.htm

(N.d.-b). Johnbetts-fineminerals.com. http://www.johnbetts-fineminerals.com/jhbnyc/articles/tools.htm

10 Most Popular Crystals. (n.d.). FossilEra. https://www.fossilera.com/pages/most-popular-crystals

Aloian, M. (2010). What Are Metamorphic Rocks? Crabtree Publishing Company.

Basic rock and mineral cleaning at home. (n.d.). Arkansasstateparks.com. https://www.arkansasstateparks.com/articles/basic-rock-and-mineral-cleaning-home

CK-12 Foundation. (2016, August 10). Types of fossilization. Ck12.org. https://www.ck12.org/earth-science/types-of-fossilization/lesson/fossils-ii-types-of-fossilization/

Dutfield, S., & How It Works magazine. (2021, May 17). The 5 mass extinction events that shaped the history of Earth - and the 6th that's happening now.

Livescience.com; Live Science. https://www.livescience.com/mass-extinction-events-that-shaped-Earth.html

Fossil identification guide. (2022, November 17). The Burren and Cliffs of Moher UNESCO Global Geopark | People, Place, Learning, Livelihood; The Burren and Cliffs of Moher UNESCO Global Geopark. https://www.burrengeopark.ie/learn-engage/fossil-identification-guide/

Fossil types & Fossilization process, importance, and divisions. (2014, August 21). Biology Boom - It's All about Zoology, Botany and Biology. https://biologyboom.com/fossil-and-fossilization/

Fossil. (n.d.). Nationalgeographic.org. https://education.nationalgeographic.org/resource/fossil

Fossils. (2020, May 5). British Geological Survey. https://www.bgs.ac.uk/discovering-geology/fossils-and-geological-time/fossils/

Guzei, I. (2015, November 8). How are crystals formed? Morgridge Institute for Research. https://morgridge.org/blue-sky/how-are-crystals-formed/

handbook, A. (n.d.). types of gemstones. Anpeateliercph.com. https://anpeateliercph.com/files/Types-of-Gemstones-Booklet_Printing.pdf

Health benefits of element collecting. (n.d.). DoveMed. https://www.dovemed.com/healthy-living/wellness-center/health-benefits-element-collecting/

Helmenstine, A. M. (2004, January 26). How to grow crystals - tips and techniques. ThoughtCo. https://www.thoughtco.com/how-to-grow-great-crystals-602157

How to plan a rockhound road trip. (2022, December 12). Rockngem.com; Rock & Gem Magazine. https://www.rockngem.com/how-to-plan-a-rockhound-road-trip/

How to start rockhounding: The ultimate beginner's guide. (2020, September 8). How to Find Rocks. https://howtofindrocks.com/how-to-start-rockhounding/

How to start rockhounding: The ultimate beginner's guide. (2020, September 8). How to Find Rocks. https://howtofindrocks.com/how-to-start-rockhounding/

How to start rockhounding: The ultimate beginner's guide. (2020, September 8). How to Find Rocks. https://howtofindrocks.com/how-to-start-rockhounding/

Igneous rocks. (n.d.). Nationalgeographic.org. https://education.nationalgeographic.org/resource/igneous-rocks/

In, G. (n.d.-a). How to Identify Common Minerals? Geologyin.com. https://www.geologyin.com/2017/02/how-to-identify-common-minerals.html

In, G. (n.d.-b). What Is the Difference Between Minerals and crystals? Geologyin.com. https://www.geologyin.com/2016/03/what-is-difference-between-minerals-and.html

Koppes, S. (2022, September 12). The origin of life on Earth, explained. University of Chicago. https://news.uchicago.edu/explainer/origin-life-earth-explained

List of gemstones: Precious and semi-precious stones - gem society. (2016, June 8). International Gem Society; International Gem Society LLC. https://www.gemsociety.org/gemstone-encyclopedia/

MacMillan, K. (2021, October 14). Where to find crystals and minerals in your home town? The Stone Circle. https://www.thestonecircle.co.uk/post/where-to-find-crystals-and-minerals-in-your-home-town

Matlins, A. (2016). Colored gemstones: The Antoinette matlins buying guide -- how to select, buy, care for & enjoy sapphires, emeralds, rubies & other colored gems with confidence & knowledge. Gemstone Press.

Mineral varieties and other names A-Z - the mineral and gemstone kingdom. (n.d.). Minerals.net. https://www.minerals.net/mineralvarieties.aspx

Mowers, S. (2018, September 28). Nevada adventure, on The Rocks. Travel Nevada. https://travelnevada.com/mines-prospecting/nevada-adventure-on-the-rocks/

Panchuk, K. (2022). 1.5 three big ideas: Geological time, uniformitarianism, and plate tectonics. In Physical Geology - H5P Edition. BCcampus.

PRO tips for beginner & experienced rockhounds + safety tips. (2020, August 9). How to Find Rocks. https://howtofindrocks.com/best-tips-for-rockhounding/

Rhea, M. (2020, October 15). Where to find crystals - A helpful guide. Rockhound Resource. https://rockhoundresource.com/where-to-find-crystals-a-helpful-guide/

Rock and mineral collecting is an exciting hobby, and we've been helping collectors for years. If you're just starting, here are helpful tips for your collection. (n.d.). Irocks.com. https://www.irocks.com/rock-and-mineral-collecting-for-beginners

Rock-forming minerals. (2019, February 1). Geological Society of Glasgow. https://geologyglasgow.org.uk/minerals-rocks-fossils/rock-forming-minerals/

Rockhounding 101: Must-have tools for a safe, productive rock collecting. (n.d.). Stonebridge Imports. https://stonebridgeimports.com/a/700-rockhounding-tools-for-safe-productive-mineral-collecting

Rockhounding rules. (n.d.). Oakrocks.net. https://www.oakrocks.net/rockhounding-rules/

Rockhounding, J. (2021, October 12). How to clean rocks and minerals (tips and techniques). Just Rockhounding. https://justrockhounding.com/how-to-clean-rocks-and-minerals/

rockseeker. (2019, February 18). What is rockhounding: An intro to my favorite hobby (rock hunting). Rock Seeker. https://rockseeker.com/rockhound/

Sedimentary rocks. (2018, April 12). Geology Science; Mahmut MAT. https://geologyscience.com/rocks-2/sedimentary-rocks/

Sedimentary rocks. (n.d.). Nationalgeographic.org. https://education.nationalgeographic.org/resource/sedimentary-rock/

Seeker, R. (2021, May 27). How to clean rocks and minerals (ultimate guide to cleaning rocks and minerals). Rock Seeker. https://rockseeker.com/how-to-clean-rocks-and-minerals/

Seeker, R. (2022, August 29). The ultimate guide to rockhounding tools and supplies. Rock Seeker. https://rockseeker.com/ultimate-guide-to-rockhounding-tools/

Shambhavi, S. (2016, October 20). List of top 15 sedimentary rocks. Your Article Library. https://www.yourarticlelibrary.com/geology/sedimentary-rocks/list-of-top-15-sedimentary-rocks-geology/91311

Significance - fossils and paleontology (U.S. National Park Service). (n.d.). Nps.gov. https://www.nps.gov/subjects/fossils/significance.htm

The Best Ever Tips for a great rockhounding experience. (n.d.). Gatorgirlrocks.com. http://www.gatorgirlrocks.com/resources/the-best-ever-tips-for-a.html

The best places in the world to go fossil hunting. (n.d.). Worldwalks.com. https://www.worldwalks.com/walking-holidays/best-places-world-go-fossil-hunting/

Unearthed Store. (2019, May 2). Beginner's guide to rockhounding. Unearthed Store. https://www.unearthedstore.com/blogs/guides/beginners-guide-to-rockhounding

Veloz, L. (2018, March 13). Importance of fossils. Sciencing; Leaf Group. https://sciencing.com/importance-fossils-2470.html

Warren, S. (2021, November 22). How the Earth and moon formed, explained. University of Chicago. https://news.uchicago.edu/explainer/formation-earth-and-moon-explained

Wendorf, M. (2020, November 17). Nine beautiful crystals you can grow at home. Interesting Engineering. https://interestingengineering.com/diy/nine-beautiful-crystals-you-can-grow-at-home

What are Gemstones? (n.d.). Riginov. https://riginov.com/education-guidance/gemology/what-are-gemstones.aspx

What is rockhounding? How do I get started with the hobby? (n.d.). Stonebridge Imports. https://stonebridgeimports.com/a/696-what-is-rockhounding-how-to-get-started

What is rockhounding? How do I get started with the hobby? (n.d.). Stonebridge Imports. https://stonebridgeimports.com/a/696-what-is-rockhounding-how-to-get-started

Segunda Parte: Rocas, gemas y minerales
(s.f.). Thekidshouldseethis.com. https://thekidshouldseethis.com/post/gems-minerals-crystals-and-rocks-whats-the-difference
Farndon, J. (2017). Rocas, minerales y gemas. Geográfico australiano.
Identificación de gemas y minerales. (s.f.) Minería de búsqueda del tesoro. https://treasurequestmining.com/treasure-identification/gems/
Identificando minerales. (s.f.). Google Arte y Cultura. https://artsandculture.google.com/story/QgXh9pyyxhIYKQ
King, HM (sin fecha). Piedras preciosas. Geología.com. https://geology.com/gemstones/
Lista de piedras preciosas: Piedras preciosas y semipreciosas - Sociedad de gemas. (2016, 8 de junio). Sociedad Internacional de Gemas; Sociedad Internacional de Gemas LLC. https://www.gemsociety.org/gemstone-encyclopedia/
Minerales y gemas. (2017, 15 de enero). National Geographic. https://www.nationalgeographic.com/science/article/minerals-gems
Somarin, A. (20 de marzo de 2014). ¿De dónde vinieron esas piedras preciosas? Avance de la Minería. https://www.thermofisher.com/blog/mining/where-did-those-gemstones-come-from/
Utilizar características de los minerales para identificarlos. (sin fecha.). Illinois.edu. https://isgs.illinois.edu/outreach/geology-resources/using-characteristics-minerals-identify-them

Fuentes de imágenes

1 https://commons.wikimedia.org/wiki/File:Geologic_Clock_with_events_and_periods.svg
2 M.Bitton, CC BY-SA 3.0 <https://creativecommons.org/licenses/by-sa/3.0>, vía Wikimedia Commons: https://commons.wikimedia.org/wiki/File:Tectonic_plates_(2022).svg
3 https://www.pexels.com/photo/photography-of-stones-1029604/
4 https://pixabay.com/photos/fossil-rock-hammer-geology-2312/
5 https://pixabay.com/photos/walking-boots-boots-leather-3583017/
6 https://unsplash.com/photos/8sjBzL1IyMo?utm_source=unsplash&utm_medium=referral&utm_content=creditShareLink
7 https://www.pexels.com/photo/closeup-photo-of-black-framed-brown-sunglasses-978808/
8 https://www.pexels.com/photo/master-hitting-instrument-with-hammer-in-carpentry-5974328/
9 https://www.pexels.com/photo/person-using-google-maps-application-through-black-android-smartphone-35969/
10 https://www.pexels.com/photo/crop-man-with-reflecting-crystal-ball-in-forest-3721533/
11 KarlaPanchuk, CC BY-SA 4.0 <https://creativecommons.org/licenses/by-sa/4.0>, vía Wikimedia Commons: https://commons.wikimedia.org/wiki/File:Hematite_streak_plate.jpg
12 File:Bar magnet.jpg: Foto tomada por Aney / obra derivada: MikeRun, CC BY-SA 3.0 <http://creativecommons.org/licenses/by-sa/3.0/>, vía Wikimedia Commons: https://commons.wikimedia.org/wiki/File:Bar_magnet_crop.jpg

13 https://www.pexels.com/photo/map-of-the-world-book-laid-open-on-brown-wooden-surface-32307/

14 https://www.pexels.com/photo/antique-compass-on-a-table-6593994/

15 https://www.pexels.com/photo/man-using-black-binoculars-near-forest-trees-at-daytime-1181809/

16 https://unsplash.com/photos/9uISZprJdXU?utm_source=unsplash&utm_medium=referral&utm_content=creditShareLink

17 https://unsplash.com/photos/npxXWgQ33ZQ?utm_source=unsplash&utm_medium=referral&utm_content=creditShareLink

18 https://www.pexels.com/photo/first-aid-kit-on-white-background-5664736/

19 https://pixabay.com/photos/whistle-attention-warning-referee-2475470/

20 https://unsplash.com/photos/R13RJX_V42A?utm_source=unsplash&utm_medium=referral&utm_content=creditShareLink

21 https://unsplash.com/photos/VKLJ-BJlszE?utm_source=unsplash&utm_medium=referral&utm_content=creditShareLink

22 https://unsplash.com/photos/Talnaz9Bug0?utm_source=unsplash&utm_medium=referral&utm_content=creditShareLink

23 https://unsplash.com/photos/IKJ8k8cfHnY?utm_source=unsplash&utm_medium=referral&utm_content=creditShareLink

24 https://unsplash.com/photos/ToDanUwG4vs?utm_source=unsplash&utm_medium=referral&utm_content=creditShareLink

25 Moha112100, CC BY-SA 3.0 <https://creativecommons.org/licenses/by-sa/3.0>, vía Wikimedia Commons: https://commons.wikimedia.org/wiki/File:Garnet_Andradite20.jpg

26 Didier Descouens, CC BY-SA 3.0 <https://creativecommons.org/licenses/by-sa/3.0>, vía Wikimedia Commons: https://commons.wikimedia.org/wiki/File:Topaze_Br%C3%A9sil.jpg

27 https://www.pexels.com/photo/clear-stone-2363577/

28 https://commons.wikimedia.org/wiki/File:Feldspar_1659.jpg

29 https://unsplash.com/photos/ppmiXmhHHyc?utm_source=unsplash&utm_medium=referral&utm_content=creditShareLink

30 Rob Lavinsky, iRocks.com - CC-BY-SA-3.0, CC BY-SA 3.0 <https://creativecommons.org/licenses/by-sa/3.0>, vía Wikimedia Commons: https://commons.wikimedia.org/wiki/File:Halite-Picromerite-mrz114a.jpg

31 GOKLuLe 盧樂, CC BY-SA 3.0 <https://creativecommons.org/licenses/by-sa/3.0>, vía Wikimedia Commons: https://commons.wikimedia.org/wiki/File:Tourmaline_sample.jpg

32 https://www.pexels.com/photo/white-stone-56030/

33 https://commons.wikimedia.org/wiki/File:Montblanc_granite_phenocrysts.JPG

34 Ji-ElleIt feels nice and warmIt feels like a love storm, CC BY-SA 3.0 <https://creativecommons.org/licenses/by-sa/3.0>, via Wikimedia Commons https://commons.wikimedia.org/wiki/File:Lipari-Obsidienne_(5).jpg

35 https://commons.wikimedia.org/wiki/File:BasaltUSGOV.jpg

36 Didier Descouens, CC BY-SA 4.0 <https://creativecommons.org/licenses/by-sa/4.0>, vía Wikimedia Commons: https://commons.wikimedia.org/wiki/File:Dolomite-Magn%C3%A9site-_Navarre.jpg

37 I, Jonathan Zander, CC BY-SA 3.0 <http://creativecommons.org/licenses/by-sa/3.0/>, vía Wikimedia Commons: https://commons.wikimedia.org/wiki/File:Millet-Seed_Sandstone_Macro.JPG

38 James St. John, CC BY 2.0 <https://creativecommons.org/licenses/by/2.0>, vía Wikimedia Commons: https://commons.wikimedia.org/wiki/File:Chattanooga_Shale_(Upper_Devonian;_Burkesville_West_Rt._90_roadcut,_Kentucky,_USA)_25_(40541681100).jpg

39 Gabriel Haute Maurienne, CC BY-SA 4.0 <https://creativecommons.org/licenses/by-sa/4.0>, vía Wikimedia Commons: https://commons.wikimedia.org/wiki/File:Quartzite_Solli%C3%A8res.jpg

40 Luis Miguel Bugallo Sánchez (Lmbuga Commons)(Lmbuga Galipedia)Publicado por/Publish by: Luis Miguel Bugallo Sánchez, CC BY-SA 3.0 <http://creativecommons.org/licenses/by-sa/3.0/>, vía Wikimedia Commons: https://commons.wikimedia.org/wiki/File:Mineral_M%C3%A1rmore_GDFL021.jpg

41 No se ha proporcionado un autor legible por máquina. Siim supuesto (basado en reclamaciones de derechos de autor)., CC BY-SA 3.0 <http://creativecommons.org/licenses/by-sa/3.0/>, vía Wikimedia Commons: https://commons.wikimedia.org/wiki/File:Gneiss.jpg

42 Postdlf, CC BY-SA 3.0 <http://creativecommons.org/licenses/by-sa/3.0/>, vía Wikimedia Commons: https://commons.wikimedia.org/wiki/File:Smilodon_californicus.jpg

43 Francesco Bandarin, CC BY-SA 3.0 IGO <https://creativecommons.org/licenses/by-sa/3.0/igo/deed.en>, vía Wikimedia Commons: https://commons.wikimedia.org/wiki/File:Fossil_Hominid_Sites_of_South_Africa-113352.jpg

44 https://unsplash.com/photos/7ByfI6Fpi90?utm_source=unsplash&utm_medium=referral&utm_content=creditShareLink

45 https://www.pexels.com/photo/white-soft-satin-fabric-7717488/

46 https://www.pexels.com/photo/crop-woman-with-eco-brush-and-soap-bar-7262410/

47 https://www.pexels.com/photo/similar-cotton-ear-buds-on-wooden-sticks-on-table-4202350/

48 https://www.pexels.com/photo/eyelash-extension-tweezers-on-gold-tray-5128316/

49 Hannes Grobe, CC BY 3.0 <https://creativecommons.org/licenses/by/3.0>, vía Wikimedia Commons: https://commons.wikimedia.org/wiki/File:Bandelin-sonorex_hg.jpg

50 https://www.pexels.com/photo/black-and-red-canister-vacuum-cleaner-on-floor-38325/

51 https://www.pexels.com/photo/brown-handle-magnifying-glass-268460/

52 https://unsplash.com/photos/RLw-UC03Gwc?utm_source =unsplash&utm_medium=referral&utm_content=creditShareLink

53 https://unsplash.com/photos/yCdPU73kGSc?utm_source=unsplash&utm _medium=referral&utm_content=creditShareLink

54 https://unsplash.com/photos/66BgmIglPhM

55 James St. John, CC BY 2.0 <https://creativecommons.org/licenses/by/2.0 >, via Wikimedia Commons https://commons.wikimedia.org/wiki/File: Granite_26_(49199871943).jpg

56 Smithsonian Institution, CC0, via Wikimedia Commons https://commons.wikimedia.org/wiki/File:Basaltic_Andesite_from_Paricutin_volcano _in_Mexico_-_Smithsonian_Rock_Sample.jpg

57 James St. John, CC BY 2.0 DEED <https://creativecommons.org/licenses/by/2.0/ >https://www.flickr.com/photos/jsjgeology/49943337113

58 James St. John, CC BY 2.0 <https://creativecommons.org/licenses/by/2.0 >, via Wikimedia Commons https://commons.wikimedia.org/wiki/File: Peridotite_mantle_xenoliths_in_vesicular_phonotephrite_(Peridot_Mesa_Flow,_Mid dle_Pleistocene,_580_ka;_Peridot_Mesa,_San_Carlos_Volcanic_Field,_Arizona)_7_(14992925414).jpg

59 James St. John, CC BY 2.0 DEED <https://creativecommons.org/licenses/by/2.0/>https://www.flickr.com/photos/jsjgeolo gy/36690094351

60 James St. John, CC BY 2.0 DEED <https://creativecommons.org/licenses/by/2.0/>https://www.flickr.com/photos/jsjgeolo gy/16638766949

61 Didier Descouens, CC BY-SA 4.0 <https://creativecommons.org/licenses/by-sa/4.0 >, via Wikimedia Commons https://commons.wikimedia.org/wiki/File:Dolomite_Luzenac.jpg

62 Manishwiki15, CC BY-SA 3.0 <https://creativecommons.org/licenses/by-sa/3.0 >, via Wikimedia Commons https://commons.wikimedia.org/wiki/File:Fossiliferous_Limestone.JPG

63 https://commons.wikimedia.org/wiki/File:Sandstone(quartz)USGOV.jpg

64 https://pixabay.com/es/photos/esquisto-roca-roto-textura-rocoso-2255022/

65 James St. John, CC BY 2.0 <https://creativecommons.org/licenses/by/2.0 >, via Wikimedia Commons https://commons.wikimedia.org/wiki/File:Phyllite_(French_Slate,_Paleoproterozoic;_Snowy_Range_Road_roadcut,_Medicine_Bow_Mountains,_Wyoming,_USA)_8_(45625222381).jpg

66 James St. John, CC BY 2.0 <https://creativecommons.org/licenses/by/2.0 >, via Wikimedia Commons https://commons.wikimedia.org/wiki/File:Sioux_Quartzite_(Paleoproterozoic,_1.65_to_1.70_Ga;_Transcontinental_Arch,_USA)_17.jpg

67 James St. John, CC BY 2.0 <https://creativecommons.org/licenses/by/2.0 >, via Wikimedia Commons https://commons.wikimedia.org/wiki/File:Marble_(Murphy_Marble,_Ordovician;_quarry_near_Tate,_Georgia,_USA)_(16268833583).jpg

68 James St. John, CC BY 2.0 < https://creativecommons.org/licenses/by/2.0 >, via Wikimedia Commons https://commons.wikimedia.org/wiki/File:Garnet-chlorite_schist_(Lake_Martin,_Alabama,_USA)_2_(33367535678).jpg

69 James St. John, CC BY 2.0 <https://creativecommons.org/licenses/by/2.0 >, via Wikimedia Common shttps://commons.wikimedia.org/wiki/File:Gneiss_2_(33239757534).jpg

70 James St. John, CC BY 2.0 < https://creativecommons.org/licenses/by/2.0 >, via Wikimedia Commons https://commons.wikimedia.org/wiki/File:Rose_quartz_(32132819430).jpg

71 James St. John, CC BY 2.0 <https://creativecommons.org/licenses/by/2.0 >, via Wikimedia Commons https://commons.wikimedia.org/wiki/File:Amethyst_(purple_quartz)_15.jpg

72 Rob Lavinsky, CC BY 3.0 <https://creativecommons.org/licenses/by/3.0 >, via Wikimedia Commons https://commons.wikimedia.org/wiki/File:Smoky-quartz-TUCQTZ09-03-arkenstone-irocks.png

73 James St. John, CC BY 2.0 <https://creativecommons.org/licenses/by/2.0 >, via Wikimedia Common shttps://commons.wikimedia.org/wiki/File:Quartz_(%22Herkimer_Diamond%22)_(near_Herkimer,_New_York_State,_USA)_8.jpg

74 Mahdikarimi70, CC BY-SA 4.0 <https://creativecommons.org/licenses/by-sa/4.0 >, via Wikimedia Commons https://commons.wikimedia.org/wiki/File:%D8%B3%D9%86%DA%AF_%D8%AF%D9%84%D8%B1%D8%A8%D8%A7-Aventurine_01.jpg

75 https://pixabay.com/es/photos/citrino-cristal-roca-cuarzo-joya-1093454/

76 Rob Lavinsky, iRocks.com – CC-BY-SA-3.0, CC BY-SA 3.0 <https://creativecommons.org/licenses/by-sa/3.0 >, via Wikimedia Commons https://commons.wikimedia.org/wiki/File:Chalcedony-121273.jpg

77 James St. John, CC BY 2.0 <https://creativecommons.org/licenses/by/2.0 >, via Wikimedia Commons https://commons.wikimedia.org/wiki/File:Agate_(Adrasman_City,_Tajikistan)_(32755918215).jpg

78 Doug Bowman from DeKalb IL, USA, CC BY 2.0 <https://creativecommons.org/licenses/by/2.0>, via Wikimedia Commons https://commons.wikimedia.org/wiki/File:Oriented_Meteorite.jpg

79 James St. John, CC BY 2.0 <https://creativecommons.org/licenses/by/2.0>, via Wikimedia Commons https://commons.wikimedia.org/wiki/File:Indochinite_tektite_(Pleistocene,_783-803_ka;_Australasian_Tektite_Strewn_Field,_southeastern_Asia)_6.jpg

www.ingramcontent.com/pod-product-compliance
Lightning Source LLC
Chambersburg PA
CBHW051855160426
43209CB00006B/1312